教育部 财政部职业院校教师素质提高计划职教师资培养资源开发项目

Qiyou Fadongji Guanli Xitong
汽油发动机管理系统
Guzhang Zhenduan yu Xiufu
故障诊断与修复

申荣卫 主　编
台晓虹 副主编

人民交通出版社股份有限公司
China Communications Press Co.,Ltd.

内 容 提 要

本书为教育部、财政部职业院校教师素质提高计划成果系列丛书。全书包括六个学习情境，分别为传感器故障检修、燃油控制系统故障检修、点火控制系统故障检修、进气不良故障检修、排放超标故障检修、发动机综合故障检修。

本书适合于开设汽车维修类专业的本科和职业院校使用，建议采用理实一体化的教学方式开展教学，也适用于各类培训机构使用。

图书在版编目(CIP)数据

汽油发动机管理系统故障诊断与修复／申荣卫主编．—北京：人民交通出版社股份有限公司，2017.5
ISBN 978-7-114-12195-1

Ⅰ．①汽… Ⅱ．①申… Ⅲ．①汽车—发动机—电气控制系统—故障诊断②汽车—发动机—电气控制系统—车辆修理 Ⅳ．①U472.43

中国版本图书馆 CIP 数据核字(2017)第 033440 号

书　　名：	汽油发动机管理系统故障诊断与修复
著 作 者：	申荣卫
责任编辑：	郭　跃
出版发行：	人民交通出版社股份有限公司
地　　址：	(100011)北京市朝阳区安定门外外馆斜街 3 号
网　　址：	http://www.ccpress.com.cn
销售电话：	(010)59757973
总 经 销：	人民交通出版社股份有限公司发行部
经　　销：	各地新华书店
印　　刷：	北京市密东印刷有限公司
开　　本：	787×1092　1/16
印　　张：	16
字　　数：	343 千
版　　次：	2017 年 5 月　第 1 版
印　　次：	2017 年 5 月　第 1 次印刷
书　　号：	ISBN 978-7-114-12195-1
定　　价：	35.00 元

(有印刷、装订质量问题的图书由本公司负责调换)

项目专家指导委员会

主　任：刘来泉

副主任：王宪成　郭春鸣

成　员：（按姓氏笔画排列）

刁哲军　王继平　王乐夫　邓泽民　石伟平

卢双盈　汤生玲　米　靖　刘正安　刘君义

孟庆国　沈　希　李仲阳　李栋学　李梦卿

吴全全　张元利　张建荣　周泽扬　姜大源

郭杰忠　夏金星　徐　流　徐　朔　曹　晔

崔世钢　韩亚兰

教育部　财政部职业院校教师素质提高计划成果系列丛书

《汽车服务工程》专业职教师资培养资源开发(VTNE015)项目组

项目牵头单位:天津职业技术师范大学

项目负责人:关志伟

出版说明

《国家中长期教育改革和发展规划纲要(2010—2020年)》颁布实施以来,我国职业教育进入到加快构建现代职业教育体系、全面提高技能型人才培养质量的新阶段。加快发展现代职业教育,实现职业教育改革发展新跨越,对职业学校"双师型"教师队伍建设提出了更高的要求。为此,教育部明确提出,要以推动教师专业化为引领,以加强"双师型"教师队伍建设为重点,以创新制度和机制为动力,以完善培养培训体系为保障,以实施素质提高计划为抓手,统筹规划,突出重点,改革创新,狠抓落实,切实提升职业院校教师队伍整体素质和建设水平,加快建成一支师德高尚、素质优良、技艺精湛、结构合理、专兼结合的高素质专业化的"双师型"教师队伍,为建设具有中国特色、世界水平的现代职业教育体系提供强有力的师资保障。

目前,我国共有60余所高校正在开展职教师资培养,但由于教师培养标准的缺失和培养课程资源的匮乏,制约了"双师型"教师培养质量的提高。为完善教师培养标准和课程体系,教育部、财政部在"职业院校教师素质提高计划"框架内专门设置了职教师资培养资源开发项目,中央财政划拨1.5亿元,系统开发用于本科专业职教师资培养标准、培养方案、核心课程和特色教材等系列资源。其中,包括88个专业项目,12个资格考试制度开发等公共项目。该项目由42家开设职业技术师范专业的高等学校牵头,组织近千家科研院所、职业学校、行业企业共同研发,一大批专家学者、优秀校长、一线教师、企业工程技术人员参与其中。

经过三年的努力,培养资源开发项目取得了丰硕成果。一是开发了中等职业学校88个专业(类)职教师资本科培养资源项目,内容包括专业教师标准、专业教师培养标准、评价方案,以及一系列专业课程大纲、主干课程教材及数字化资源;二是取得了6项公共基础研究成果,内容包括职教师资培养模式、国际职教师资培养、教育理论课程、质量保障体系、教学资源中心建设和学习平台开发等;三是完成了18个专业大类职教师资资格标准及认证考试标准开发。上述成果,共计800多本正式出版物。总体来说,培养资源开发项目实现了高效益:形成了一大批资源,填补了相关标准和资源的空白;凝聚了一支研发队伍,强化了教师培养的"校—企—校"协同;引领了一批高校的教学改革,带动了"双师型"教师的专业化培养。职教师资培养资源开发项目是支撑专业化培养的一项系统化、基础性工程,是加强职教教师培养培训一体化建设的关键环节,也是对职教师资培养培训基地教师专业化培养实践、教师教育研究能力的系统检阅。

自2013年项目立项开题以来,各项目承担单位、项目负责人及全体开发人员做了大量深入细致的工作,结合职教教师培养实践,研发出很多填补空白、体现科学性和前瞻性的成果,有力推进了"双师型"教师专门化培养向更深层次发展。同时,专家指导委员会的各位专家以及项目管理办公室的各位同志,克服了许多困难,按照两部对项目开发工作的总体要求,为实施项目管理、研发、检查等投入了大量时间和心血,也为各个项目提供了专业的咨询和指导,有力地保障了项目实施和成果质量。在此,我们一并表示衷心的感谢。

编写委员会
2016年3月

前言

为顺应《国家中长期教育改革和发展规划纲要(2010—2020年)》对职业教育质量的相关要求,职业教育的发展重点已逐渐从扩张规模向提高质量和效益进行转变,而从职业教育持续发展的角度出发,着力提高我国职业教育质量,加强职业教育教师队伍建设,提高职教师资培养质量,拥有一支高水平、高质量、高素质的教师队伍,已成为职业院校今后进一步发展的必经之路。据此,在2012年11月,教育部、财政部在"职业院校教师素质提高计划"框架内设置了100个培养资源开发项目,旨在重点开发应用于本科专业职教师资培养的专业教师标准、专业教师培养标准、评价方案、各专业培养方案、课程标准、特色教材和数字化资源。本套特色教材属于汽车服务工程专业职教师资培养资源开发项目。

《汽油发动机管理系统故障诊断与修复》是汽车维修类专业针对机电维修工进行能力培养的一门专业核心教材,其课程目标主要培养学生利用现代诊断和检测设备进行发动机管理系统故障诊断、故障分析、零部件检测及维修更换的专业能力,同时注重培养学生的社会能力和方法能力。

本教材采用"以行动为导向、基于工作过程"的课程开发方法进行开发,以汽车机电维修工诊断和维修发动机管理系统的典型工作任务为载体,重新梳理和序化理论知识,根据学生的认知规律设计了相应学习情境和学习单元。主要特点如下:

(1)学习单元以典型工作任务为载体,每个单元都有明确的学习目标。

(2)典型工作任务来源于汽车机电维修工实际岗位,并进行了适当的教学化加工。

(3)理论知识按照典型工作任务的需求进行重新序化,知识是完成任务的工具。

(4)理论和实践以典型工作任务为主线进行了有机融合,以达到学以致用的目的。

(5)学习情境的前后排序符合学生认知规律,按照从简单到复杂,从单一到综合的排列方法进行排序。

(6)学习车型以大众车型为主,其他车型为辅。

本书由天津职业技术师范大学的申荣卫担任主编,台晓虹副教授担任副主编。编写分工为:申荣卫编写学习情境1~3,台晓虹编写学习情境4~6。

本书适合于开设汽车维修类专业的本科和职业院校使用,建议采用理实一体化的教学方式开展教学,也适用于各类培训机构使用。

编者

2017年1月

目录

学习情境1　传感器故障检修 1
　学习单元1.1　发动机管理系统认识 1
　学习单元1.2　空气流量/进气压力传感器故障检修 8
　学习单元1.3　冷却液/进气温度传感器故障检修 18
　学习单元1.4　曲轴位置、凸轮轴位置传感器故障检修 25
　学习单元1.5　氧传感器故障检修 40

学习情境2　燃油控制系统故障检修 51
　学习单元2.1　缸内直接喷射式燃油供给系统故障检修 51
　学习单元2.2　喷油器故障检修 68
　学习单元2.3　燃油供给压力异常故障检修 85

学习情境3　点火控制系统故障检修 97
　学习单元3.1　点火系统低压电路故障检修 97
　学习单元3.2　点火系统高压电路故障检修 115
　学习单元3.3　发动机爆震故障检修 131

学习情境4　进气不良故障检修 141
　学习单元4.1　发动机进气增压控制系统故障检修 141
　学习单元4.2　可变气门正时和升程控制系统故障检修 160
　学习单元4.3　发动机可变进气控制系统检修 176
　学习单元4.4　发动机怠速控制阀故障检修 182
　学习单元4.5　电子节气门控制系统故障检修 187

学习情境5　排放超标故障检修 202
　学习单元5.1　三元催化转换器故障检修 202
　学习单元5.2　燃油蒸发控制不良故障检修 212

学习单元5.3　二次空气喷射控制不良故障检修 …………………………………… 220

学习情境6　发动机综合故障检修 ……………………………………………………… 228

　　学习单元6.1　发动机起动不良故障诊断 ………………………………………… 228

　　学习单元6.2　发动机怠速不良故障诊断 ………………………………………… 237

参考文献 ……………………………………………………………………………………… 244

学习情境1 传感器故障检修

学习单元1.1 发动机管理系统认识

情境导入

假如你是上海大众4S店一名汽车销售员,某客户想购买一款上海大众朗逸轿车,对发动机的性能比较关注,请你向客户介绍该款轿车发动机管理系统特点及优势。

学习目标

(1)能与客户沟通并获得客户的需求信息。
(2)能正确介绍发动机管理系统的基本组成和功能。
(3)能正确识别发动机管理系统的主要零部件。
(4)能正确查找发动机管理系统零部件安装位置。

理论知识

1.1.1 发动机管理系统的基本概念

发动机管理系统(Engine Management System,EMS)包括传感器、发动机电子控制单元(ECU)和执行器,如图1-1-1所示。发动机ECU不断接收来自各类传感器的信息,经过内部程序运算、判断和处理后,控制相应的执行器完成不同的控制功能,以获得良好的动力性、经济性和环保性。

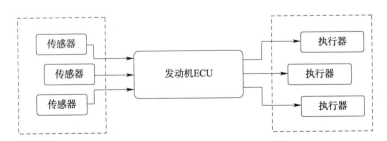

图1-1-1 发动机管理系统组成

不同公司开发的发动机管理系统在名称上有所不同,例如德国博世公司的MOTRONIC、通用公司的DEFI、福特公司的EEC-Ⅳ、日产公司的ECCS、丰田公司的TCCS、五十铃公司的Ⅰ-TEC等。

1.1.2 发动机管理系统的组成及功能

发动机管理系统主要包括燃油喷射控制系统、点火控制系统、怠速控制系统、进气控制系统、排放控制系统、巡航控制系统、警告提示系统、自诊断与报警系统、失效保护系统、应急备用系统等。

1）燃油喷射控制系统

燃油喷射控制系统主要进行喷油正时控制、喷油量控制、燃油泵控制等。喷油正时控制是指对各缸喷油器的喷射时刻进行控制，喷油量控制是指对各缸喷油器的喷射时间进行控制，燃油泵控制是指对燃油泵何时工作和转速进行控制。图1-1-2为不同工况下ECU对喷油量的控制情况。

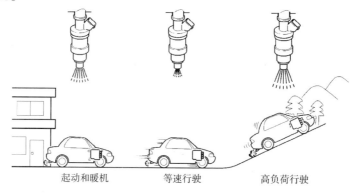

图1-1-2 不同工况下ECU对喷油量的控制

2）点火控制系统

点火控制系统主要进行点火提前角控制、点火能量控制和爆震控制。ECU根据各传感器的信息进行最佳点火提前角控制，以改善发动机燃烧过程，提高发动机动力性、经济性并降低排放污染。点火控制系统通过控制初级回路的闭合时间来控制点火的能量大小，以确保火花塞有充足的点火能量，进行可靠点火。当ECU检测到发动机发生爆震燃烧时便推迟点火提前角，以避免爆震燃烧的发生。不同工况下ECU对点火提前角的控制，如图1-1-3所示。

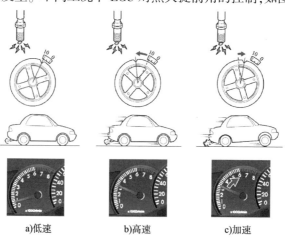

a）低速　　　　b）高速　　　　c）加速

图1-1-3 不同工况下ECU对点火提前角的控制

3) 怠速控制系统

怠速控制主要进行暖机怠速控制和怠速稳定性控制,如图1-1-4所示。暖机怠速控制是指发动机暖机时ECU根据冷却液温度传感器信息对怠速进行控制,冷却液温度较低时,怠速较高,以缩短暖机过程。怠速稳定性控制是指当发动机负荷发生变化时(如开启空调、自动变速器挂入挡位、动力转向系统开始工作、电器负荷增加等),为防止发动机抖动甚至熄火,ECU适当提高发动机怠速转速。

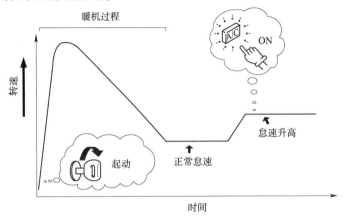

图1-1-4 怠速控制

4) 进气控制系统

进气控制主要进行废气涡轮增压控制、可变气门正时控制、可变气门升程控制、可变惯性进气控制等。废气涡轮增压利用发动机排放的废气作为动力将进气进行压缩,从而提高进气密度,增大进气量。这样,在不增加发动机排量的情况下,提高发动机的输出功率,废气涡轮增压器基本结构原理如图1-1-5所示。

在普通的发动机上,进、排气门的开闭时间是不变的,这种固定不变的正时很难兼顾到发动机不同转速的工作需求。采用可变气门正时(Variable Valve Timing,VVT)技术,可改善发动机在低、中转速下的转矩输出,大大增强驾驶的操纵灵活性,发动机的转速也能够设计得更高。

另外,在普通的发动机上,气门升程也是固定不变的。可变气门升程控制(Variable Valve Timing with Lift,VVTL)可使气门升程随发动机转速的变化而变化。在高转速时增大气门升程

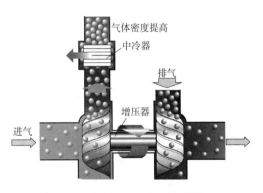

图1-1-5 废气涡轮增压器结构原理

来提高进气效率,让发动机的"呼吸"更顺畅;在低速时降低气门升程,能产生更大的进气负压及更多的涡流,让空气和燃油充分混合,以提高低转速时的转矩输出。

可变进气控制系统主要包括动力阀控制系统和进气谐振系统。动力阀控制系统根据发动机转速和负荷信息的变化改变进气道空气流通截面的大小,以满足发动机不同转速和负荷时对进气量的需求,从而改善发动机的低速和高速性能。进气谐振系统(Acoustic Control Induction System,ACIS)根据发动机转速和负荷信息改变进气道的长度,充分利用进气惯性

提高进气效率,如图 1-1-6 所示。低速时,增加进气道长度,提高了发动机在低、中转速范围内的转矩输出;高速时,减小进气道长度,提高了高转速范围内的功率输出。

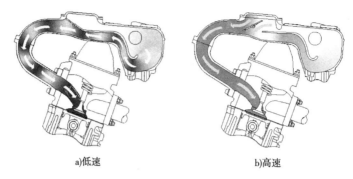

a)低速　　　　　　　　　b)高速

图 1-1-6　可变进气系统示意图

5)排放控制系统

排放控制系统的作用是减少排放中的有害成分,以满足日益严格的排放法规要求。主要包括废气再循环控制、燃油蒸发排放控制、空燃比闭环控制、二次空气喷射控制等。

废气再循环控制(Exhaust Gas Recirculation,EGR)是将部分废气引入进气管,与新鲜混合气混合后一道进入燃烧室,使最高燃烧温度降低,从而减少 NO_x 的生成量,如图 1-1-7 所示。

燃油蒸气排放控制(evaporative emission control system,EVAP)将汽油箱中的燃油蒸气暂存时在活性炭罐中,并在适当的时刻将适量的燃油蒸气引入汽缸内燃烧,这样既可以减少排放,又节约燃油。

空燃比闭环控制是指在排气管上安装氧传感器,该传感器可以检测废气中氧的含量,从而判断混合气的浓度。ECU 据此信号通过调节喷油器的喷油量可以将空燃比控制在理想空燃比,以减少有害成分的排放并提高燃油经济性。

二次空气喷射(Air Injection,AI)系统是将一定量的新鲜空气引入排气管或三元催化转换器中,使废气中的有害成分在空气中进一步燃烧,以减少 HC 和 CO 的排放量,基本结构原理如图 1-1-8 所示。

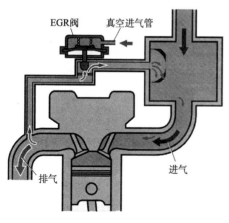
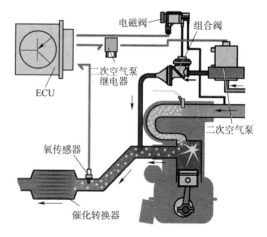

图 1-1-7　废气再循环系统原理图　　　　图 1-1-8　二次空气喷射系统原理图

6) 巡航控制系统

巡航控制系统(Cruise Control System, CCS)又称定速巡航控制系统,汽车可按照驾驶员设定的巡航车速定速行驶。这样,驾驶员在高速公路上开车时便不需要用脚一直踩着加速踏板,减轻了驾驶员的劳动强度。当驾驶员踩制动踏板进行减速时,系统自动退出定速巡航功能。

巡航系统根据汽车行驶阻力的变化,通过调整发动机转速(控制节气门开度、喷油时间、点火时间)或变换变速器挡位(安装自动变速器的车辆)使汽车定速行驶。

7) 警告提示系统

ECU控制各种指示和报警装置,一旦控制系统出现故障,该系统能及时发出信号以警告、提示,如氧传感器失效、油箱油温过高等。

8) 自诊断与报警系统

发动机管理系统具有故障自诊断功能,ECU对传感器和执行元件进行实时监控,当传感器或执行元件发生故障时,ECU会控制位于仪表盘上的故障灯点亮(或闪烁),以引起驾驶员注意,同时会将故障以故障码的方式存储在ECU内部的存储器中。维修人员通过专用的故障诊断仪可以将故障码从ECU中读出,便于维修人员对车辆进行故障诊断与维修,如图1-1-9所示。

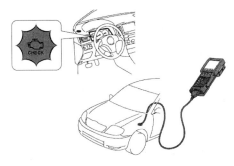

图1-1-9 自诊断与报警系统

9) 失效保护系统

当发动机管理系统中的某个传感器发生故障时,ECU如果继续按照故障信号进行控制,可能会使发动机不能工作或性能严重下降。为避免该种情况出现,失效保护系统开始起作用,ECU会忽略故障传感器的信号,通过某种方式产生替代值并暂时代替故障传感器的信息,以使发动机具有一定的工作性能。

10) 应急备用系统

应急备用系统的功能是当ECU发生故障时,自动启用其内部的备用系统(备用集成电路)。在该种模式下,ECU只进行简易的控制,维持基本的功能,不能保持发动机的最佳性能。该功能使汽车具备一定的行驶功能,防止车辆在途中停驶,因此又被称为"回家功能"。

实践技能

1.1.3 发动机管理系统的主要零部件识别方法

发动机管理系统的零部件主要包括各类传感器、发动机ECU和执行元件。不同类型的发动机管理系统因控制功能不同,传感器及执行元件的类型也不同。当上述三类零部件发生故障并需要对其进行检测时,首先需要找到其安装位置。查找各零部件的安装位置时有一定的规律可循。

1) 传感器的安装位置

传感器将需要检测的物理量信号转变成电信号传送给ECU,如温度信号、压力信号、位置信号、流量信号等。查找其位置时,一般根据其检测的物理信号类型,在发动机的相应位置上查找。空气流量传感器一般安装在节气门和空气滤清器之间的进气总管上,靠近空气滤清器;进气压力传感器一般安装在节气门之后和进气歧管之间的进气总管上;进气温度传感器一般与空气流量传感器或者进气压力传感器集成在一起;冷却液温度传感器一般安装在发动机缸体(或缸盖)的水套上或水管上;曲轴位置传感器一般安装在曲轴前端带轮处、曲轴后端靠近飞轮处或者分电器轴上;凸轮轴位置传感器一般安装在凸轮轴前端、分电器轴上;爆震传感器一般安装在发动机缸体一侧的中部;节气门位置传感器一般安装在节气门轴的一侧;加速踏板位置传感器一般安装在加速踏板轴上;氧传感器一般安装在排气管上,前氧传感器安装在三元催化转换器之前,后氧传感器安装在三元催化转换器之后。

2)发动机ECU的安装位置

发动机ECU由于需要满足防振、防水、防热、防磁等要求,一般安装在驾驶室内部某个位置,个别车辆也有安装在发动机舱的。驾驶室内部的安装位置主要有前排乘客前面储藏箱内部、驾驶员座椅下面、驾驶员前面仪表板下面等。

3)执行元件的安装位置

执行元件按照发动机ECU的指令执行某项控制功能。电动燃油泵一般安装在汽油箱内部,汽油流经时可对燃油泵进行冷却;多点喷射系统的喷油器一般安装在燃油分配管和各缸进气歧管之间,燃油喷射在各缸进气门前面(单点喷射系统的喷油器一般安装在节气门上部的进气总管上);火花塞一般安装在各缸燃烧室顶部的缸盖上;点火模块和点火线圈的安装位置因车而异有不同的位置;怠速控制阀一般安装在节气门轴的一侧;电子节气门驱动电动机安装在节气门轴附近;进、排气凸轮轴控制阀一般分别安装在进、排气凸轮轴的前部;废气再循环阀一般安装在排气管和节气门之后进气总管之间的管路上;燃油蒸发控制阀一般安装在汽油箱和节气门之后进气总管之间的管路上。

1.1.4 大众朗逸轿车1.4TSI发动机管理系统组成及部件安装位置

1)大众朗逸轿车1.4TSI发动机管理系统组成

大众朗逸轿车1.4TSI发动机管理系统组成,如图1-1-10所示。

2)大众朗逸轿车发动机管理系统各零部件安装位置

大众朗逸轿车发动机管理系统各零部件安装位置,如图1-1-11所示。

情境分析

上海大众朗逸轿车采用大众公司的1.4TSI发动机,发动机型号为CFB。CFB发动机排量为1.4L,最大功率为96kW/(5000r/min),最大转矩为220N·m(1750~3500r/min)。TSI为Turbo fuel Stratified Injection的英文缩写,该发动机采用博世公司的MOTRONIC MED 17.5.20发动机管理系统,采用废气涡轮增压、分层燃烧和缸内直接喷射等先进技术,大大降低了燃油消耗率,提高了发动机的转矩。

学习小结

(1)发动机管理系统由传感器、发动机电子控制单元和执行器组成。

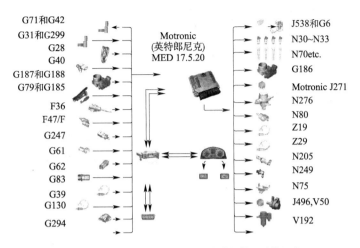

图 1-1-10 大众朗逸轿车 1.4TSI 发动机管理系统组成

G71-进气压力传感器,在进气歧管顶面中部;G42-进气温度传感器1,在进气歧管顶面中部;G31-增压压力传感器2,在发动机左侧的进气管上;G229-进气温度传感器2,在发动机左侧的进气管上;G28-发动机转速传感器,在进气歧管下方左侧;G40-霍尔传感器,在发动机顶部左侧;G187-节气门位置传感器1,在节气门体内;G188-节气门位置传感器2,在节气门体内;G79-加速踏板位置传感器1,在加速踏板上;G185-加速踏板位置传感器2,在加速踏板上;F36-离合器踏板开关;F47/F-制动踏板开关,在制动主缸上;G247-燃油压力传感器,在进气歧管左侧节气门旁;G61-爆震传感器,在发动机后面中部;G62-冷却液温度传感器,在发动机左侧水管接头上;G83-水箱出口冷却液温度传感器,在散热器左侧;G39-前氧传感器,在发动机前部三元催化转换器上;G130-后氧传感器,在发动机前部下方排气前管上;G294-制动助力压力传感器,在制动储液罐上方真空管上;J538-燃油泵控制单元,在后座垫右侧下方;G6-燃油泵(供油泵),在燃油箱内;N30～N33-1～4缸喷油器;N70-点火组件1;G186-节气门驱动电动机;Motronic J271-Motronic 供电继电器;N276-燃油压力调节阀,在汽缸盖罩后部中间;N80-活性炭罐电磁阀,在进气歧管顶面中部;Z19-前氧传感器加热装置;Z29-后氧传感器加热装置;N205-凸轮轴调节阀,在发动机顶部右侧;N75-增压压力限制电磁阀,在发动机左侧涡轮增压器下部;J496-冷却液循环泵继电器;V50-冷却液循环泵;V192-制动真空泵,在副梁左侧上方

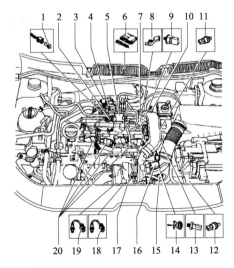

图 1-1-11 大众朗逸轿车发动机管理系统各零部件安装位置

1-爆震传感器 G61;2-燃油压力调节阀 N276;3-活性炭罐电磁阀 N80;4-进气温度传感器 G42;5-高压泵;6-发动机控制单元 J623;7-节气门控制单元 J338;8-发动机转速传感器 G28;9-燃油压力传感器 G247;10-增压压力传感器 G31 和进气温度传感器 2(G299);11-冷却液温度传感器 G62;12-水箱出口冷却液温度传感器 G83;13-机油压力开关 F1;14-废气涡轮增压器的压力罐;15-增压压力限制电磁阀 N75;16-涡轮增压器空气循环阀 N249;17-霍尔传感器 G40;18-后氧传感器 G130;19-前氧传感器 G39;20-带功率输出级的点火线圈 1～4(N70、N127、N291、N292)

（2）发动机管理系统主要包括燃油喷射控制系统、点火控制系统、怠速控制系统、进气控制系统、排放控制系统、巡航控制系统、警告提示系统、自诊断与报警系统、失效保护系统、应急备用系统等。其中，燃油喷射控制和点火控制是最基本的控制功能。

（3）发动机管理系统经历了K型、KE型、D型、L型、LH型、M型、ME型、MED型的发展历程。带有电子节气门控制的缸内直喷系统是今后发动机管理系统的发展方向。

学习单元1.2 空气流量/进气压力传感器故障检修

情境导入

一辆上海大众朗逸轿车，装备CFB发动机，行驶过程中排气故障灯突然点亮，发动机加速无力。经检查，进气压力传感器出现故障，更换新的进气压力传感器后，上述故障现象消失。

学习目标

（1）能通过与客户交流、查阅相关维修技术资料等方式获取车辆信息。
（2）能根据故障现象制订正确的维修计划。
（3）能正确选择诊断设备对空气流量/进气压力传感器引起的故障进行诊断。
（4）能正确记录、分析各种检测结果并作出故障判断。
（5）能按照正确操作规范对空气流量/进气压力传感器进行更换。
（6）能根据环保要求，正确处理对环境和人体有害的废料和损坏的零部件。

理论知识

ECU检测进入缸内的空气流量的方式有两种：直接检测法和间接检测法。直接检测法也称"空气密度法"，该方法利用安装在节气门前方的空气流量传感器来检测空气流量，采用该方法检测空气流量的燃油喷射系统称为"L-EFI"，如图1-2-1a）所示。间接检测法也称"速度—密度法"，该方法在节气门后方的进气总管上安装了进气压力传感器（图1-2-1b），ECU根据进气管压力、发动机转速信号、估算的容积效率和废气再循环量，采用速度—密度公式来换算出进入发动机的空气流量，采用这种方法检测进气流量的燃油喷射系统称为"D-EFI"。

1.2.1 空气流量传感器的作用

空气流量传感器（Manifold Air Flow sensor，MAF）用于流量型汽油喷射系统。它的作用是将单位时间内吸入发动机汽缸的空气量转换成电信号送至ECU，作为决定喷油量和点火正时的基本信号之一。空气流量大小对喷油量和点火提前角的影响，如图1-2-2所示。当进气流量增加时，发动机负荷较大，为保证一定浓度的混合气，喷油量增加。同时，为防止发动机大负荷时发生爆震，点火提前角减小。当空气流量减小时，喷油量减小，点火提前角增加。

1.2.2 空气流量传感器类型

空气流量传感器按结构形式和检测原理的不同可以分为四种:翼板式空气流量传感器、卡尔曼涡流式空气流量传感器、热线式空气流量传感器、热膜式空气流量传感器,如图1-2-3所示。

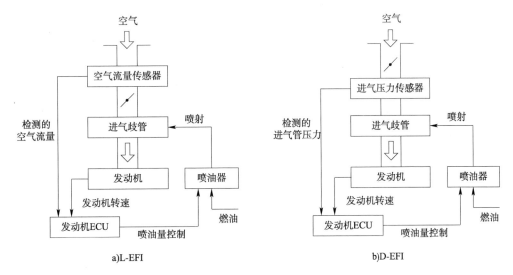

图1-2-1 空气流量的检测方式

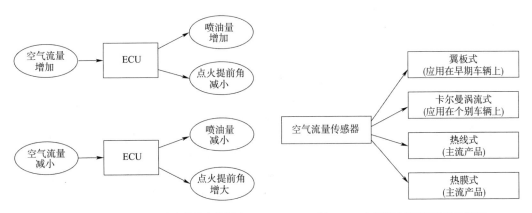

图1-2-2 空气流量对喷油量和点火提前角的影响　　图1-2-3 空气流量传感器的结构类型

空气流量传感器按检测流量的类型分为体积型和质量型两种。体积型流量传感器检测单位时间内进入汽缸内空气的体积量,但进气温度变化时,由于进气密度发生变化,实际的进气质量也会发生变化。因此,体积型流量信号还需根据进气温度传感器信号进行修正。质量型流量传感器直接检测出单位时间内进入缸内的空气质量。因此,流量信号不需要根据进气温度进行修正。上述四种空气流量传感器检测的流量类型,如图1-2-4所示。

按信号输出类型分为模拟型和数字型,如图1-2-5所示。数字型空气流量传感器的抗干扰性要比模拟型空气流量传感器强,但成本相对较高。

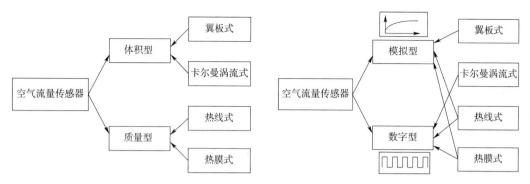

图 1-2-4　空气流量传感器的流量类型　　　　图 1-2-5　空气流量传感器的输出信号类型

四种类型的传感器性能对比如表 1-2-1 所示，可见，热线式和热膜式空气流量传感器由于综合性能优异，应用越来越广泛。

四种类型的空气流量传感器性能对比　　　　表 1-2-1

结构形式	信号类型	信号线性度	响应特性	怠速稳定性	EGR适应性	海拔修正	进气温度修正	安装方便性	成本
卡尔曼涡流式	频率	优	良	优	良	要	要	良	较高
翼板式	模拟	良	差	良	良	要	要	差	较高
热线式	模拟/频率	优	优	优	优	不要	不要	良	高
热膜式	模拟/频率	优	优	优	优	不要	不要	良	高

1.2.3　热线式空气流量传感器结构与原理

1）结构

热线式空气流量传感器的基本结构由感知空气流量的白金热线（铂金属线）、根据进气温度进行修正的温度补偿电阻（冷线）、控制热线电流并产生输出信号的控制电路板以及空气流量传感器的壳体等元件组成。根据白金热线在壳体内的安装部位不同，热线式空气流量传感器又分为主流测量方式和旁通测量方式两种结构形式。

图 1-2-6 所示为主流测量方式的热线式空气流量传感器。它主要由取样管、白金热线、温度补偿电阻、控制电路板、连接器和防护网等组成。热线直径 70μm，用金属铂制成，安放在取样管中。取样管安置在主进气道中央，两端有金属防护网，防护网用卡箍固定在壳体上。控制电路板通过连接器、线路与发动机电子控制单元（ECU）连接，以传递信号。前端的防护网起到过滤杂质及稳流作用，后端的防护网有防回火功能。

图 1-2-7 所示为旁通测量方式的热线式空气流量传感器。它与主流测量方式的热线式空气流量传感器的主要区别是：白金热线和温度补偿电阻（冷线）安置在旁通气道上。热线和温度补偿电阻是用铂丝缠绕在陶瓷螺线管上制成的。旁通测量方式可以减小发动机的进气阻力。

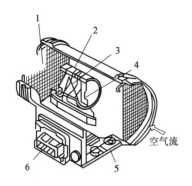 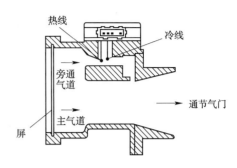

图 1-2-6　主流测量方式的热线式空气流量传感器
1-防回火屏蔽网；2-取样管；3-白金热线；4-温度补偿电阻；5-控制电路板；6-连接器

图 1-2-7　旁通测量方式的热线式空气流量传感器

2）工作原理

（1）测量原理。

热线式空气流量传感器采用热平衡原理来检测空气流量。根据热平衡原理：当热线表面温度与空气温度差值恒定时，空气的质量流量 Q 与热线电流大小成单值关系。因此，若能测出热线电流的大小，便可计算出空气流量。当空气流量变化时，控制电路通过惠斯通电桥平衡原理，控制热线电流大小来保持上述恒定温差。如图 1-2-8 所示，R_K 是温度补偿电阻、R_H 是热线电阻、R_B 是桥电阻、R_A 是精密测量电阻、A 是控制电路。ECU 通过测量 R_A 两端电压测量热线电流大小，进一步计算出空气质量流量。

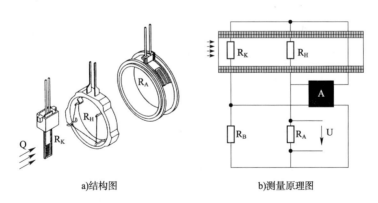

a）结构图　　　　　　　　　b）测量原理图

图 1-2-8　热线式空气流量传感器测量原理
R_K-补偿电阻；R_H-热线电阻；R_A-精密测量电阻

惠斯通电桥工作原理：当 $R_K/R_B = R_H/R_A$ 时，$U_{AB}=0$，电桥处于平衡状态；当 $R_K/R_B \neq R_H/R_A$ 时，$U_{AB} \neq 0$，电桥处于不平衡状态。热线式空气流量传感器工作过程如图 1-2-9 所示。

当空气流量增多时，空气流经热线表面，带走热量，热线温度降低，R_H 阻值下降，此时，$U_{AB} \neq 0$，惠斯通电桥处于不平衡状态。控制电路 A 检测到电桥不平衡，便加大控制电压，使热线电流 I_H 加大，热线表面温度又上升，电桥趋于平衡。此时，R_A 两端电压增加，ECU 感知到空气流量增加。反之，当空气流量减小时，热线电流减小，R_A 两端电压减小，ECU 感知到空气流量减少。

（2）温度补偿原理。

当空气流量不变时,进气温度的变化会引起热线阻值的变化,使空气流量传感器产生测量误差。为防止进气温度发生变化时影响测量精度,热线式空气流量设置了温度补偿电阻R_K,由于温度补偿电阻和热线电阻温度系数相同,当进气温度变化时,其阻值同比例增长。因此,不会影响惠斯通电桥的平衡状态,热线电流保持不变。其温度补偿原理,如图1-2-10所示。

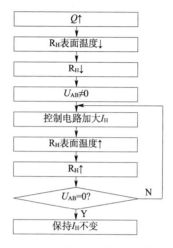

图1-2-9　热线式空气流量传感器工作过程

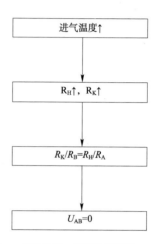

图1-2-10　温度补偿原理

（3）自洁原理。

热线式空气流量传感器在使用一段时间后,由于热丝表面受空气尘埃污染,其热辐射能力降低,将会影响热线式空气流量传感器的测量精度。因此,控制电路中设计有"自洁电路"来实现自洁功能,如图1-2-11所示。

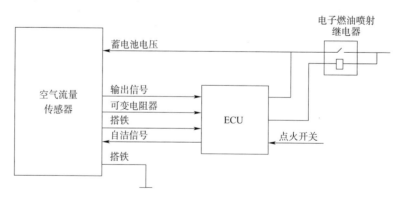

图1-2-11　热线式空气流量传感器自洁原理

当发动机转速超过1500r/min,关闭点火开关使发动机熄火后,ECU将控制自洁电路接通,将热丝加热到1000℃并持续1s,将黏附在热丝上的尘埃烧掉。另一种防止热丝污染的方法是提高热丝的保持温度,一般将保持温度设定在200℃以上,以便烧掉黏附的污物。

1.2.4 热膜式空气流量传感器结构与特性

1）结构

热膜式空气流量传感器结构与热线式基本相同,只是将 R_H 热丝电阻制成金属膜,并与其他桥式电阻一起集成在陶瓷底板上,如图1-2-12所示。桑塔纳2000GSi型轿车就采用了热膜式空气流量传感器。

2）特性

优点:制造成本低;热膜可以承受较大气流的冲击,提高了可靠性;不需要自洁。缺点:与热线式相比,热膜响应稍差。

1.2.5 进气压力传感器

进气压力传感器(Manifold Absolute Pressure sensor, MAP)是D-EFI系统中最重要的传感器之一。由于其具有体积小、工作可靠等优点,在丰田、本田、大众、通用等汽车上都得到了广泛的应用。

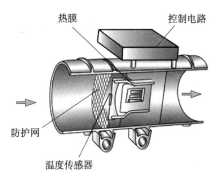

图1-2-12 热膜式空气流量传感器

进气压力传感器种类较多,图1-2-13所示为常用的压敏电阻式进气压力传感器,主要由硅片、过滤器、真空室、集成电路等组成。

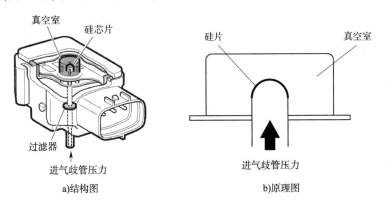

图1-2-13 进气压力传感器结构图

工作原理:硅片利用半导体的压电效应制成,如图1-2-14所示。其周围有四个应变电阻,并以惠斯通电桥的方式连接。硅片的一面为真空室,另一面引入了进气歧管压力。当进气歧管压力变化时,硅片发生变形,硅片上的四个电阻阻值也产生变化,惠斯通电桥的输出电压 U 也产生变化,该电压经过集成放大电路处理后送给ECU,作为计算进入汽缸内空气流量的主要依据。

在某些车型上同时安装了空气流量传感器和进气压力传感器,如图1-2-15所示。空气流量传感器用于检测进入缸内的新鲜空气量,ECU据此计算出节气门后方对应的进气压力值。当废气再循环系统起作用时,部分废气进入进气管,引起节气门后方进气压力升高。ECU根据进气压力的变化可计算出废气循环量,从而计算出废气再循环率大小。当空气流量传感器失效时,ECU使用进气压力传感器计算空气流量。

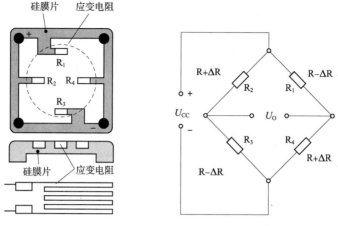

图 1-2-14　进气压力传感器工作原理图

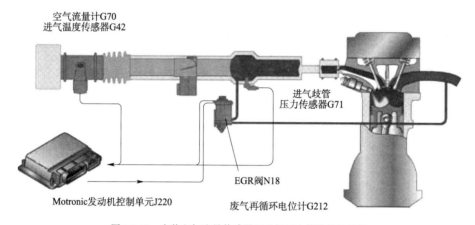

图 1-2-15　安装空气流量传感器和进气压力传感器的系统

1.2.6　大众朗逸 1.4TSI 发动机进气压力传感器

大众朗逸 1.4TSI 发动机没有安装空气流量传感器，进气系统安装了废气涡轮增压系统，以提高进气量。在进气系统安装了两个进气压力传感器和进气温度传感器，如图 1-2-16 所示。

G31/G299 为第一个进气压力/温度传感器，安装在增压器之后、节气门之前，检测增压之后的进气压力和温度。ECU 根据 G31 传感器的信号对增压压力进行调整和控制，根据 G299 信号对增压压力进行修正（因为温度对空气密度有影响）。当温度过高时，会通过降低增压压力的方式来保护发动机。

G71/G42 为第二个进气压力/温度传感器，安装在节气门和中冷器之后。由于节气门的节流作用，G71 检测的进气压力要低于 G31 检测的进气压力。由于增压之后的气体温度会升高，使进气密度降低，为此，安装在进气歧管上的中冷器将增压气体进行冷却，以提高进气量。因此，G42 检测的进气温度要低于 G299。如果 G299 和 G42 的温差超过 8℃，增压系统的电子冷却循环泵就开始工作，以降低增压后进气的温度。

发动机 ECU 根据 G71/G42 来计算进气量，据此计算喷油量和点火提前角。

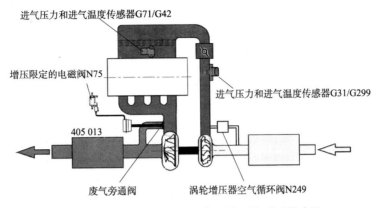

图 1-2-16　大众朗逸 1.4TSI 发动机进气压力/温度传感器

1.2.7　空气流量/进气压力传感器故障分析

1）故障点分析

当空气流量/进气压力传感器相关电路发生故障时,故障存在的区域包括外部线路故障、传感器自身故障、ECU 故障,如图 1-2-17 所示。外部线路故障有断路、短路和虚接三种情况。传感器自身故障,如外壳破损、热丝烧断(或热膜破裂)、热线或热膜脏污、控制电路故障、防护网堵塞等。ECU 故障主要是 ECU 内部电源电路或者内部搭铁电路出现故障。

2）故障现象

空气流量/进气压力传感器出现故障后,由于不能对进气流量进行精确测量,ECU 不能正常控制喷油量和点火提前角,一般可能会出现如图 1-2-18 所示故障现象。

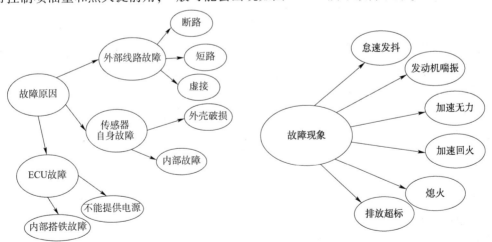

图 1-2-17　空气流量/进气压力传感器故障图　　图 1-2-18　空气流量/进气压力传感器失效后常见故障现象

1.2.8　进气压力传感器故障检修

下面以大众朗逸轿车 1.4TSI 发动机采用的进气压力传感器为例,讲述该传感器的故障诊断过程。图1-2-19所示为传感器与其他部件之间的连接电路。进气压力传感器G71位于节气门之后，其T4aq/3端子为来自ECU的5V电源，ECU的T60/12端子为传感器搭铁端子，ECU的T60/59为信号端子。

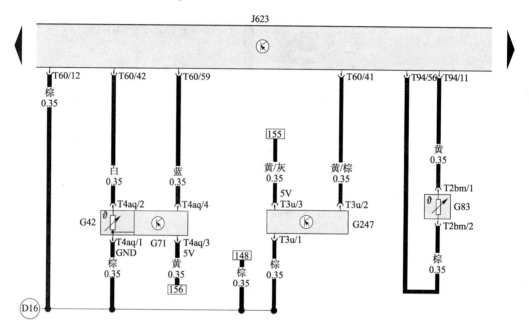

图1-2-19 朗逸1.4TSI发动机进气压力/温度传感器电路图
G42-进气温度传感器(节气门后)；G71-进气压力传感器(节气门后)

1) 动态检测

关闭点火开关，插上连接器T4aq和T60插头。

(1) 万用表检测。

起动发动机，用万用表检测进气压力传感器端子4与搭铁间电压值，急速时正常值应为0.7~0.8V，加速时信号电压应随之升高。

(2) 读取数据流。

使用KT300读取数据流，急速时进气压力正常值应为310mbar❶，加速时压力值应随之升高；如果显示流量值为2680mbar，且加速时不变化，说明ECU没有收到进气压力传感器的信号。

(3) 波形分析。

用示波器检测进气压力传感器端子4与搭铁间信号波形，实测波形如图1-2-20所示。

急速时，电压值应平稳无波动；加速时，电压应上升；急速或节气门保持一定开度时，电压值应保持稳定，电压波动要小；急加速时，电压波形应迅速上升；急减速时，电压波形应迅速下降。若急加速或急减速时，电压波形上升或下降缓慢，则说明进气压力传感器响应性下降，应更换。

---

❶ 1bar = 10^5 Pa。

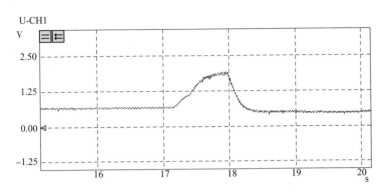

图 1-2-20　进气压力传感器波形

2）静态检测

（1）传感器电源检测。

拔下传感器线束连接器 T4aq，打开点火开关，用万用表检测插头上"3"与搭铁间电压，正常值应为 5V；否则，检查传感器供电电路（5V 电源来自于 ECU 的 T60/8 端子）。

（2）传感器搭铁检测。

拔下传感器线束连接器 T4aq，用万用表检查插头上"1"与搭铁之间电阻，正常值应小于 1Ω；若电阻值不正常，检查插头上"1"与 ECU 线束连接器 T60 插头上"12"之间的导线电阻，正常值应小于 1Ω，若阻值较大，说明该段导线存在虚接或断路故障。

（3）传感器信号线检测。

拔下传感器线束连接器 T4aq 和 ECU 线束连接器 T60，检查 T4aq 插头上"4"与 ECU 线束连接器 T60 插头上"59"之间的导线电阻，正常值小于 1Ω；否则说明传感器信号线出现故障。

情境分析

1）故障现象

一辆上海大众朗逸轿车，装备 CFB 发动机，行驶过程中排气故障灯突然点亮，发动机加速无力。起动时，发动机风扇高速运转。

2）故障诊断与排除

（1）点火开关 ON，用 KT300 读取故障码，显示"00264　P0108 进气管压力/空气压力过大信号"。

（2）清除故障码，起动发动机，发现发动机故障灯依然点亮，再次读取故障码，上述故障码依然存在。

（3）起动发动机，用 KT300 读取数据流，怠速时进气压力值为 2680mbar。加速时进气压力值不变化。

（4）发动机熄火，点火开关 ON，检查进气压力传感器的电源和搭铁电路，均正常。

（5）继续检查进气压力传感器到 ECU 之间的信号线，电阻小于 1Ω，说明信号线路正常。

（6）更换新的传感器后，发动机起动后，清除故障码，故障灯熄灭。多次起动发动机并运转，故障码不再重现，发动机加速有力。

3)故障原因分析

进气压力传感器损坏后,ECU 接收不到实际进气压力值,此时 ECU 进入失效保护模式,根据发动机转速、节气门开度等信号估算空气流量值。由于估算误差较大,引起喷油量和点火时刻失准,出现发动机加速无力现象。

学习小结

(1) ECU 检测进入缸内的空气流量的方式有两种:直接检测法和间接检测法。

(2) 空气流量传感器安装在空气滤清器之后的进气总管上,其功用是检测发动机进气流量,并将进气流量信息转换成电信号输入 ECU,ECU 据此计算喷油量和点火提前角。

(3) 目前,车辆上普遍使用的是热膜式或热线式空气流量传感器,因为质量型流量传感器检测精度高,不需要进行修正。

(4) 空气流量/进气压力传感器一旦出现故障,ECU 不能正确控制基本喷油量和点火提前角,使发动机常出现怠速发抖、喘振、加速无力、加速回火、熄火、排放超标等故障现象。

学习单元 1.3　冷却液/进气温度传感器故障检修

情境导入

一辆上海大众朗逸轿车,装备 CFB 发动机,发动机低温起动时冷却风扇高速运转,排气故障灯亮起。经检查,冷却液温度传感器 G62 出现故障,更换新的传感器后,上述故障现象消失。

学习目标

(1) 能通过与客户交流、查阅相关维修技术资料等方式获取车辆信息。

(2) 能根据故障现象制订正确的维修计划。

(3) 能正确选择诊断设备对冷却液温度传感器引起的故障进行诊断。

(4) 能正确记录、分析各种检测结果并作出故障判断。

(5) 能按照正确操作规范对冷却液温度传感器进行更换。

(6) 能根据环保要求,正确处理对环境和人体有害的废料和损坏的零部件。

理论知识

1.3.1　温度传感器作用

为了使车辆安全可靠地运行,车辆上需要安装各种温度传感器,表 1-3-1 列出了车辆上可能安装的各类温度传感器及检测的温度范围。

由表 1-3-1 可知,在车辆上安装的众多传感器中,与发动机管理系统相关的温度传感器最多。如冷却液温度传感器(Engine Coolant Temperature Sensor, ETC)、进气温度传感器

(Intake Air Temperature Sensor,IAT)与排气温度传感器等。冷却液温度传感器用于检测冷却液温度并向 ECU 输送对应的电信号,ECU 根据温度信号的变化,对基本喷油量、点火提前角、怠速转速等控制进行修正,如图 1-3-1 所示。在采用进气压力式或空气流量式传感器的燃油喷射系统中,都需要加装进气温度传感器,有些还需要加装大气压力传感器,以便随时监测周围环境温度和大气压力的变化,修正喷油量,使 ECU 自动适应环境温度及不同海拔高度大气压力的变化情况。排气温度传感器用来检测发动机排气的温度,以防止三元催化转换器因高温而损坏。

车辆上温度传感器及检测温度范围　　　　表 1-3-1

检测内容	温度范围	检测内容	温度范围
进气温度	-40~170℃	蓄电池温度	-40~100℃
外部环境温度	-40~60℃	燃油温度	-40~120℃
车内环境温度	-20~80℃	排气温度	100~1000℃
进气预热温度	-20~80℃	空调蒸发器温度	-10~50℃
冷却液温度	-40~130℃	轮胎内气体温度	-40~120℃
发动机润滑油温度	-40~170℃	制动钳温度	-40~2000℃

1.3.2 温度传感器类型

温度传感器按检测原理的不同常分为:热敏电阻式、金属热线式、绕线电阻式、半导体晶体管式等。热敏电阻式又可分为正温度系数(PTC)型、负温度(NTC)系数型、临界温度型、线性热敏型等,如图 1-3-2 所示。正温度系数(PTC)型热敏电阻其阻值随温度升高而升高;负温度(NTC)系数型热敏电阻其阻值随温度升高而降低。临界温度型(CTR)具有负电阻突变特性,在某一温度下,电阻值随温度的增加急剧减小,具有很大的负温度系数。线性热敏电阻的阻值随温度升高而增大,呈直线变化。

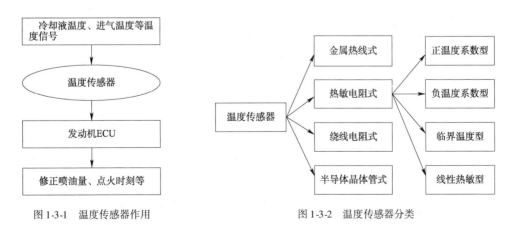

图 1-3-1　温度传感器作用　　　　图 1-3-2　温度传感器分类

汽车发动机上常用的为热敏电阻式负温度系数型温度传感器,按照用途的不同可分为:冷却液温度传感器、进气温度传感器、排气温度传感器、润滑油温度传感器等。

1.3.3 冷却液温度传感器的作用

发动机冷却液温度传感器又称"水温传感器",它检测发动机冷却液的温度,并将电信号输送给发动机 ECU,作为汽油喷射、点火正时、怠速和尾气排放控制等的主要修正信号。其中,冷却液温度传感器对喷油量的控制有较大的影响。ECU 根据冷却液温度传感器信号可判别出发动机处于什么工况,如冷起动工况、暖机工况或热机工况等。如果发动机处于冷起动或暖机工况,ECU 根据冷却液温度的高低对喷油量进行修正。温度降低,喷油量增加;温度升高,喷油量减少。如果温度过高(发动机过热),ECU 会发出故障保护指令,将冷却液温度信号设定为某一温度值,维持基本喷油量。

1.3.4 冷却液温度传感器结构与原理

1) 冷却液温度传感器结构

负温度系数型热敏电阻式温度传感器由于灵敏度较高、响应特性优良,被广泛运用于检测发动机冷却液温度。发动机上所用负温度系数型热敏电阻式冷却液温度传感器基本结构

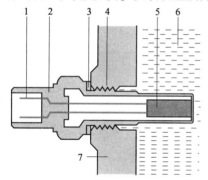

图 1-3-3 负温度系数型热敏电阻式冷却液温度传感器基本结构

1-电插座;2-外壳;3-密封圈;4-安装螺纹;5-热敏电阻元件;6-发动机冷却液;7-发动机缸体

如图 1-3-3 所示。其外部结构类似于一个带有螺纹的螺栓,被安装在发动机缸体上,其头部深入发动机水套内,感知发动机冷却液温度。传感器尾部有一个连接器插座,冷却液温度信号通过线束传输到 ECU。

2) 冷却液温度传感器检测原理

冷却液温度传感器电路采用串联电阻分压电路原理来检测温度信号,如图 1-3-4 所示。发动机 ECU 通过其内部的电阻 R_1 经连接器 B31 的"97"脚向冷却液温度传感器 B3 的"2"脚提供 5V 电源,传感器 B3 通过连接器 B31 的"96"脚经 ECU 内部搭铁。传感器电阻与 ECU 内部的电阻 R_1 构成串联分压电路。ECU 通过检测传感器电阻两端的分压 V_S 来感知冷却液温度的高低。当冷却液温度上升时,传感器电阻减小,V_S 电压降低;当冷却液温度下降时,传感器电阻增大,V_S 电压升高。

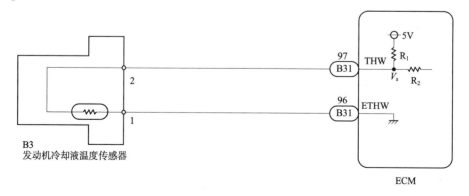

图 1-3-4 冷却液温度电路图

发动机冷却液温度传感器电阻值随着温度变化的曲线如图1-3-5所示(具体数据因车型而异),当电阻值在两条曲线中间部分时表明传感器性能合格。

如果冷却液温度传感器出现故障,发动机ECU进入失效保护模式,不同发动机管理系统采取的失效保护措施不同。如有些管理系统在发动机起动时采用进气温度值取代冷却液温度值,然后每运转20s,使冷却液温度值增加1℃,直到增加90℃为止。丰田1ZR发动机冷却液温度失效后,发动机ECU按照一个固定温度值(80℃)进行控制。当冷却液温度传感器故障被排除后,ECU退出失效保护模式。

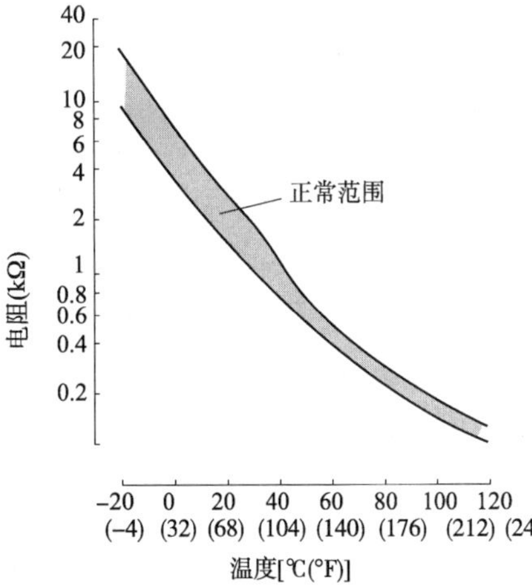

图1-3-5 发动机冷却液温度特性曲线

1.3.5 大众1.4 TSI发动机冷却系统

1) 双循环冷却系统

大众TSI发动机有两个独立的冷却系统,一个用于发动机的冷却(主冷却循环系统),另一个用于增压空气的冷却(副冷却循环系统)。这两个冷却系统只在两个位置交叉,通过这种方式,使得它们共用一个储液罐。这两个系统的温差最大可达100℃。

(1) 主冷却循环系统。

如图1-3-6和图1-3-7所示,主冷却循环管路可以分为两个循环管路,一个循环管路流过汽缸体,另一个循环管路流过汽缸盖。通过双节温器,实现对冷却液的分流。三分之一流经发动机缸体,用于冷却汽缸。三分之二流经汽缸盖,用于冷却燃烧室。节温器1控制汽缸体的冷却液,节温器2控制汽缸盖的冷却液,保持缸体的温度比缸盖的温度稍高。

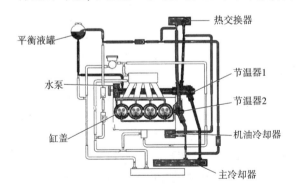

图1-3-6 主冷却循环系统示意图

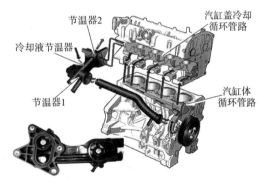

图1-3-7 缸体和缸盖冷却循环管路示意图
(通过双节温器实现对冷却液的分流)

使用双节温器分离两个循环回路,主要有两个优点:冷起动时只在缸体内开启小循环,使得缸体快速加热,高的缸体温度有利于减小曲柄连杆机构的摩擦,降低驱动磨损;二是汽缸盖得到良好的冷却,降低了燃烧室的温度,增加了容积效率且降低了发生爆震的可能性。

节温器由膨胀元件控制,使汽缸体的节温器打开温度为95℃,使汽缸盖的节温器打开温度为83℃。节温器1采用大小两级门开启,控制温度更加精确。

(2)副冷却循环系统。

如图1-3-8所示,副冷却循环系统由电动水泵驱动,主要包括两个循环通道,一个是经过涡轮增压器,对涡轮增压系统进行冷却;另一个是经过进气歧管内的冷却器(中冷器),对增压空气冷却。主要通过电动水泵将冷却液从辅助冷却器输送至增压空气冷却器和废气涡轮增压器。

电动水泵会在不同的发动机工况下,由ECU控制进行智能工作。如在发动机起动后的短时间内、进气歧管内增压空气温度持续超过50℃、输出转矩持续在100N·m以上、增压空气冷却器前部和后部的增压空气温度小于8°等情况下,电动水泵才会工作。由于这套系统不是由曲轴驱动的,在发动机长时间高速行驶后,如车主直接熄火,这套独立的冷却系统仍会自动工作一段时间,以消除涡轮增压器因过热而产生的故障隐患。

2)双冷却液温度传感器

大众1.4TSI发动机装有两个冷却液温度传感器,如图1-3-9所示。冷却液温度传感器1(G62)安装于发动机冷却液凸缘的冷却液出口处;冷却液温度传感器2(G83)安装于散热器前出水口处。

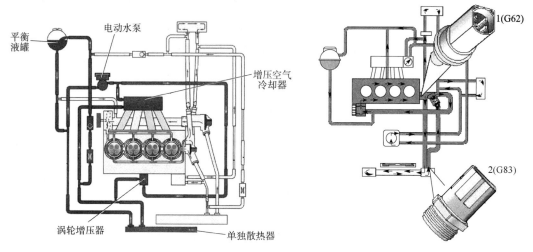

图1-3-8 副冷却系统示意图　　　　图1-3-9 双冷却液温度传感器

ECU检测G62的值进行大小循环的控制,通过比较G62和G83的值进行散热器电子风扇的控制。如果G62损坏,冷却液温度控制以95℃为替代值,并且风扇以1挡常转。如果G83损坏,控制功能保持,风扇1挡常转。如果其中一个温度超出极限,风扇2挡被激活。如果两个传感器都损坏,最大的电压值加载于电子节温器,发动机开启大循环,并且风扇以2挡常转。

实践技能

1.3.6 冷却液温度传感器故障分析

1)故障点分析

当冷却液温度传感器相关电路发生故障时,可能的故障点如图1-3-10所示。故障可能是外部线路故障,也可能是传感器自身故障,也可能是ECU故障。外部线路故障有断路、短路和虚接。传感器自身故障如热敏电阻失效、外壳破裂。ECU故障主要是ECU内部电源电路或者内部搭铁电路出现故障。

2) 故障现象

发动机冷却液温度传感器出现故障后,会造成发动机起动困难、运行性能过差,不能正确地控制燃油喷射、点火正时、怠速转速和尾气排放等,会出现如图1-3-11所示的故障现象。

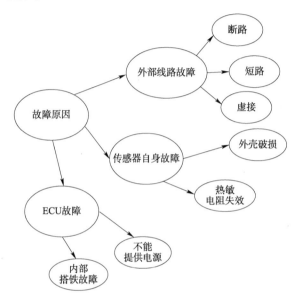

图1-3-10 冷却液传感器故障图　　图1-3-11 冷却液温度传感器失效后的故障现象

1.3.7 冷却液温度传感器故障检修

大众朗逸轿车1.4TSI发动机采用的两个冷却液温度传感器与ECU之间的接线,如图1-3-12所示。下面以G62为例,说明冷却液温度传感器的检修过程。

1) 动态检测

点火开关OFF,插上连接器T2bp和T60插头。

(1) 万用表检测。

拔下发动机冷却液温度传感器的连接器T2bp,从发动机上拆下冷却液温度传感器。如图1-3-13所示,放到一个容器内并进行加热。用万用表检测冷却液温度传感器电阻值随温度的变化情况,电阻值随温度变化的情况应符合维修手册中的要求。否则,更换冷却液温度传感器。

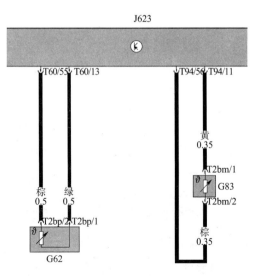

图1-3-12 冷却温度传感器与ECU接线图

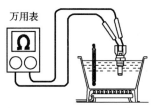

图 1-3-13　冷却液温度传感器性能检测

(2) 读取数据流。

使用 KT300 读取数据流,显示的温度值应随发动机工况的变化而变化,刚起动后显示温度值应较低,暖机时冷却液温度正常值应为 80~100℃(176~212℉)。如果冷却液温度显示 -41℃,表示电路中有断路故障;如果冷却液温度显示 140℃,表示电路中有短路故障。

(3) 波形分析。

用示波器检测冷却液温度传感器的波形。当冷却液温度为 18℃时,实测波形如图 1-3-14 所示,电压值为 2.37V。当发动机运转一段时间,在这过程中可观测到信号电压值逐渐降低。当冷却液温度为 85℃时,实测波形如图 1-3-15 所示,电压值为 0.60V。波形应稳定无毛刺;当冷却液温度逐渐升高时,电压值应逐渐降低。

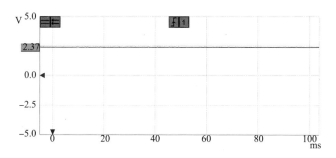

图 1-3-14　低温时冷却液温度传感器信号波形

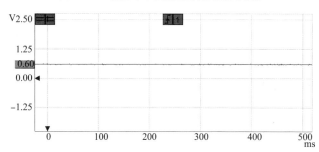

图 1-3-15　高温时冷却液温度传感器信号波形

2) 静态检测

(1) 传感器电阻检测。

拔下传感器线束连接器 T2bp,用万用表检测插座上传感器电阻,20℃时大约为 2.62kΩ,温度升高时阻值应减小。否则,更换传感器。

(2) 传感器信号线路检测。

拔下传感器线束连接器 T2bp 插头与 ECU J623 上 T60 插头,用万用表检查两插头之间的两根连接导线电阻,正常值应小于 1Ω。否则,更换线束。

情境分析

1) 故障现象

一辆上海大众朗逸轿车,装备 CFB 发动机,发动机低温起动时冷却风扇高速运转,排气故障灯亮起。

2）故障诊断与排除

（1）点火开关 ON，用 KT300 读取故障码，显示"00280 P0118 发动机冷却液温度传感器1过大信号"。

（2）清除故障码，起动发动机，上述故障仍然存在。再次读取故障码，上述故障码依然存在。

（3）起动发动机，用 KT300 读取数据流，发现冷却液温度值为-41℃，说明冷却液温度传感器及其电路中有断路故障。

（4）发动机熄火，点火开关 ON，进行传感器电源检测和信号线路检查，发现均正常。

（5）检测冷却液温度传感器的阻值，发现阻值为无穷大。

（6）更换新的传感器后，起动发动机，清除故障码。排气故障灯熄灭，发动机运行平稳，低温时冷却风扇不再高速运转。

3）故障原因分析

冷却液温度传感器 G62 损坏后，ECU 接收不到实际冷却液温度值，此时 ECU 进入失效保护模式，排气故障灯点亮。为防止发动机过热，起动后冷却风扇高速运转。

学习小结

（1）温度传感器包括发动机冷却液温度传感器、进气温度传感器和排气温度传感器等。发动机冷却液温度传感器又称水温传感器，它用来检测发动机冷却液的温度，并将温度信号转变成电信号输送给发动机控制模块，作为汽油喷射、点火正时、怠速和尾气排放控制的主要修正信号。

（2）目前，车辆上普遍使用的是负温度系数热敏电阻型冷却液温度传感器，温度越高，电阻值越小。

（3）冷却液温度传感器一旦出现故障，ECU 将不能准确修正汽油喷射、点火正时、怠速和尾气排放等控制信号，使发动机常出现起动困难、怠速不良、怠速排放超标、风扇常转等故障现象。

学习单元1.4 曲轴位置、凸轮轴位置传感器故障检修

情境导入

一辆大众朗逸轿 TSI 车，装备 CFB 发动机，起动发动机时，发动机曲轴可以转动，但发动机无法起动。经检查，曲轴位置传感器出现故障，更换新的传感器后，上述故障现象消失。

学习目标

（1）能通过与客户交流、查阅相关维修技术资料等方式获取车辆信息。

（2）能根据故障现象制订正确的维修计划。

(3)能正确选择诊断设备对曲轴位置、凸轮轴位置传感器引起的故障进行诊断。
(4)能正确记录、分析各种检测结果并作出故障判断。
(5)能按照正确操作规范对曲轴位置、凸轮轴位置传感器进行更换。
(6)能根据环保要求,正确处理对环境和人体有害的废料和损坏的零部件。

理论知识

1.4.1 曲轴位置、凸轮轴位置传感器的作用

发动机 ECU 在进行点火正时、喷油正时等控制时,需要知道发动机各缸活塞所处的实时位置,并且需要知道发动机的转速。为此,发动机上设置了曲轴位置和凸轮轴位置传感器,以向发动机提供所需要的信息。

曲轴位置传感器(crankshaft position sensor,CKP)一般向发动机 ECU 提供发动机转速信号、曲轴转角信号或活塞位置信号(如1、4缸上止点)。

凸轮轴位置传感器(camshaft position sensor,CMP)又称汽缸识别传感器(Cylinder Identification sensor,CI),一般向发动机 ECU 提供基准缸或各缸压缩上止点信号。

一般情况下,发动机 ECU 根据曲轴位置传感器信号可以确定基准缸活塞位于上止点前的具体位置,但不能确定基准缸活塞是处于压缩行程还是排气行程。ECU 参考凸轮轴位置传感器的信号就可以确定活塞是处于压缩行程还是排气行程。因此,曲轴位置传感器和凸轮轴位置传感器也被称为"相位传感器"。ECU 根据这两个传感器可以获得发动机转速、曲轴转角、活塞位于的压缩上止点前某一位置等信息。

1.4.2 曲轴位置、凸轮轴位置传感器的分类及安装位置

根据传感器检测原理的不同,曲轴位置、凸轮轴位置传感器主要有四种类型:磁感应式、光电式、磁阻式和霍尔效应式。

不同类型的车辆,曲轴位置和凸轮轴位置传感器的安装位置也不尽相同。常见的安装形式有综合式和独立式两种,见表1-4-1。曲轴位置和凸轮轴位置传感器集中安装在一个部件内(如分电器内)称为综合式;曲轴位置和凸轮轴位置传感器独立安装在两个不同的位置称为独立式。

曲轴位置和凸轮轴位置传感器安装形式　　　　表1-4-1

安 装 形 式	曲轴位置传感器	凸轮轴位置传感器
综合式	分电器内部	分电器内部
独立式 I	曲轴前端	凸轮轴前端
独立式 II	曲轴前端	凸轮轴后端
独立式 III	曲轴后端	凸轮轴前端
独立式 IV	曲轴后端	凸轮轴后端

1.4.3 磁感应式曲轴位置和凸轮轴位置传感器

1) 磁感应式位置传感器结构与工作原理

(1) 结构组成。

磁感应式位置传感器由信号转子、磁铁、铁芯及感应线圈等组成,如图 1-4-1 所示。

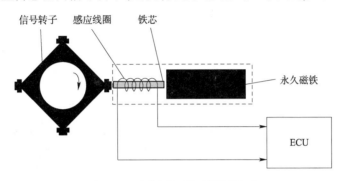

图 1-4-1　磁感应位置传感器结构组成

(2) 工作原理。

磁感应式位置传感器利用电磁感应原理,当信号转子转动时,信号转子的凸齿与铁芯之间的空气间隙发生变化,使通过感应线圈的磁通发生变化,因此磁感应线圈中便产生交变电动势信号。

详细工作原理如图 1-4-2 所示。如图 1-4-2a)所示,当信号转子顺时针转动,信号转子的凸齿逐渐接近线圈铁芯,凸齿与铁芯间的空气间隙越来越小,通过感应线圈的磁通逐渐增大。当信号转子凸齿的齿角与铁芯边缘相对时,磁通急剧增加,磁通变化率最大,如图 1-4-2b)所示。当信号转子从图 1-4-2b)向图 1-4-2c)转动时,虽然磁通仍然增加,但磁通变化率减低。当信号转子凸齿的中心正对铁芯的中心线时,如图 1-4-2c)所示,空气间隙最小,磁通量最大,但磁通变化率最小。转子继续转动时,空气间隙又逐渐增大,磁通逐渐减小,当信号转子凸齿的齿角正对铁芯的边缘时,如图 1-4-2d)所示,磁通急剧减小,磁通变化率负向最大。

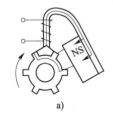 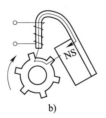 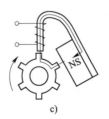 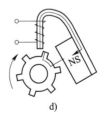

　　　　a)　　　　　　　　　b)　　　　　　　　　c)　　　　　　　　　d)

图 1-4-2　磁感应式曲轴位置传感器工作原理

当信号转子的一个凸齿转过感应线圈时,感应线圈中的磁通及感应电动势变化情况如图 1-4-3a)所示。当转子转速升高时,磁通及感应电动势变化如图 1-4-3b)所示。

由图 1-4-3 可知,当发动机转速升高时,磁感应式位置传感器的信号频率加大,同时由于磁通变化率提高,信号电压幅值增加;当发动机转速降低时,磁感应式位置传感器的信号频率减小,电压幅值减小。

2) 丰田 TCCS 系统曲轴位置、凸轮轴位置传感器

(1) 结构组成。

丰田公司 TCCS 系统所使用的曲轴位置和凸轮轴位置传感器集中安装在分电器内,二者均采用磁感应式原理进行检测,其结构如图 1-4-4 所示。该传感器分成上下两部分,上部分相当于凸轮轴位置传感器,产生 G 信号,下部分相当于曲轴位置传感器,产生 Ne 信号。

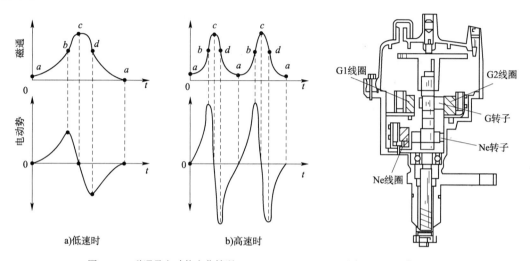

图 1-4-3　磁通及电动势变化情况　　　　图 1-4-4　G 信号和 Ne 信号传感器

曲轴位置传感器由 Ne 感应线圈和 Ne 转子组成,如图 1-4-5a)所示。Ne 转子由分电器轴驱动,上面均布了 24 个凸齿。Ne 感应线圈固定在分电器底板上。Ne 转子凸齿与 Ne 感应线圈之间有一定的间隙。

凸轮轴位置传感器由 G1 感应线圈、G2 感应线圈和 G 转子组成,如图 1-4-5b)所示。G 转子由分电器轴驱动,上面有一个凸缘。G1、G2 感应线圈相隔 180°固定在分电器底板上。G 转子凸缘与 G1、G2 感应线圈之间有一定的间隙。

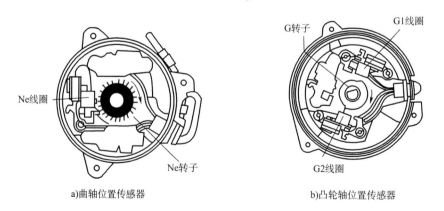

图 1-4-5　丰田公司 TCCS 系统电磁式曲轴位置传感器

(2) 工作原理。

当分电器轴电动 Ne 转子转动时,Ne 转子与 Ne 线圈之间空气间隙不断变化,于是在 Ne

线圈中感应出交变的电动势。Ne 转子上有 24 个齿,故 Ne 转子旋转一圈,即曲轴旋转 720°时,感应线圈产生 24 个类似正弦波的交流信号,如图 1-4-6 所示,一个信号周期对应 30°曲轴转角(720°÷24 = 30°)。ECU 内部设有特定的转角脉冲发生器,可以将 30°的脉冲信号细分成 30 份,从而获得步长为 1°的曲轴转角信号,以满足控制精度的需要。另外,发动机 ECU 通过计算单位时间内检测到的正弦波个数来计算发动机的转速。

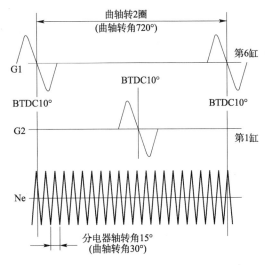

图 1-4-6 Ne 信号和 G 信号波形

同理,当分电器轴电动 G 转子转动时,G 转子与 G1、G2 感应线圈之间空气间隙不断变化,于是在 G 线圈中也感应出交变的电动势,如图 1-4-6 所示。G1、G2 信号分别检测第 6 缸及第 1 缸的压缩上止点位置,当 G1、G2 信号"过零点"时分别对应 6 缸和 1 缸压缩上止点前 10°(BTDC10°)的位置。

ECU 根据 G 信号和 Ne 信号,可以确定曲轴转角、发动机转速、每个汽缸活塞所处的行程和位置,以满足点火正时和喷油正时等控制的需要。

1.4.4 光电式曲轴位置和凸轮轴位置传感器

1) 光电式位置传感器结构组成与工作原理

(1) 结构组成。

光电式位置传感器由发光二极管、光敏二极管、信号盘及相关电路等组成,如图 1-4-7 所示。发光二极管与光敏二极管相对安装,信号盘位于二者之间。信号盘转动时产生"遮光"和"透光"作用。

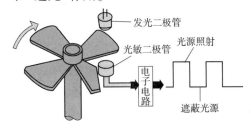

图 1-4-7 光电式位置传感器工作原理

(2) 工作原理。

当信号盘处于"遮光"位置时,发光二极管的光线不能照射到光敏二极管上,光敏二极管截止,其集电极输出高电平信号。当信号盘处于"透光"位置时,发光二极管的光线照射到光敏二极管上,光敏二极管导通,其集电极输出低电平信号。因此,当信号盘连续转动时,光敏二极管便不断导通与截止并输出高低变化的脉冲信号,电子电路将光敏二极管产生的脉冲信号进行放大、整形处理后形成规律的方波信号。

2) 日产公司光电式曲轴位置和凸轮轴位置传感器

(1) 结构组成。

如图 1-4-8 所示,日产公司光电式曲轴位置和凸轮轴位置传感器集中安装在分电器内,它由脉冲信号发生器、带光孔的信号盘等组成。如图 1-4-9 所示,信号盘安装在分电器轴上,外围有360条细小的缝隙,外围稍靠内间隔60°分布着6个光孔,其中一个光孔尺寸稍大。360个缝隙产生1°曲轴转角信号,6个光孔对应产生6个汽缸压缩上止点信号,其中尺寸稍大的孔产生1缸压缩上止点信号。

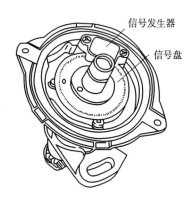

图1-4-8 日产公司光电式曲轴位置传感器

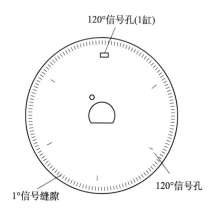

图1-4-9 信号盘结构

脉冲信号发生器安装在分电器壳体上,主要由两只发光二极管、两只光敏二极管及电子电路组成,如图1-4-10所示。两只发光二极管分别正对着两只光敏二极管,发光二极管以光敏二极管为照射目标。信号盘位于发光二极管和光敏二极管之间,信号盘外侧缝隙与外侧发光二极管对齐,内侧6个光孔与内侧发光二极管对齐。外侧缝隙、外侧发光二极管和外侧光敏二极管相当于曲轴位置传感器。内侧缝隙、内侧发光二极管和内侧光敏二极管相当于凸轮轴位置传感器。当信号盘随分电器轴转动时,信号盘产生"透光"和"遮光"的交替变化,使得两个光敏二极管输出脉冲信号。

（2）工作原理。

光电式曲轴位置和凸轮轴位置传感器向ECU传送的曲轴位置信号和上止点信号如图1-4-11所示。分电器轴转一圈,360个缝隙对应输出360个脉冲信号,一个脉冲信号对应1°凸轮轴转角,也就是对应2°曲轴转角信号,因此脉冲信号的高电平和低电平各对应1°曲轴转角。分

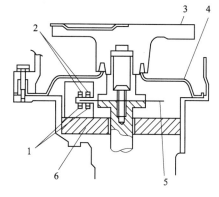

图1-4-10 脉冲发生器结构组成
1-光敏二极管;2-发光二极管;3-分火头;4-防尘罩;5-信号盘;6-电子电路

电器凸轮轴转一圈,6个光孔对应输出6个上止点脉冲信号,6个相邻上止点脉冲信号之间相差120°曲轴转角,每个上止点脉冲信号的上升沿对应该缸压缩上止点前70°位置。

1.4.5 霍尔式曲轴位置、凸轮轴位置传感器

1）霍尔效应原理

霍尔效应是电磁效应的一种,这一现象是美国物理学家霍尔于1879年在研究金属的导电机理时发现的。当电流垂直于外磁场通过导体时,在导体的垂直于磁场和电流方向的两个端面之间会出现电势差,这一现象就是霍尔效应。

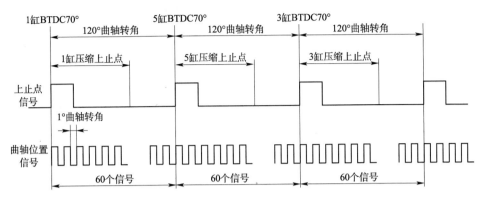

图 1-4-11 光电式曲轴位置、凸轮轴位置传感器输出信号

如图 1-4-12 所示。当电流 I 通过放在磁场中的半导体基片(霍尔元件)且电流方向与磁场方向垂直时,负电荷在洛伦兹力作用下向一侧偏移,在垂直于电流与磁场的霍尔元件的横向侧面上即产生一个与电流和磁场强度成正比的电压,这种电压称为霍尔电压 U_H。当元件结构一定且电流为定值时,霍尔电压 U_H 与磁场强度 B 成正比。洛伦兹力方向判断:左手心对着磁场方向,四指指向负电荷运动的反方向,大拇指的指向即洛伦兹力的方向。

当通过某种方式使磁场强度 B 不断变化时,产生的霍尔电压也随之不断变化,根据该原理可以制作曲轴位置或凸轮轴位置传感器。

2)美国通用公司的霍尔式曲轴位置传感器

下面以美国通用公司的霍尔式曲轴位置传感器为例,介绍其结构组成与工作原理。

(1)结构组成。

霍尔式曲轴位置传感器是利用触发叶片或轮齿改变通过霍尔元件的磁场强度,从而使霍尔元件产生脉冲的霍尔电压信号,经放大整形后即为曲轴位置传感器的输出信号。

美国通用公司的霍尔式曲轴位置传感器安装在曲轴前端的扭转减振器背面,采用触发叶片的结构形式,如图 1-4-13 所示。在发动机曲轴皮带轮前端固装着内外两个带触发叶片的信号轮,与曲轴一起旋转。外信号轮输出曲轴转角和曲轴转速信号,内信号轮输出曲轴位置信号。

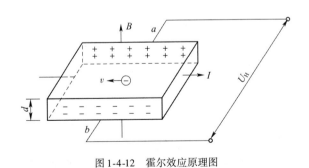

图 1-4-12 霍尔效应原理图　　图 1-4-13 触发叶片型霍尔式曲轴位置传感器

外信号轮外缘上均匀分布着 18 个触发叶片和 18 个窗口,每个触发叶片和窗口的宽度均为 10°弧长;内信号轮外缘上,设有三个触发叶片和三个窗口,三个触发叶片的宽度不同,分别为 100°、90°和 110°弧长,三个窗口的宽度亦不相同,分别为 20°、30°和 10°弧长。由于

内信号轮的安装位置关系,宽度为100°弧长的触发叶片前沿位于1、4缸上止点前75°,90°弧长的触发叶片前沿在6、3缸上止点前75°,110°弧长的触发叶片前沿在5、2缸上止点前75°处。

内外信号轮侧面各设置一个霍尔信号发生器,由永久磁铁、导磁板和霍尔集成电路等组成,如图1-4-14所示。

(2)工作原理。

当信号轮转动时,每当叶片进入永久磁铁与霍尔元件之间的空气隙中时,如图1-4-14a)所示,霍尔集成电路中的磁场即被触发叶片所旁路(或称隔磁),这时不产生霍尔电压。当触发叶片离开空气隙时,如图1-4-14b)所示,永久磁铁3的磁通便通过导磁板5穿过霍尔元件,这时产生霍尔电压。

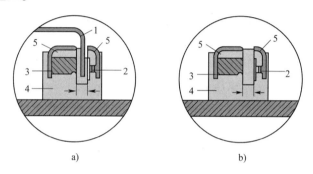

图1-4-14 霍尔发生器的工作原理
1-信号轮触发叶片;2-霍尔元件;3-永久磁铁;4-底板;5-导磁板

霍尔元件间歇产生的霍尔电压信号经霍尔集成电路放大整形后传送给ECU,如图1-4-15所示。外信号轮每旋转一周产生18个脉冲信号,称为18X信号。一个脉冲周期对应20°曲轴转角,ECU再将一个脉冲周期均分为20等份,即可得出1°曲轴转角,ECU据此控制点火时刻和喷油时刻。内信号轮每旋转一周产生3个不同宽度的电压脉冲信号(上止点信号,TDC),称为3X信号。3个脉冲周期均对应120°曲轴转角,三个脉冲上升沿分别对应于1-4缸、3-6缸和2-5缸上止点前75°位置,作为ECU判别汽缸和计算点火时刻的基准信号。

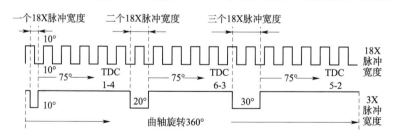

图1-4-15 霍尔式曲轴位置传感器输出信号

与日产公司的光电式曲轴位置传感器不同的是,因为内信号轮安装在曲轴上,因此三个上止点信号只能确定活塞是处于上止点前75°位置,但不能确定是压缩行程还是排气行程。因为该车型发动机采用双缸同时点火方式,即1-4、3-6和2-5三组汽缸在活塞到达上止点前某一位置时同时点火(压缩和排气行程各同时点一次火)。因此,ECU不需要知道活塞是在压缩还是排气行程。

1.4.6 磁阻式凸轮轴位置传感器

1) 磁阻效应

如图 1-4-16 所示,当导电体处于磁场中时(电流方向与磁场方向垂直),导电体内的载流子将在洛仑兹力的作用下发生偏转,在两端产生积聚电荷并产生霍尔电场。如果霍尔电场作用力和某一速度的载流子的洛仑兹力刚好抵消,则小于此速度的电子将沿霍尔电场作用力的方向偏转,而大于此速度的电子则沿相反方向偏转,因而沿外加电场方向运动的载流子数量将减少,即沿电场方向的电流密度减小,电阻增大,也就是由于磁场的存在,增加了电阻,此现象称为磁阻效应(magnetoresistive effect, MRE),利用磁阻效应制作的器件被称为"MRE 器件"。

实验表明,外加磁场增大,半导体的电阻增大;外加磁场减小,半导体的电阻减小。

2) 丰田 1ZR 发动机磁阻式凸轮轴位置传感器和磁感应式曲轴位置传感器

(1) 结构组成。

丰田 1ZR 发动机采用进、排气双 VVT-i 可变配气正时技术,在进气凸轮轴和排气凸轮轴的后端上各安装了一个位置传感器,分别为进气凸轮轴位置传感器和排气凸轮轴位置传感器,进、排气凸轮轴位置传感器为磁阻式。曲轴位置传感器为磁感应式,安装在轴前端,如图 1-4-17 所示。

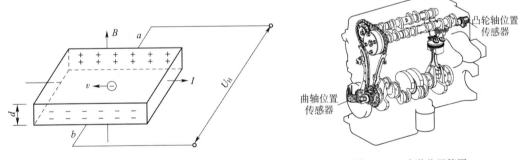

图 1-4-16 磁阻效应原理图　　　　图 1-4-17 安装位置简图

凸轮轴位置传感器主要由信号转子和 MRE 磁阻式传感器组成。信号转子位于凸轮轴的后端,其上有三个不均布的凸齿和凹槽,如图 1-4-18 所示。曲轴位置传感器为磁感应式,信号转子上有 34 个齿,信号转子上有一个地方连续少了两个凸齿,被称为缺齿。

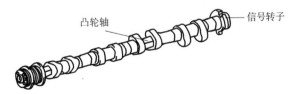

图 1-4-18 凸轮轴及凸轮轴位置传感器信号转子

(2) 磁阻式凸轮轴传感器的工作原理。

丰田 1ZR 发动机凸轮轴位置传感器结构如图 1-4-19 所示。当凸轮轴转动时,凸轮轴上的信号转子随之转动。当信号转子上的凸齿靠近磁阻式传感器时,传感器与凸齿之间的空

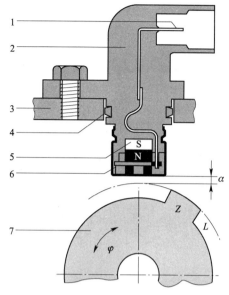

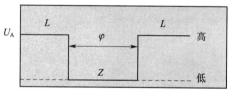

图 1-4-19　磁阻式凸轮轴位置传感器结构

1-插头；2-传感器壳体；3-发动机缸盖；4-密封圈；5-永久磁铁；6-MRE 器件及信号处理电路；7-信号转子（带 3 个不均布轮齿）；α-空气间隙；φ-转角

气间隙逐渐变小,磁路磁阻减少,穿过 MRE 器件的磁场强度增加,MRE 器件阻值增加；当信号转子上的凸齿逐渐远离磁阻式传感器时,传感器与凸齿之间的空气间隙逐渐变大,磁路磁阻增加,穿过 MRE 器件的磁场强度减小,MRE 器件阻值减小。当信号转子连续转动时,MRE 器件电阻不断变大或变小。MRE 信号处理电路根据 MRE 电阻的变化经电路处理后输出方波信号。

图 1-4-20 为实测的进、排气凸轮轴位置传感器波形(图中上面为进气凸轮轴位置传感器波形,下面为排气凸轮轴传感器波形)。

(3) 1ZR 发动机曲轴位置传感器的工作原理。

曲轴位置传感器信号转子旋转一圈输出 34 个近似正弦波形的信号和一个缺齿信号。每个脉冲信号对应 10°曲轴转角,相邻两个缺齿信号之间对应 360°曲轴转角。ECU 内部电路将 10°信号再均分 10 份,从而获得 1°曲轴位置信号。ECU 根据单位时间内检测到的正弦波形数量来计算发动机的转速,并根据缺齿信号来判断 1、4 缸上止点位置。曲轴位置传感器波形,如图 1-4-21 所示。

(4) 曲轴位置传感器与进气凸轮轴位置传感器波形。

用双通道示波器同时检测曲轴位置传感器与进气凸轮轴位置传感器波形,检测结果如图 1-4-22 所示。

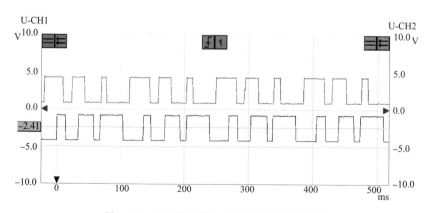

图 1-4-20　1ZR 发动机进、排气凸轮轴传感器波形

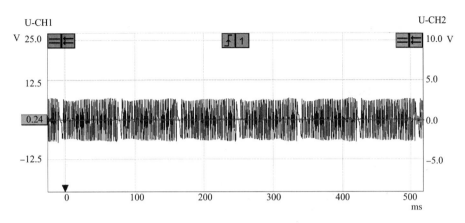

图 1-4-21 曲轴位置传感器信号波形

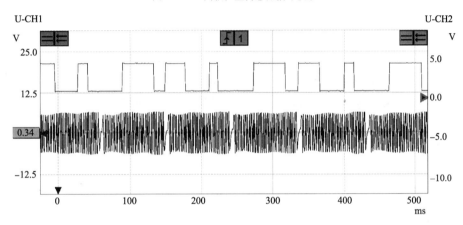

图 1-4-22 曲轴位置传感器与进气凸轮轴位置传感器信号波形

1.4.7 朗逸轿车 1.4TSI 发动机相位传感器介绍

1) 曲轴位置传感器

朗逸轿车 1.4TSI 发动机曲轴位置传感器安装在曲轴后端后油封处,其结构形式为磁阻式,信号转子曲轴一起转动,其上有一个缺齿,如图 1-4-23 和图 1-4-24 所示。

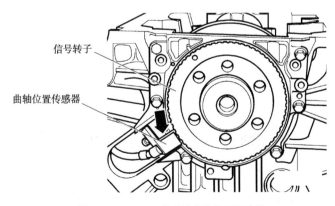

图 1-4-23 1.4TSI 发动机曲轴位置传感器

2）凸轮轴位置传感器

凸轮轴位置传感器安装在进气凸轮轴上，结构形式为磁阻式，如图1-4-25所示。

图1-4-24　1.4TSI发动机曲轴位置传感器实物图　　　图1-4-25　1.4TSI发动机凸轮轴位置传感器

凸轮轴位置传感器的信号转子在凸轮轴最右侧，如图1-4-26所示。

图1-4-26　凸轮轴位置传感器信号转子

实践技能

1.4.8　曲轴、凸轮轴位置传感器故障分析

1）故障点分析

下面以大众朗逸1.4TSI发动机为例，当曲轴、凸轮轴位置传感器相关组件发生故障时，故障可能的部位为：外部线路故障、传感器组件自身故障、ECU故障，可能的故障点如图1-4-27所示。

2）故障现象

曲轴位置传感器出现故障后，ECU不能检测曲轴转角和发动机转速；凸轮轴位置传感器出现故障后，ECU不能识别1缸压缩上止点。此时，汽车进入失效保护模式。

不同车型所采取的失效保护模式有所不同。朗逸轿车：曲轴位置传感器失效后发动机无法起动；凸轮轴位置传感器失效后发动机可以起动。科鲁兹轿车：曲轴位置传感器失效后发动机无法起动；进、排气凸轮轴位置传感器分别失效和同时失效后发动机可以起动；曲轴位置和进气凸轮轴位置传感器同时失效后发动机可以起动；曲轴位置和排气凸轮轴位置传感器同时失效后发动机不能起动。

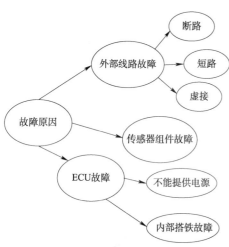

图1-4-27　曲轴、凸轮轴位置传感器故障图

曲轴位置传感器失效后,一般会出现如图1-4-28所示故障现象。凸轮轴位置传感器失效后对发动机工作情况影响不大(对于独立点火系统,发动机会转入双缸同时点火模式),故障现象不明显。

图1-4-28 故障现象

1.4.9 曲轴、凸轮轴位置传感器故障检修

大众1.4TSI发动机曲轴和凸轮轴位置传感器均为霍尔式,基本原理相同,在工作过程中ECU配合使用两种信号来确定喷油时刻和点火正时。图1-4-29所示为曲轴位置传感器G28与ECU之间的连接电路。ECU通过端子T60/9为曲轴位置传感器提供5V电压。T60/54为信号端子,T60/6为搭铁端子。

图1-4-30所示为凸轮轴位置传感器G40与ECU之间的连接电路。ECU通过端子T60/8为凸轮轴位置传感器提供5V电压。T60/39为信号端子,T60/14为搭铁端子。

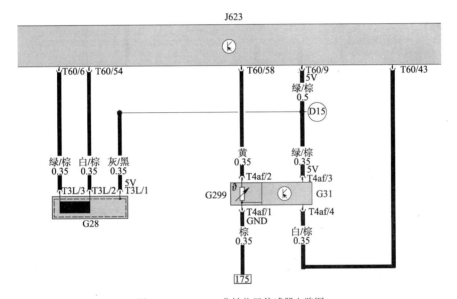

图1-4-29 1.4TSI曲轴位置传感器电路图

1)曲轴、凸轮轴位置传感器静态检测

(1)传感器电源检测。

关闭点火开关,分别拔下曲轴、凸轮轴位置传感器线束连接器T3L和T3m,用万用表分别检测T3L和T3m插头端子1和搭铁之间的电压值,正常为5V左右;否则,拔下ECU线束连接器T60,分别检查T60插头上T60/9和T60/8与T3L和T3m插头端子1之间的导线电阻,正常值应小于1Ω。

(2)传感器搭铁检测。

关闭点火开关,分别拔下曲轴、凸轮轴位置传感器线束连接器T3L和T3m,用万用表分别检测T3L和T3m插头端子1与搭铁之间电阻,正常值应小于1Ω;若电阻值不正常,分别检查T3L和T3m插头端子1与ECU线束连接器T60插头上T60/6、T60/14之间的导线电阻,正常值应小于1Ω。

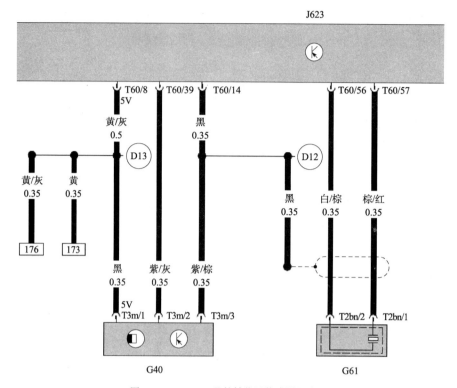

图 1-4-30　1.4TSI 凸轮轴位置传感器电路图

(3)传感器信号线路检测。

分别拔下传感器线束连接器 T3L 和 T3m 与 ECU 线束连接器 T60,检查 T3L 和 T3m 插头上 T3L/2、T3m/2 与 ECU 线束连接器 T60 插头上 T60/54、T60/39 之间的导线电阻,正常值应小于 1Ω。

2)动态检测

点火开关 OFF,插好传感器和 ECU 连接器。

(1)万用表检测。

将点火开关置于 ON 位,起动发动机,用万用表的电压挡检测曲轴位置传感器 T3L/2 与搭铁之间电压,如果无输出电压,表示曲轴位置传感器线路断路或传感器发生故障。

用万用表的电压挡检测凸轮轴位置传感器 T3m/2 与搭铁之间电压,若无输出电压,说明凸轮轴位置传感器线路断路或传感器发生故障。

(2)读取数据流。

使用 KT300 读取数据流,发动机怠速时转速应为 600~700r/min,加速时发动机转速应相应提高。否则,更换曲轴位置传感器。

(3)波形分析。

用双通道示波器检测曲轴位置和凸轮轴位置传感器信号端子与搭铁间信号波形,实测波形如图 1-4-31 所示(上面为曲轴位置传感器波形,下面为凸轮轴位置传感器波形)。发动机加速时,两信号频率均增加,但幅值不变。

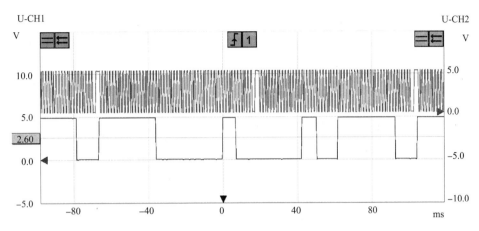

图 1-4-31　曲轴位置和凸轮轴位置信号实测波形

情境分析

一辆大众朗逸轿 TSI 车,装备 CFB 发动机,起动发动机时,发动机曲轴可以转动,但发动机无法起动。

1) 故障诊断与排除

(1) 打开点火开关,用 KT300 读取故障码,显示"00802 P0322 发动机转速传感器没有信号"。

(2) 清除故障码,起动发动机,发现发动机仍不能起动,再次读取故障码,上述故障码依然存在。

(3) 打开点火开关,检查传感器的电源和搭铁电路,均正常。

(4) 起动发动机时用示波器观察曲轴位置传感器波形,无波形显示。

(5) 更换新的传感器后,发动机正常起动。起动后,故障码不再重现,发动机加速有力。

2) 故障原因分析

当曲轴位置传感器出现故障时,发动机 ECU 接收不到曲轴位置信号,无法计算曲轴转角和发动机转速,无法判定曲轴(或活塞)位置,无法进行点火和喷油控制,造成发动机熄火且不能起动。

学习小结

(1) 曲轴位置传感器用来感知曲轴转速和位置,是发动机最重要的传感器。

(2) 凸轮轴位置传感器用来感知凸轮轴的位置,配合曲轴位置传感器,来确定 1 缸压缩上止点的位置,从而使发动机准确地喷油和点火。

(3) 曲轴、凸轮轴位置传感器都属于相位传感器,常见类型有电磁式、光电式和霍尔式三种。

(4) 曲轴位置传感器失效后,一般会导致发动机不能起动;凸轮轴位置传感器失效后,发动机可以起动,没有明显故障现象。

(5) 曲轴、凸轮轴位置传感器的检测可以用万用表检测和示波器检测。如果与标准参数比较,发现不符合要求或示波器检测波形异常,则应更换曲轴、凸轮轴位置传感器。

学习单元 1.5　氧传感器故障检修

情境导入

一辆大众朗逸轿车,装备CFB发动机,车主反映发动机近期油耗增加,排气警示灯点亮。经检查,前氧传感器线路出现故障,线路修复后,上述故障现象消失。

学习目标

(1)能通过与客户交流、查阅相关维修技术资料等方式获取车辆信息。
(2)能根据故障现象制订正确的维修计划。
(3)能正确选择诊断设备对氧传感器引起的故障进行诊断。
(4)能正确记录、分析各种检测结果并作出故障判断。
(5)能按照正确操作规范对氧传感器进行更换。
(6)能根据环保要求,正确处理对环境和人体有害的废料和损坏的零部件。

理论知识

1.5.1　汽车排放的成分组成及有害成分

汽车排放的成分有多种,主要以 N_2、CO_2、H_2O 为主,并带有一定量的有害成分,各成分所占比例如图1-5-1所示,其中有害气体主要有 NO_x、HC、CO、PM 等。

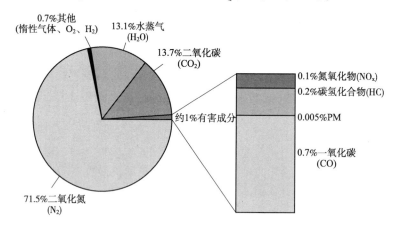

图1-5-1　汽车排放的成分组成及所占体积比例

1) N_2

N_2 是空气中的主要成分,占78%。N_2 不直接参与燃烧的过程,它是排放中含量最多的成分,占71.5%。

2)水

燃烧产物中的水以水蒸气形式出现,当冷却时变成液体,所以在气温较低的天气时可以看到从排气管中排出水。水在汽车排放物中占13.1%。

3）CO_2

燃料中的碳氢成分在燃烧过程中被转化成了CO_2，占排放物的13.7%。被转化的CO_2的数量是燃油消耗量的直接反应。因此，减少CO_2的排放量就必须减少燃油的消耗量。CO_2在自然界的空气中就存在，CO_2本身也没有被划分为有害排放物。但是，CO_2是温室气体，会引起温室效应，导致地球变暖。因此，减少CO_2的排放量成为当务之急。

4）燃烧的副产品

在燃烧过程中产生了一系列的副产品。当发动机预热到正常的工作温度，并且混合气浓度达到理想空燃比时（$\lambda=1$），燃烧后且未进行排气处理时，产生的副产品占总体排气量1%。副产品的主要成分是：CO、HC、NO_x、PM。

CO：在空气量少、混合气较浓的情况下，由于混合气不完全燃烧产生了CO。虽然在混合气较稀少的情况下也产生CO，但含量较少。CO主要产生于混合气瞬间加浓过程，或者由于混合不均匀导致，如浓混合气中的油滴没有及时蒸发导致混合气没有完全燃烧。CO是无色无味的气体，进入人体后使血液输氧能力降低，使人体缺氧，引起头晕、头疼、恶心等，严重时会导致死亡。

HC：碳氢化合物是"碳和氢"化合物的统称。碳氢化合物的排放是由于缺少氧气而使混合气没有完全燃烧导致的。燃烧过程也产生新的HC化合物。脂肪族烃HC化合物（链烷烃、炔烃及周期衍生物）事实上是无味的，环腺苷酸HC化合物（比如不纯苯、甲苯及多环HC化合物）会释放出可以辨别的味道。碳氢化合物对眼睛和皮肤有刺激作用，浓度高时使人头晕、恶心、贫血，甚至急性中毒。人类长期暴露在HC化合物中会导致癌症。

NO_x：氮氧化物是氮和氧结合形成的化合物的统称，它是空气中的氮气参与燃烧过程的产物。其主要形式为NO，还有NO_2、N_2O_3、N_2O_5。NO为无色无味气体，具有轻度刺激性。NO_2是棕红色、刺激性有毒气体。当空气中的NO_2浓度较大时，会刺激人体的黏膜。在空气中，NO逐步被转化成NO_2。NO_x会引起森林破坏（酸雨），另外，NO_x和HC在紫外线照射下，会引起光化学烟雾。光化学烟雾的表现特征是烟雾弥漫，烟雾呈蓝色。具有强氧化性，刺激人的眼睛和呼吸道黏膜，伤害植物叶子，加速橡胶老化，并使大气能见度降低。

PM：PM是排放中的微粒物。柴油机的微粒排放比较严重，汽油机的微粒排放相对较少。微粒是因不完全燃烧而产生的，成分与发动机燃烧过程和工况有关，PM由煤烟（烃链）组成。未燃烧和部分燃烧的HC会在煤烟上沉积，带有刺激性气味的醛类也会在上面沉积，悬浮成分和硫酸盐也会黏结在煤烟上。PM进入人体后会引起黏膜病变。

同时，由于燃油中还有硫成分，燃烧过程中会产生微量SO_x。硫会在三元催化转换器表面沉积并与活性化学层进行反应，抑制三元催化转换器对三种有害成分的转化能力。

1.5.2 氧传感器作用

在排气控制系统中安装三元催化转换器可以减少CO、HC、NO_x的排放量。从理论上讲，1kg汽油完全燃烧需要14.7kg空气，这就是常说的理论空燃比。装有铂、铑、钯的三元催化转换器通过对CO、HC进行氧化反应和对NO_x进行还原反应，将其转换成无害成分。由于氧化反应需要氧的参与，而还原反应必须在缺氧的条件下进行。因此，为了同时进行氧化和还原反应,三元催化转换器必须工作在理想空燃比附近一个极小的区间。这样,当实际空燃比比理想空燃比稍大(混合气稍稀)时,由于有氧气存在,可进行氧化反应;当实际空燃比比理想空燃比稍小(混合气稍浓)时,由于缺氧,可进行还原反应。所以当实际空燃比处于理想空燃比附近极小的范围内时,三元催化转换器对三种有害成分的转换效率最高,可达到90%以上,如图1-5-2所示。

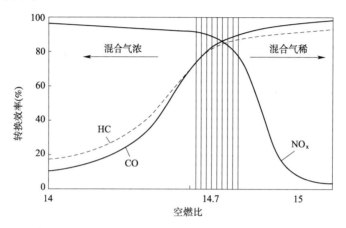

图1-5-2 三元催化转换器转换效率

因此,为了提高三元催化转换器的转换效率,减少排放,有必要对空燃比进行闭环控制,使其保持在理想空燃比附近。如图1-5-3所示,安装在排气管上的氧传感器(Oxygen Sensor, O2S)可以检测排气中氧气的浓度,并将此信号反馈给发动机ECU,ECU据此判断可燃混合气的浓度,进而调节喷油器的喷油量,使可燃混合气的浓度保持在理想空燃比附近。

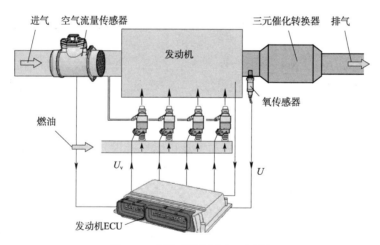

图1-5-3 氧传感器作用原理示意图

1.5.3 氧传感器类型

按检测空燃比数值的范围不同分为:窄型氧传感器和宽型氧传感器。窄型氧传感器即传统氧传感器,简称为氧传感器,只能检测空燃比是大于或小于14.7,当空燃比偏离理想空燃比较多时,其反应灵敏性降低。宽型氧传感器即新式氧传感器,简称空燃比传感器,能检测的空燃比范围为23:1~11:1,且检测精度高,不仅能使发动机实现稀混合气或浓混合气控制,而且喷油量的控制更加精确。

按功能不同分为:前氧传感器和后氧传感器。前氧传感器安装在三元催化转换器前面,用于检测混合气空燃比,ECU据此调节喷油量,实现空燃比的闭环控制;后氧传感器安装在三元催化转换器后面,用于检测经过三元催化转换器转换后的排气成分,监测三元催化转换器的转换效率,如图1-5-4所示。

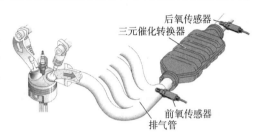

图1-5-4 前、后氧传感器安装位置示意图

按传感器内部的敏感元件的材料不同分为:氧化锆(ZrO_2)式氧传感器和氧化钛(ZiO_2)式氧传感器。氧化锆式氧传感器的敏感元件采用陶瓷材料氧化锆,氧化钛(ZiO_2)式氧传感器的敏感元件采用陶瓷材料氧化钛。

按传感器是否有加热装置分为:加热型和非加热型氧传感器。加热型氧传感器内有一个起预热作用的加热元件,可在发动机起动后的20~30s内迅速将氧传感器加热至工作温度。非加热型氧传感器内没有加热元件,只能靠排气的热量进行加热,这种传感器必须在发动机起动运转数分钟后才能达到工作温度然后开始工作。

按传感器外部导向的数量不同分为:1线氧传感器、2线氧传感器、3线氧传感器和4线氧传感器。如图1-5-5a)所示,1线氧传感器有一条信号线连于ECU,以传感器壳体搭铁构成回路。2线氧传感器有两条信号线连于ECU,通过两条导线构成回路,传感器壳体不搭铁,如图1-5-5b)所示。在1线氧传感器和2线氧传感器内部增加加热元件,多了两根加热元件的导线,就构成了3线氧传感器和4线氧传感器,如图1-5-5c)和图1-5-5d)所示。目前,普遍使用的是加热型4线氧化锆式氧传感器。

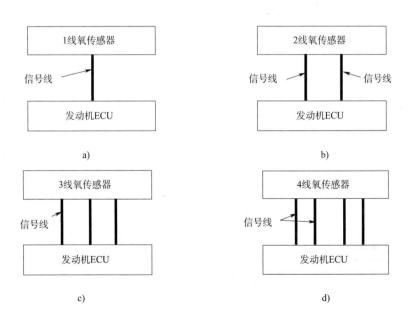

图1-5-5 不同接线氧传感器示意图

1.5.4 氧化锆式氧传感器结构与原理

1) 结构组成

氧化锆式氧传感器采用二氧化锆(一种在有氧气的情况下能产生小电压的陶瓷材料)陶瓷体作为敏感元件,氧化锆为固体电解质。按照敏感元件氧化锆的形状可分为杯型和平面型。在杯型氧传感器中,氧化锆被做成试管状的陶瓷体套管,也称锆管,如图1-5-6所示。在平面型氧传感器中,氧化锆被做成平面状,其横截面为矩形,如图1-5-7所示。

杯型氧传感器安装在排气管或排气歧管上,传感器锆管内侧通大气,外侧暴露在排气中。锆管的内外表面分别覆盖了薄层多孔铂(白金)作为电极,内表面是正极,外表面是负极。一般在外侧电极表面还有一个多孔氧化铝陶瓷保护层(图中未表示),陶瓷层外加有带槽口的保护罩,防止铂膜被废气腐蚀并保证废气与锆管接触。传感器通过螺纹安装在排气管上的安装孔中,信号线由锆管内外表面引出,接线端有一个金属护套,其上开有一个小孔,使锆管内表面与大气相通。

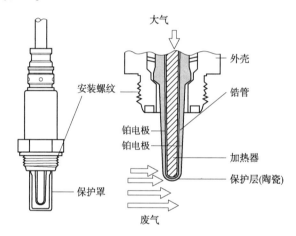

图1-5-6 杯型氧化锆传感器

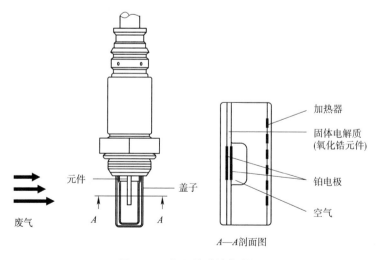

图1-5-7 平面型氧化锆传感器

2) 工作原理

发动机排出的废气从氧传感器的端部经过并与锆管的外表面接触,空气从传感器尾部的通气孔进入锆管的内表面,如图1-5-8所示。锆管的陶瓷体是多孔的,允许氧离子渗入该固体电解质内。在温度超过300℃时氧发生电离,带负电的氧离子吸附在氧化锆套管的内外表面上。由于大气中的氧气比废气中的氧气多,锆管上与大气相通的内表面比外表面吸附更多的负离子,因而氧离子从大气侧向废气侧扩散,两侧离子的浓度差产生电动势。此时锆管相当于一个微电池,向外输出电压信号。锆管内外表面氧浓度差越大,输出电压信号也越高。

利用具有催化剂作用的铂作为电极,可使电动势以理论空燃比为界,发生突变。当可燃混合气浓时,实际空燃比小于理论空燃比,废气中氧含量少,在铂的催化作用下,低浓度的O_2和排出的CO及HC发生反应,使锆管外表面的氧气几乎消失,所以传感器内外表面的氧浓度差比较大,产生的电压接近1V(一般为0.8~0.9V)。当可燃混合气稀时,空燃比大于理论空燃比,废气中含有大量的氧,同时废气中CO浓度较低,只有少量O_2与HC发生反应,所以传感器内外表面的氧浓度差小,两铂极间电压骤减,输出电压接近0V(一般为0.1~0.2V)。氧传感器输出信号特性曲线如图1-5-9所示,氧传感器产生的电压在理论空燃比时发生突变。因此,该传感器也被称为两状态氧传感器。

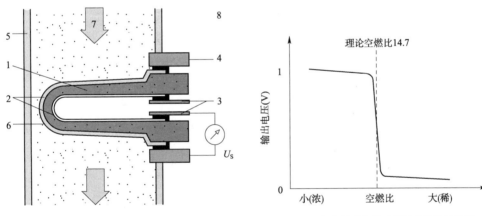

图1-5-8 杯型氧传感器工作原理图
1-锆管;2-内外表面金属铂;3-接线端子;4-外壳;
5-排气管;6-多空陶瓷保护层;7-废气;8-大气

图1-5-9 氧化锆式氧传感器输出信号特性图

氧化锆式氧传感器输出信号的强弱与工作温度有关,输出信号一般在300℃左右时最明显,所以有些氧传感器采用加热的方法来保证其工作温度,称为加热型氧化锆式氧传感器。该传感器的结构原理与不加热式的相同,只是在传感器内部增加了一个陶瓷加热元件,可在发动机起动后的20~30s内迅速将氧传感器加热至工作温度,这种传感器一般有三根或四根导线与发动机ECU相连接。加热元件一般为正温度系数电阻,温度低时电阻很小,加热电流大,加热快。温度高时电阻增大,加热电流小,可防止传感器过热。

平面型氧化锆传感器的工作原理图如图1-5-10所示,其工作原理与杯型氧化锆传感器工作原理相同。

大众朗逸CFB发动机的前、后氧传感器均采用平面型;丰田1ZR发动机前氧传感器采用平面型,后氧传感器采用杯型,前、后均为窄型氧传感器。丰田 2ZR 发动机前氧传感器为宽型(空燃比)传感器,后氧传感器为窄型氧传感器,其输出信号如图 1-5-11 所示。

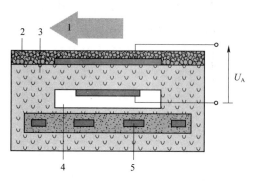

图 1-5-10 平面型氧传感器工作原理图
1-废气;2-多空陶瓷保护层;3-敏感元件——氧化锆;4-空气室;5-加热器;U_A-信号电压

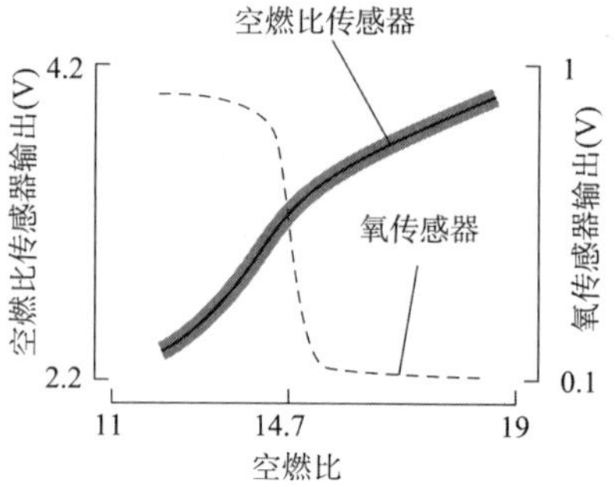

图 1-5-11 2ZR 发动机氧传感器输出电压

在汽车匀速行驶时,安装在三效催化转换器后的氧传感器信号电压的波动应比装在三效催化转换器前的氧传感器(前氧传感器)信号电压的波动小得多,因为正常运行的三效催化转换器在转化 HC 和 CO 时要消耗氧气,废气通过前、后传感器时的成分发生变化,前、后氧传感器输出电压信号不同,如图 1-5-12a)所示。当三效催化转换器损坏时,三效催化转换器的转化效率丧失,这时在其前后的排气管中的氧气量十分接近,前、后氧传感器的信号电压波形就趋于相同,并且电压波动范围也趋于一致,如图 1-5-12b)所示。

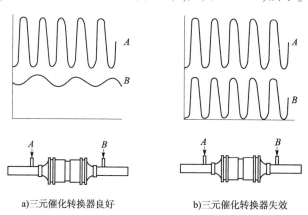

a)三元催化转换器良好　　b)三元催化转换器失效

图 1-5-12 三元催化转换器的工作状态与前、后氧传感器输出波形的关系

实践技能

1.5.5 氧传感器故障分析

1)故障点分析

当氧传感器相关电路发生故障时,可能的故障点如图 1-5-13 所示。故障可能在外部线路故障,可能是传感器自身故障,也可能是 ECU 故障。外部线路故障有断路、短路和虚接。传感器自身故障如传感器中毒、积炭等。ECU 故障主要是 ECU 内部电源电路或者内部搭铁

电路出现故障。

铅、硅等杂质会使氧传感器和三元催化转换器中毒,使氧传感器输出信号电压发生变化,不能正常工作。氧传感器中毒是经常出现的且较难防治的一种故障,尤其是经常使用含铅汽油的汽车。如果只是轻微的铅中毒,接着使用一箱不含铅的汽油,就能消除氧传感器表面的铅,使其恢复正常工作。但往往由于过高的排气温度,而使铅侵入氧传感器内部,阻碍了氧离子的扩散,使氧传感器失效。汽油和润滑油中含有的硅化合物燃烧后生成的二氧化硅、硅橡胶密封垫圈使用不当散发出的有机硅气体,都会使氧传感器失效。

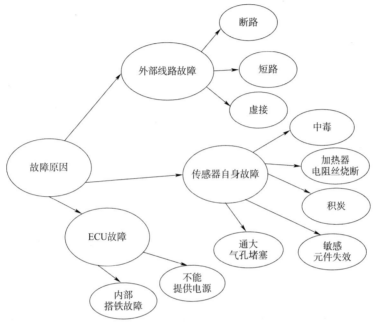

图1-5-13 氧传感器故障图

由于发动机燃烧不好,在氧传感器表面形成积炭,或氧传感器内部进入了油污、尘埃等沉积物,会阻碍或阻塞外部空气进入氧传感器内部,使氧传感器输出的信号失准,ECU不能及时地修正空燃比。产生积炭,主要表现为油耗上升、排放浓度明显增加。

氧传感器的敏感元件为陶瓷材料,硬而脆,用硬物敲击或被强烈气流吹洗,都可能使其碎裂而失效。对于加热型氧传感器,如果加热器烧断,就很难使传感器达到正常的工作温度,导致传感器失去作用。

2) 故障现象

氧传感器出现故障后,将不能对空燃比进行反馈控制,会使发动机油耗和排气污染增加,发动机出现怠速不稳、缺火、喘振等故障现象,可能出现的故障现象如图1-5-14所示。

1.5.6 氧传感器故障检修

下面以大众朗逸轿车CFB发动机采用的加热型氧化锆式氧传感器为例,介绍传感器的故障诊断过程(诊断过程以前氧传感

图1-5-14 氧传感器失效后常见故障现象

器为例)。传感器与ECU之间的连接电路,如图1-5-15所示。

该CFB发动机同时使用前、后氧传感器,以下检修分析中以前氧传感器(G39)为例进行说明,后氧传感器(G130)检修方法与之相同。

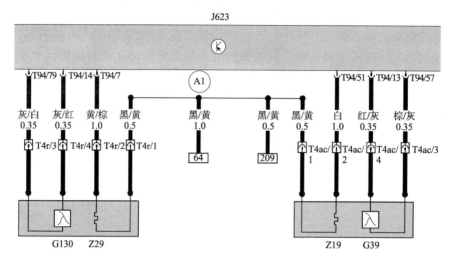

图1-5-15 大众朗逸CFB发动机氧传感器电路示意图

1)静态检测

(1)传感器加热器电源检测。

拔下传感器线束连接器T4ac,如图1-5-15所示,点火开关置于ON,用万用表检测T4ac连接器插头上端子1和搭铁之间的电压值,正常值应为12V左右;否则,检查传感器供电部分电路:如蓄电池、熔断丝、供电继电器等。

(2)传感器搭铁检测。

点火开关置于OFF,拔下传感器线束连接器T4ac,用万用表分别检查T4ac连接器插头上的端子3与搭铁之间电阻,正常值均应小于1Ω;若电阻不正常,检查T4ac插头上3与发动机控制单元ECU的线束连接器T94插头上端子57之间的导线电阻,正常值均应小于1Ω。

(3)传感器加热电阻检测。

点火开关置于OFF,拔下传感器线束连接器T4ac,用万用表检测T4ac插座上端子1和2之间的电阻值,20℃左右时正常值应为5~10Ω;否则,更换氧传感器。

(4)传感器信号线检测。

点火开关置于OFF,拔下传感器线束连接器T4ac与ECU线束连接器T94,检查T4ac插头上4与ECU线束连接器T94插头上13之间的导线电阻,正常值应小于1Ω。

2)动态检测

点火开关置于OFF,插上连接器T4ac和T94插头。

(1)万用表检测。

起动发动机,发动机怠速运转,暖机后用万用表检测氧传感器端子4与搭铁之间的电压值,正常值应在0~0.9V波动。

(2)读取数据流。

起动发动机,发动机怠速运转,暖机后使用KT600读取数据流,正常值应在0~0.9V

波动。

(3)波形分析。

用示波器检测传感器端子4与搭铁间信号波形,检测结果如图1-5-16所示(图1-5-16中同时展示了加热线圈的信号波形)。

发动机进入空燃比闭环控制时,输出电压信号应在0~0.9V变化。当发动机转速在2500r/min时,要求10s内波形波动的次数不少于8次。

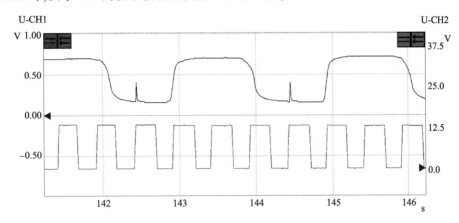

图1-5-16 前氧传感器和加热线圈信号波形

情境分析

1)故障现象

一辆大众朗逸轿车,装备CFB发动机,车主反映发动机近期油耗增加,排气警示灯点亮。

2)故障诊断与排除

(1)点火开关ON,用KT600读取故障码,显示"P0030 00048 氧传感器加热器控制电路低"。

(2)清除故障码,起动发动机,上述故障仍然存在。再次读取故障码,上述故障码依然存在。

(3)发动机熄火,点火开关ON,检查传感器加热器供电电源,电压值为12V,供电正常;然后将点火开关置于OFF,检查氧传感器加热器电阻,发现加热器电阻值为无穷大,说明氧传感器加热丝断路。

(4)起动发动机,暖机后用KT600读取数据流,发现氧传感器不能立即工作,需发动机再运行一段时间后传感器的信号才会在0~0.9V变化,说明氧传感器不能快速达到工作温度。

(5)更换新的氧传感器后,起动发动机,发动机运行平稳,行驶正常,故障码不再重现,氧传感器能快速达到工作温度,信号在0~0.9V变化。

3)故障原因分析

氧传感器加热丝烧断后,氧传感器不能快速地达到工作温度,发动机ECU不能进行空燃比的闭环控制,导致空燃比不是最佳,发动机油耗增加。

学习小结

(1)氧传感器安装在排气管上,其作用是检测排气中氧含量,并将其转换成电信号,反馈给发动机 ECU,ECU 由此判断混合气空燃比,修正喷油器的喷油量,控制空燃比收敛于理论值 14.7,实现空燃比闭环控制,保证三元催化转换器转换效率最高,使发动机达到最佳的排放性能。所以,采用氧传感器的最终目的是为了提高发动机的排放性能。

(2)目前,普遍使用的是加热型氧化锆式氧传感器。

(3)氧传感器信号是一种近似的低频数字信号,高电平接近于 1V,低电平接近于 0V,信号变化快慢反映了氧传感器的灵敏性。通常通过氧传感器信号的高低电平数值和信号的变化快慢评价氧传感器的性能。

(4)氧传感器发生故障,ECU 将不能对空燃比进行反馈控制,会使发动机油耗和排气污染增加,发动机出现怠速不稳、缺火、喘振等故障现象。氧传感器的常见故障有氧传感器中毒、积炭、氧传感器陶瓷碎裂、加热器电阻丝烧断、氧传感器线路故障等。

(5)前氧传感器进行空燃比闭环控制,后氧传感器用来检测三元催化转换器的转换效率。

学习情境 2　燃油控制系统故障检修

学习单元 2.1　缸内直接喷射式燃油供给系统故障检修

情境导入

一辆大众朗逸轿车,装备 CFB 发动机,汽车行驶时加速无力,排气警告灯点亮。经检查,油压传感器故障。更换新的传感器后,上述故障现象消失。

学习目标

（1）能通过与客户交流、查阅相关维修技术资料等方式获取车辆信息。
（2）能根据故障现象制订正确的维修计划。
（3）能正确选择诊断设备对缸内直接喷射式燃油系统故障进行诊断。
（4）能正确记录、分析各种检测结果并作出故障判断。
（5）能正确进行燃油系统泄压操作。
（6）能按照正确操作规范进行油路油压检测。
（7）能根据环保要求,正确处理对环境和人体有害的废料和损坏的零部件。

理论知识

2.1.1　电控燃油喷射系统的优点

电控燃油喷射系统应用各种传感器来检测发动机工况和汽车行驶状态。发动机 ECU 根据传感器检测的发动机工况信息进行喷油正时和喷油量控制。电控燃油喷射系统的基本组成,如图 2-1-1 所示。

与传统化油器式发动机相比,电控燃油喷射系统有很多优点:
（1）根据工况配给不同浓度的混合气。
（2）安装三元催化装置,进行空燃比闭环控制,减少 HC、CO 和 NO_x 排放。
（3）喷射压力高,雾化好。
（4）根据大气压力和温度变化,对喷油进行补偿控制。
（5）具有减速断油功能,降低油耗。
（6）无化油器节流作用,利用惯性进气,动力性强。
（7）具有暖机怠速控制,快速暖机。

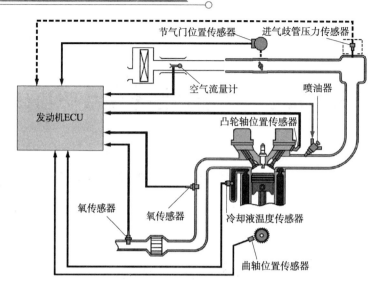

图 2-1-1 电控燃油喷射系统基本组成

2.1.2 电控燃油喷射系统的类型

1) D 型和 L 型燃油喷射系统

电控燃油喷射系统按进气量检测方式的不同分为压力感应式(D 型)和流量感应式(L 型)。L 型又可根据流量传感器的不同分翼板式、热线式、热膜式和卡尔曼涡流式,如图 2-1-2 所示。压力感应式通过测量进气歧管的压力,利用进气空气密度,间接计算出进气量。流量感应式采用空气流量传感器直接测量进入汽缸内的空气量。

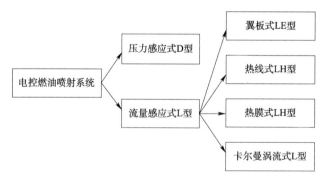

图 2-1-2 电控燃油喷射系统分类(按进气量检测方式分类)

2) 单点和多点燃油喷射系统

按照喷油器与汽缸的数量关系,电控燃油喷射系统又可分为单点燃油喷射(Single Point Injection,SPI)系统和多点燃油喷射(Multi Point Injection,MPI)系统,如图 2-1-3 所示。

单点燃油喷射系统一般是将一个或两个喷油器安装在节气门体上,喷油器直接将燃油喷射到节气门之前,对发动机所有缸实行集中喷射供油,喷射出的燃油再经各进气歧管分配到各个汽缸中,如图 2-1-4 所示。单点燃油喷射系统优点是结构简单,维修调整方便,成本低,但燃油压力比较低,混合气分配不均,控制精度低。不同公司生产的单点喷射系统名称不同,如通用的 TBI、福特的 CFI 及博世的 Mono-Jetronic。

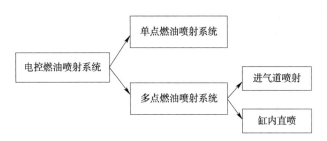

图 2-1-3　电控燃油喷射系统分类(按喷油器与汽缸的数量关系分类)

多点燃油喷射系统每一个缸单独配备一个喷油器,如图 2-1-5 所示。优点:各缸混合气分配均匀,不受进气管形状影响,充气效率高,应用广泛。

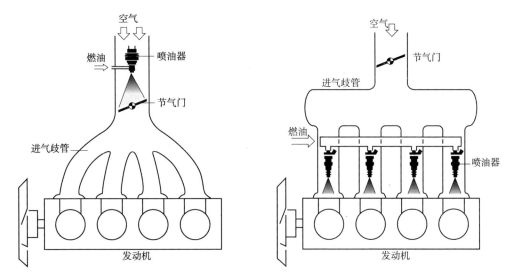

图 2-1-4　单点喷射系统结构示意图　　　图 2-1-5　多点燃油喷射系统结构示意图

3)缸外和缸内燃油喷射系统

多点燃油喷射系统根据喷油器的安装位置又可分为缸外(进气道)喷射和缸内直接喷射两种。

多点燃油喷射系统进气道喷射方式如图 2-1-6 所示,喷油器安装在各缸进气门前方的进气歧管上。喷射出的燃油在进气门附近与空气混合形成可燃混合气,当进气门开启时,可燃混合气进入汽缸燃烧。

缸内直接喷射是指将高压燃油直接喷到汽缸内,如图 2-1-7 所示。此种喷射技术喷射压力高,雾化效果好,可在缸内产生浓度渐变的分层混合气,可有超稀混合气燃烧,油耗和排放低。目前,缸内直接喷射系统有福特 PROCO 直接喷射系统、丰田 D-4 直接喷射系统和三菱 4G 直接喷射系统以及大众 TSI 等。

4)同时、分组及顺序燃油喷射系统

按照喷油器的控制方式进行分类,电控燃油喷射系统可分为:同时喷射系统、分组喷射系统和顺序喷射系统。同时喷射是指发动机 ECU 发出同一指令,控制各缸喷油器同时喷油。分组喷射是指各缸喷油器分成几组,每组喷油器共用一根导线与发动机 ECU 连接,发动机 ECU 在同一时刻先后发出几组指令,分别控制各组的喷油器交替喷射。顺序喷射是指喷油器按发动机各缸的工作顺序进行喷射。

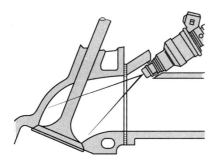
图 2-1-6　进气道燃油喷射系统喷射部位

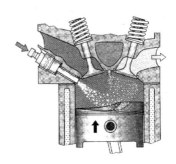
图 2-1-7　缸内直接喷射系统示意图

2.1.3　进气道喷射式燃油供给系统组成

进气道喷射式燃油供给系统主要由燃油箱、燃油泵、进油管及回油管、燃油滤清器、燃油分配管、油压调节器、喷油器等组成,如图 2-1-8 所示。早期的车辆上还安装有冷起动喷油器,在冷起动时冷起动喷油器供给额外的燃油。现在的车辆取消了冷起动喷油器,通过增加各缸喷油器喷油时间来提供冷起动时所需的较浓混合气。

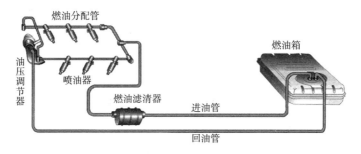

图 2-1-8　燃油供给系统的组成

燃油供系统按照有无回油管可分为:有回油管燃油供给系统和无回油管燃油供给系统。由于回油管中的燃油被发动机加热后流回燃油箱,使燃油温度上升,容易产生气阻,影响实际喷射量。为避免该现象,无回油管燃油系统将油压调节器内置于燃油箱内(图 2-1-9),取消了经过发动机的回油管,多余的燃油经压力调节器后流回燃油箱,防止了燃油温度升高而产生的气阻现象。

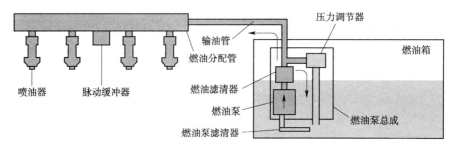

图 2-1-9　燃油供给系统组成(无回油管)

2.1.4 缸内直接喷射式燃油系统优点

发动机发展的主要目标就是最小的燃油消耗和尾气排放。一个闭环的催化转化系统能降低尾气中99%的HC、NO_x和CO含量。然而,尾气中CO_2(一种可导致温室效应的气体)的含量,却只能通过降低燃油消耗来控制。但是,传统的进气歧管喷射的缸外混合气形成模式已经无法实现这一目标。与传统的缸外进气管燃油喷射方式的发动机相比,采用汽油缸内直接喷射方式的发动机拥有节省15%燃油消耗的巨大潜能。

缸内直接喷射又称FSI(Fuel Stratified Injection),即燃料分层喷射技术,是传统汽油发动机的一个发展方向。传统的汽油发动机是通过电脑采集凸轮位置以及发动机各相关工况,从而控制喷油嘴将汽油喷入进气歧管。但由于喷油嘴离燃烧室有一定的距离,汽油同空气的混合情况受进气气流和气门开关的影响较大,并且微小的油颗粒会吸附在管道壁上,所以希望喷油嘴能够直接将燃油喷入汽缸。在2000—2013年各汽车厂商采用的发动机科技中,最炙手可热的技术非缸内直接喷射莫属。这套由柴油发动机衍生而来的技术目前已经大量使用在包含大众(含奥迪)、宝马、梅赛德斯-奔驰、通用以及丰田车系上。

各大汽车厂商缸内直接喷射技术英文缩写不同:大众,TSI(其中T代表涡轮增压);奥迪,TFSI/FSI;梅赛德斯-奔驰,CGI;宝马,GDI;通用,SIDI;福特,GDI;比亚迪,TI。

缸内直接喷射燃油系统具有的优点:具有低的燃油消耗,可降低车辆使用成本;低排放在税收方面还可以享受优惠;减少了向大气中排放的污染物,更加环保;节约自然资源。

图2-1-10展示了各种发动机控制技术在节约燃油方面的潜能,缸内直接喷射技术节约燃油的潜能最大。

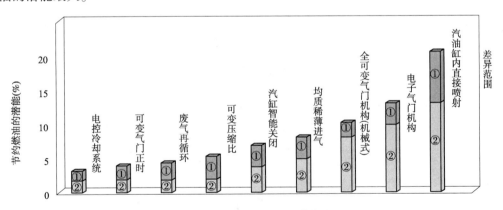

图2-1-10 节约燃油的措施及潜能对比
①-目前已经达到的节能技术水平;②-待挖掘潜能

2.1.5 缸内直接喷射式燃油控制系统工作模式

缸内燃油直接喷射系统工作模式有三种:分层进气模式、均质稀薄进气模式和均质进气模式。发动机控制单元根据转矩、功率、废气和安全要求来决定具体的工作模式,如图2-1-11所示。

分层进气模式:分层进气模式发生在发动机的中等负荷和转速范围内。通过燃烧室内混合气的分层形成,过量空气系数λ可以被控制在1.6~3,燃烧室内火花塞附近区域形成的是易燃的混合气。这些混合气被外层新鲜空气和废气包围着,通过缸壁的热损失小。

均质稀薄进气模式:在分层进气模式和均质进气模式的过渡转化区域,发动机以均质稀薄进气模式运行。稀混合气被均匀地分布在整个燃烧室,此工况下过量空气系数 λ 大约是1.55。

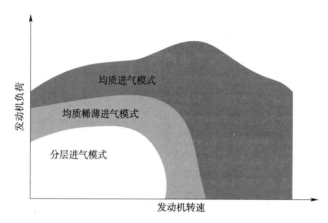

图2-1-11 缸内直接喷射式燃油控制系统的三种工作模式

均质进气模式:在高的负载和转速下,发动机是以均质进气模式工作,此工况下的过量空气系数 $\lambda = 1$。

1) 分层进气模式

发动机进入分层进气模式,必须满足以下重要条件:

①合适的发动机转速和负荷。

②尾气排放没有故障。

③冷却液温度不低于50℃。

④NO_x 传感器已经准备好进入工作状态,并且 NO_x 存储催化转换器的温度在250~500℃。

如图2-1-12所示,混合气主要形成并集中于火花塞附近区域,这主要得益于燃油凹坑和旋转的气流。喷油器的安装位置和角度是特殊设计的:保证首先被喷到活塞顶端的燃油凹坑上,然后被引导着朝火花塞附近区域运动。进气歧管进气道转换机构和活塞顶端的气流凹坑使气流在汽缸内做涡旋运动,在这种旋转的气流携带着喷入的雾化燃油向火花塞运动的过程中,燃油和空气就已经开始彼此之间的混合了。

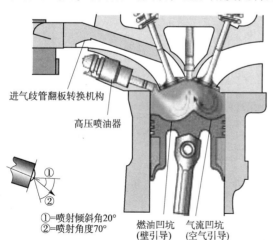

图2-1-12 分层进气模式混合气形成过程

如图2-1-13a)所示,在分层进气模式下,节气门的开度要尽可能大,这样可以使节气门处的节流损失降到最小。进气歧管转换翻板封住下进气道,这样就加速了空气运动的速率。同时,空气会以旋转状进入汽缸(节气门不可能被完全打开,因为还必须要为活性炭罐系统和废气再循环系统提供一部分真空)。在汽缸里,由于活塞顶的特殊形状,气流的旋转运动得到了进一步加强。

如图 2-1-13b)所示,燃油在最后三分之一的压缩行程被喷入汽缸中,整个喷油过程是在压缩上止点前 60°曲轴转角左右开始,大约在压缩上止点前 45°曲轴转角时结束。喷油时刻对混合气的形成质量有很大影响。燃油是被直接喷到活塞顶的燃油凹坑上,同时喷油器的几何形状也是经过特殊的优化设计,以便达到更佳的燃油雾化效果。

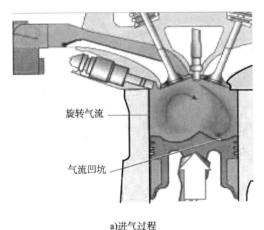

a)进气过程　　　　　　　　　　　b)分层混合气

图 2-1-13　分层混合气

在分层进气模式下,混合气的形成只在 40°~50°的曲轴转角时,这是决定形成的混合气的易燃性的关键因素。如果喷油点和点火点的时间间隔变短,由于没有充足的准备时间,形成的混合气的可燃性就很差。因此,一个长的时间间隔可以在燃烧室里形成更加均匀的可燃混合气。这就是燃烧室内靠近火花塞的中心区域形成易燃性很高的混合气的原因。而这些混合气又被新鲜空气和废气再循环进来的废气形成的理想气体层所包围着。在此模式下,燃烧室内的空燃比(过量空气系数)λ 在 1.6~3。

在火花塞附近区域形成良好的可燃混合气以后,燃烧周期也就开始了。在可燃混合气燃烧的同时,燃烧室内的其余气体就会把它们给包裹起来。这样,可以减小通过缸壁损失的热量,从而提高热效率。这样进气模式下,发动机主要通过控制喷油量来决定转矩的输出,进气量和点火提前角的影响很小。

2) 均质稀薄进气模式

分层进气和均质进气模式中间的区域便是均质稀薄进气模式。进气模式和分层进气模式相类似,在燃烧室中形成的混合气比例为 λ=1.55。

如图 2-1-14 所示,和分层进气模式的情况一样,进气过程中节气门开度依旧是尽可能开到最大,这样不仅可以减小节流阻力的损失,而且还可以增加射入汽缸中的进气量。

燃油是在压缩上止点前大约 300°曲轴转角时被喷入汽缸中。发动机管理系统精确地控制喷油量从而将空燃比控制到 λ=1.55。由于喷油时间提前了,那么就有足够的时间在燃烧室内形成良好的可燃混合气,从而形成均质混合气。同均质进气模式类似,点火时刻可以根据空燃比自由选择。燃烧过程遍布整个燃烧室。

3) 均质进气模式

如图 2-1-15a)所示,当发动机以均质进气模式运行时,该发动机类似于进气道喷射式发动机,两者最本质的区别在于缸内直接喷射式发动机在均质进气模式下燃油是直接被喷射到发动机的汽缸中。发动机通过控制点火提前角(短期)和进气量(长期)来控制转矩输出,根据进气量计算合适的喷油量来满足过量空气系数 $\lambda = 1$。进气时,节气门的开度大小根据加速踏板的位置信号来控制。

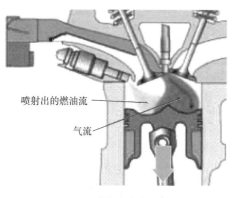

a)进气和喷油   b)均质混合气

图 2-1-14　均质稀薄混合气

进气歧管转换翻板的开闭则根据实际的运行工况决定:在中等发动机转速和负荷下,进气歧管是关闭的,这样气流就是旋转着进入汽缸中,从而可以更充分地混合气体;随着发动机转速和负荷的增加,仅仅通过上部进气道已经无法满足进气需求,这时转换翻板就会打开,下部进气道也进气。

燃油在压缩上止点前大约 300° 曲轴转角时被喷入汽缸中。在燃油雾化蒸发的过程中需要吸收能量(热量),这样就会冷却吸入的空气,从而可以得到比同样工况下的进气管喷射发动机更高的压缩比。由于在进气行程中就把燃油喷射到汽缸中,从而为燃油与空气的混合提供了十分充足的时间,所以在燃烧室内就形成了混合均匀充分的雾化燃油与空气的可燃混合气体,如图 2-1-15b)所示。燃烧室内的空燃比系数为(过量空气系数)$\lambda = 1$。在均质进气模式下,点火时刻是影响发动机转矩输出、燃油消耗和尾气排放的主要因素。

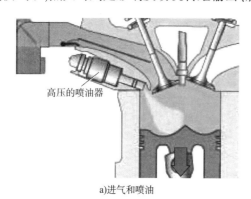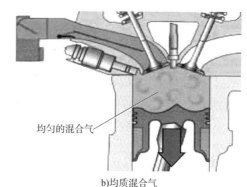

a)进气和喷油   b)均质混合气

图 2-1-15　均质混合气

冷起动时,燃油二次喷射是一种特殊工作模式,是为了迅速加热催化净化器,如图 2-1-16 所示。在进气过程中,先在距点火上止点大约 300° 曲轴转角时(进气行程时)喷入部分燃油,这部分燃油由于时间较长,可均匀混合。然后,在压缩行程距上止点大约60°曲轴转角时进行第二次喷射。由此,在火花塞附近形成了较浓的混合气,这种情况下可使点火较晚,使排气温度较高,热的废气可以使得催化净化器很快达到工作温度。这种先"均质"后"分层"的充气工作模式并不是用稀混合气,仍用理论空燃比混合气,二次喷射方式情况下 λ 的值为1。

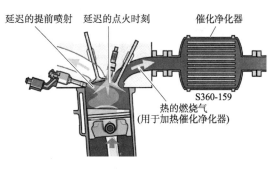

图 2-1-16　冷起动时的二次喷射模式

由于国产的1.4TSI发动机取消了分层燃烧,进气歧管的翻板也被取消,同时对进气歧管的设计做了相应的改进,如在进气道外缘的气门座上设计一个倾斜的凸峰,可以使汽缸内形成特殊的涡流,让汽油与空气混合得更充分。

2.1.6　缸内直接喷射式燃油供给系统组成

缸内直接喷射式燃油系统组成如图2-1-17所示,主要由燃油箱、低压燃油泵、燃油泵控制单元、发动机控制单元、燃油滤清器、燃油压力传感器(低压)、高压燃油泵、油轨、燃油压力传感器(高压)、限压阀等组成。燃油滤清器集成了油压调节器,可将低压系统油压调节为350~700kPa。低压系统的油压经高压燃油泵进一步加压后,油压为5~11MPa(取决于负荷和转速)。当高压系统油压超过12~15MPa时,限压阀开启,将高压系统的燃油卸回到高压燃油泵的进油口,以保护高压系统元件。低压燃油泵的结构和工作原理与缸外喷射燃油供给系统的油泵类似。

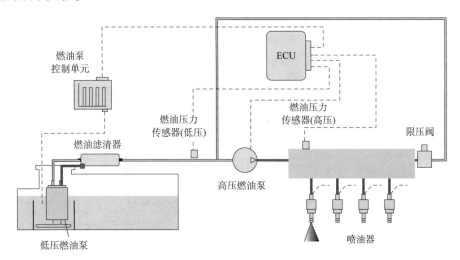

图 2-1-17　缸内直接喷射式燃油供给系统组成

2.1.7　缸内直接喷射式燃油供给主要零部件工作原理

1)低压燃油泵控制单元

低压燃油泵控制单元安装在电动燃油泵的上面,如图2-1-18所示。其作用主要是按照

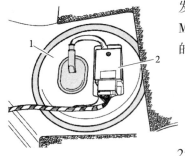

图 2-1-18 燃油泵 ECU
1-燃油泵盖板;2-燃油泵 ECU

发动机 ECU 发送过来的脉宽调制信号(Pulse-Width Modulated,PWM)来控制电动燃油泵工作,使低压燃油系统的油压根据发动机的具体工况需求控制在 350~700kPa。

2)低压燃油泵

低压燃油泵安装在燃油箱内,如图 2-1-19 所示。

3)燃油滤清器

燃油滤清器中集成了一个油压调节器,可将油压调节在 250~600kPa,如图 2-1-20 所示。当燃油泵输出油压高时,进入燃油滤清器的燃油将油压调节器的回油阀顶开,通过回油阀回到燃油箱的油量增多,低压系统油压下降;反之,当燃油泵输出油压低时,通过回油阀回到燃油箱的油量减少,低压系统油压上升。

4)高压燃油泵

(1)结构组成。

高压燃油泵是一个柱塞泵,柱塞泵依靠凸轮轴上的一个方形凸轮驱动,如图 2-1-21 所示。

当发动机工作时,凸轮轴上的凸轮通过挺柱驱动高压燃油泵柱塞上下运动,使高压燃油泵将燃油压力提高。柱塞泵的结构如图 2-1-22 所示,主要由驱动凸轮、挺柱、柱塞及柱塞复位弹簧、进油阀、出油阀、蓄压器、燃油压力调节阀等组成。

(2)工作原理。

柱塞泵的工作过程包括:吸油过程、回油过程和压油过程。

①吸油过程。

如图 2-1-23 所示,当驱动凸轮旋转、柱塞在柱塞复位弹簧作用下向下运动时,此时燃油压力调节阀没通电,阀针弹簧推动进油阀阀针向右移动,进油阀打开。由于柱塞下行,柱塞上方的油腔容积增大,低压系统的燃油经蓄压器和进油阀被吸入油腔。

②回油过程。

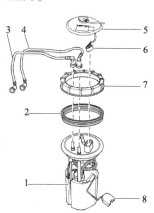

图 2-1-19 低压燃油泵
1-低压燃油泵;2-密封圈;3-供油管;4-回油管;5-燃油泵盖板;6-连接器;7-压板;8-燃油存量传感器

如图 2-1-24 所示,驱动凸轮驱动柱塞向上运动,当燃油压力调节阀不通电时,进油阀依然打开。油腔内过多的燃油经进油阀被压回到低压系统,发动机 ECU 以此来调节实际供油量。回油时在系统中产生的液体脉动被蓄压器和节流阀所衰减(节流阀在高压燃油泵的入口处)。

③压油过程。

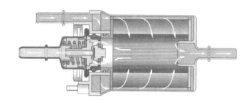

图 2-1-20 带油压调节器的燃油滤清器

压油过程如图 2-1-25 所示,驱动凸轮继续推动柱塞上行,当燃油压力调节阀通电时,针阀将克服针阀弹簧的作用力向左运动。进油阀在弹簧作用力下被关闭。柱塞向上运动,由于油腔被封闭且容积减小,油腔内建立起油压。当油腔内的油压高于油轨内的油压时,出油阀被压开,燃油被泵入油轨内。

由此可见,当柱塞上行时,燃油压力调节阀通电时间越晚,回油量越多,高压燃油泵泵出的油压越低。发动机 ECU 根据发动机工况的需求,动态调节燃油压力调节阀开启时刻,以调节高压系统所需要的油压(50~110bar)。

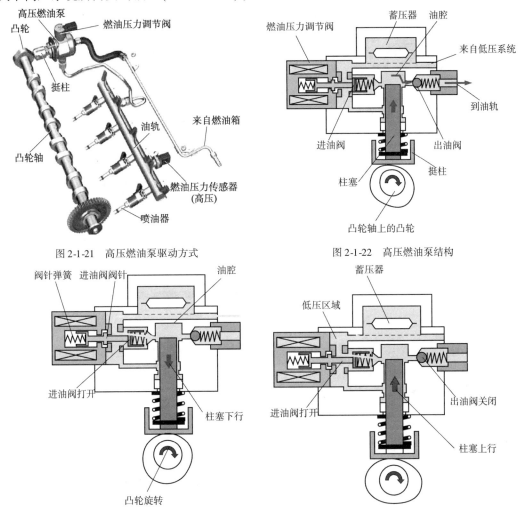

图 2-1-21　高压燃油泵驱动方式

图 2-1-22　高压燃油泵结构

图 2-1-23　吸油过程

图 2-1-24　回油过程

燃油压力调节阀属高频电磁阀。发动机 ECU 根据装在高压油轨上的高压燃油压力传感器所监测到的信号,根据当前工况所需要的油压,以脉冲宽度调制的方式控制燃油压力调节阀。当燃油压力调节阀失效时,高压油泵进入低压模式,发动机仍可应急运行。

图 2-1-26 展示了柱塞泵的三个工作过程对应油腔的变化。吸油时由于油腔容积不断扩大,油腔油压逐渐降低;回油时由于柱塞在上行,虽然有部分回油,油腔油压依然缓慢上升;压油时进油阀被关闭,无法回油,油压急剧上升。

5)燃油压力传感器

如图 2-1-27 所示,燃油压力传感器由连接器、集成电路、带应变电阻的钢膜片及外壳等组成。传感器的核心就是一个钢膜,在钢膜上镀有应变电阻,高压燃油作用到钢膜的一侧。当油压变化时,钢膜片发生弯曲变形,引起应变电阻的阻值发生变化,集成电阻将阻值的变化转换成电压信号并传送给 ECU,ECU 根据此电压的变化感知燃油油压的变化。

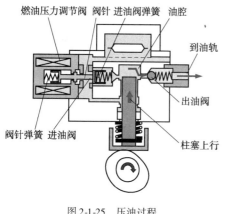

图 2-1-25 压油过程

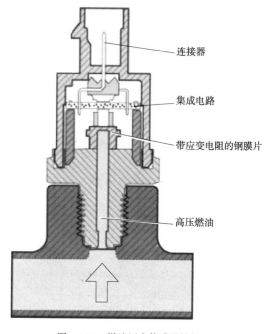

图 2-1-27 燃油压力传感器结构

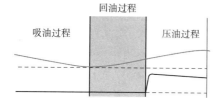

图 2-1-26 吸油、回油、压油时油腔油压变化

如果燃油压力传感器发生故障,ECU 控制燃油压力调节阀持续通电打开,燃油压力下降到 7.5bar,发动机输出动力下降。

燃油压力传感器与发动机 ECU 之间的连接关系,如图 2-1-28 所示。

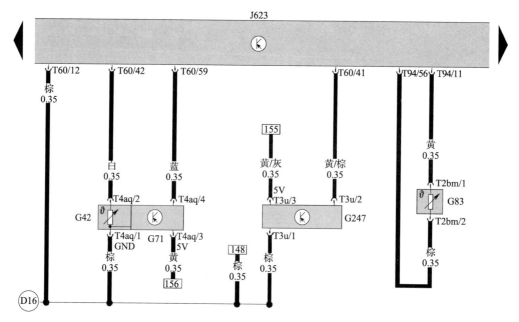

图 2-1-28 燃油压力传感器与发动机 ECU 之间的连接关系
G247-燃油压力传感器;G42-进气温度传感器;G71-进气压力传感器;G83-水箱出口冷却液温度传感器

实践技能

2.1.8 维修燃油供应系统时注意事项

1) 安全事项

在进行所有维修工作时,特别是在发动机舱内,由于空间狭小的原因必须注意下列事项:

(1) 将各种管路(例如,燃油、液压管路、活性炭罐、冷却液和制冷剂、制动液和真空管)以及导线敷设在原来的位置上。

(2) 为了避免损坏管路,必须保证与所有运动或发热部件之间有足够的距离。

(3) 当从一个装满燃油或部分燃油的燃油箱中拆卸和安装燃油表传感器或燃油泵时,要注意拆卸燃油泵熔断丝。

(4) 在开始工作前,必须将抽气系统的管子放置在燃油箱的开口处以抽出溢出的油雾。如果没有废气抽取系统,则可以使用一个排风量大于 $15m^3/h$ 的风扇。

(5) 为防止皮肤接触到燃油,应佩戴抗燃油手套。

2) 清洁规定

操作燃油供应和喷射装置时,必须注意以下关于清洁的"五项规定":

(1) 松开前,须彻底清洁连接处及其周围区域。

(2) 拆下的零件应放置在干净的垫块上,而且被覆盖住。不要使用纤维质的抹布。

(3) 如果无法立即进行维修,应小心地覆盖或密封已打开的部件。

(4) 只允许安装干净的部件,应在安装前才将配件从包装中取出。不许使用没有包装(例如放置在工具箱中等)的零件。

(5) 对于已开启的装置,尽可能不使用压缩空气、尽可能不移动车辆。

2.1.9 燃油供给压力异常故障分析

1) 故障点分析

燃油供给系统包括低压系统和高压系统,低压系统和高压系统可能出现的故障点如图 2-1-29 和图 2-1-30 所示。

2) 故障现象

燃油供给压力异常后,导致喷油器喷油量不正确,使混合气浓度过稀或过浓,导致发动机不能起动、起动困难、怠速不稳、加速无力、排放超标等故障,如图 2-1-31 所示。

2.1.10 燃油供给压力异常的故障检修

1) 释放高压区域的压力

燃油喷射系统分为高压部分(最大约 120bar)和低压部分(约 6bar)。在打开高压部分之前,例如拆卸高压泵、燃油分配管道、喷嘴、油管或燃油压力传感器,高压区域的燃油压力必须降低到系统的残余压力(约 6bar)。

(1) 连接车辆自诊断、测量与信息系统 VAS 5051B、VAS 5052、VAS 5052A 并执行引导型功能释放高压燃油的压力。在发动机运转状态时,进入基本设定的 140 组,进行激活,使燃油调节阀打开。

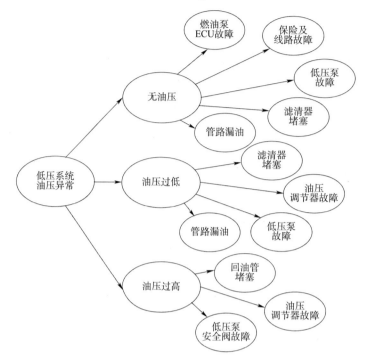

图 2-1-29 低压系统油压异常故障图

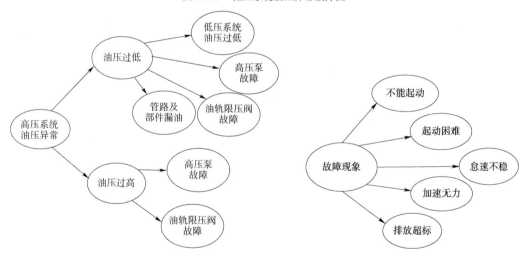

图 2-1-30 高压系统油压异常故障图　　图 2-1-31 油压异常故障现象

（2）关闭点火开关。

（3）在接头周围包一圈抹布，然后小心地打开接头释放大约 6bar 的残余压力。收集流出的燃油。

（4）完成工作后，读取发动机控制单元的故障存储器，清除因为拔下插头所产生的所有故障。

2）低压系统供油油压检测

注意：在安装油压表之前，要按照规定进行泄压，戴好防护眼镜和手套并穿好防护服。

松开软管接头之前,在接头周围铺上抹布,然后小心地拉开软管接头以释放压力。

(1)沿图 2-1-32 中箭头方向提起解锁按钮,拔下燃油供油管 1。

(2)将燃油压力测试仪 V. A. G 1318 连同接头 V. A. G 1318/17A 一起安装在燃油滤清器和高压泵之间油路上,如图 2-1-33 所示。

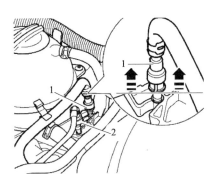

图 2-1-32　燃油压力测试仪安装位置
1-高压泵进油管;2-高压泵出油管

图 2-1-33　安装好的燃油压力测试仪

(3)打开压力表上的截止阀,控制杆指向流动方向。

(4)反复接通点火开关直到压力表上的燃油压力不再提高。

(5)读取压力表上的燃油压力。额定值:3.5～7.0bar。

(6)如果超出了额定值,检查燃油泵和燃油滤清器之间的回油管是否扭曲或阻塞。

(7)如果没有达到额定值,检查燃油滤清器前的燃油压力。在燃油滤清器之前的油路上连接燃油压力测试仪 V. A. G 1318 和接头 1318/17A。打开压力测试仪上的截止阀,控制杆指向流动方向。起动发动机并以怠速运转。缓慢关闭燃油压力测试仪的截止阀。压力必须升高至 6.0bar。当到达了 6.0bar 以后,立即再次打开截止阀。如果压力增加,燃油泵正常。燃油滤清器内的燃油压力调节器有故障,更换燃油滤清器;如果压力不提高,燃油泵损坏,更换燃油泵(如果燃油压力为 8 bar,立即再次打开截止阀,以防止损坏燃油压力测试仪)。

3)低压系统保持油压检测

(1)将燃油压力测试仪 V. A. G 1318 连同接头 V. A. G 1318/17A 一起安装在燃油滤清器和高压泵之间的油路上。

(2)反复接通点火开关直到压力表上的燃油压力不再提高。

(3)读取压力表上的燃油压力,额定值:3.5～7.0bar

(4)10min 后,观察压力表上的压力。压力不能低于 3.0bar。

(5)如果压力继续下降,反复接通点火开关直到压力表上的燃油压力不再提高。在建立起压力以后,立即关闭燃油压力测试仪上的截止阀。

如果压力不再下降,检查通向高压泵的燃油管是否有泄漏。如果没有发现故障,更换高压泵。

如果压力依然下降,检查供油管到燃油滤清器有无泄漏。如果供油管没有故障,检查燃油泵的单向阀。

(6)在燃油滤清器和供油管之间连接燃油压力测试仪。打开压力表上的截止阀,控制杆指向流动方向。

(7)反复接通点火开关直到压力表上的燃油压力不再提高。读取压力表上的燃油压力,额定值:3.5bar~7.0bar。

(8)在建立起压力以后,立即关闭燃油压力测试仪上的截止阀。10min后,观察压力表上的压力,压力不能低于3.0bar。

如果压力下降,燃油泵单向阀损坏,更换燃油泵。

如果压力不再下降,则燃油滤清器内的燃油压力调节器有故障,更换燃油滤清器。

2.1.11 低压燃油泵检查

1)低压燃油泵动态检测

(1)将故障诊断仪VAS 5052连接到驾驶员脚部空间处的诊断插头上。

(2)打开点火开关。

(3)依次按下显示屏上的下列选项:

车辆自诊断;车载诊断(OBD)01;发动机电子装置;005输出诊断测试模式(DTM)。按下屏幕的右箭头,执行燃油泵的最终控制诊断。

(4)低压燃油泵必须运转并缓慢提升到最大转速。

2)低压燃油泵静态检测

大众朗逸轿车1.4TSI发动机燃油泵控制电路,如图2-1-34所示。

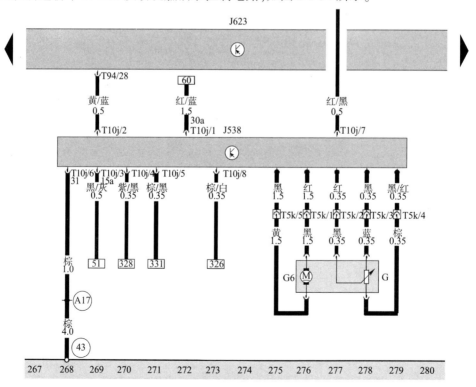

图2-1-34 大众朗逸轿车1.4TSI发动机燃油泵控制电路图

(1)检测燃油泵控制单元电源。

拔下燃油泵控制单元上的10针插头,点火开关置于ON,用万用表检测插头上1、3端子电压,均应为12V左右。否则,检查供电路。

(2)检测燃油泵控制单元搭铁

用万用表检测10针插头上6端子与搭铁之间的电阻,应小于1Ω。否则,检查搭铁线路。

(3)检测低压燃油泵电源。

插上10针连接器,拔下低压燃油泵控制单元与燃油泵之间的5针连接器。点火开关置ON,检测插头上5号端子与搭铁之间的电压,应为12V。否则,检查相关线路。

3)控制信号检测

(1)连接好10针插头和5针插头,起动发动机,用示波器观察发动机ECU的T94/28端子与搭铁之间的信号,正常波形如图2-1-35所示。

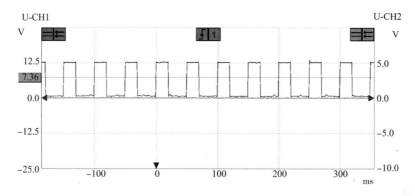

图2-1-35　发动机ECU与低压燃油泵之间的信号波形

(2)同时,用示波器观察5针连接器上1号端子与搭铁之间的信号,正常波形如图2-1-36所示。

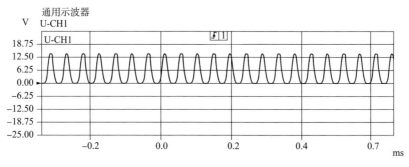

图2-1-36　低压燃油泵控制波形

情境分析

1)故障现象

一辆大众朗逸轿车,装备CFB发动机,汽车行驶时加速无力,排气警告灯点亮。

2)故障诊断与排除

(1)用KT300诊断仪读取故障码,显示"00400 P0190 燃油压力传感器电路电气故障"。

(2)用万用表检查燃油压力传感器电源和搭铁电路,正常。

(3)用万用表检查燃油压力传感与ECU之间的信号线电路,正常。

(4)用KT300读取数据流,通道号140,第三个数据:怠速时显示油压7.5bar,踩下加速踏板,油压不上升。

(5)更换新的燃油压力传感器,起动发动机,清除故障码,故障灯熄灭,发动机加速有力。

3)故障原因分析

燃油压力传感器检测高压系统的油压,ECU根据该传感器的信号和汽车运行工况需求,通过高压泵上的燃油压力调节阀动态调节高压系统的油压。当燃油压力传感器故障时,发动机进入失效保护功能,油压维持在7.5bar左右。由于油压不足,导致汽车行驶时加速无力。

学习小结

(1)缸内直接喷射燃油系统具有的优点:燃油消耗低,可降低车辆使用成本;低排放在税收方面还可以享受优惠;减少了向大气中排放的污染物,更加环保;节约自然资源。

(2)缸内燃油直接喷射系统工作模式有三种:分层进气模式、均质稀薄进气模式和均质进气模式。发动机控制单元根据转矩、功率、废气和安全要求来决定具体的工作模式。

(3)缸内直接喷射式燃油系统组主要由燃油箱、低压燃油泵、燃油泵控制单元、发动机控制单元、燃油滤清器、燃油压力传感器(低压)、高压燃油泵、油轨、燃油压力传感器(高压)、限压阀等组成。柱塞泵的工作过程包括:吸油过程、回油过程和压油过程。

(4)柱塞泵的结构主要由驱动凸轮、挺柱、柱塞及柱塞复位弹簧、进油阀、出油阀、蓄压器、燃油压力调节阀等组成。

(5)燃油供给压力异常后,导致喷油器喷油量不正确,使混合气浓度过稀或过浓,造成发动机不能起动、起动困难、怠速不稳、加速无力、排放超标等故障。

学习单元2.2 喷油器故障检修

情境导入

一辆大众朗逸轿车,装备CFB发动机,发动机怠速抖动,加速无力,排气警告灯闪烁。经检查,1缸喷油器出现故障,更换喷油器后,上述故障现象消失。

学习目标

(1)能通过与客户交流、查阅相关维修技术资料等方式获取车辆信息。

(2)能根据故障现象制订正确的维修计划。

(3)能正确选择诊断设备对喷油器引起的故障进行诊断。

(4)能正确记录、分析各种检测结果并作出故障判断。

(5)能按照正确操作规范对喷油器进行更换。

(6)能根据环保要求,正确处理对环境和人体有害的废料和损坏的零部件。

2.2.1 喷油器的作用及控制原理

1）喷油器的作用

喷油器是电控燃油喷射系统的重要执行器件，它接收发动机 ECU 的控制信号，将所需的燃油适时地以一定压力喷入进气管或汽缸内并雾化，与其中的空气混合形成可燃混合气体。

2）喷油器控制原理

喷油器的通电、断电由发动机 ECU 控制。发动机 ECU 通过控制喷油器的电源或搭铁来实现对喷油器的控制，如图 2-2-1 所示为控制喷油器的控制原理示意图。在发动机运行过程中，发动机 ECU 根据各种传感器输入的信号，确定合适的喷油时刻和喷油脉冲宽度，并向喷油器提供搭铁信号使喷油器开始喷油，切断搭铁信号时喷油器停止喷油。

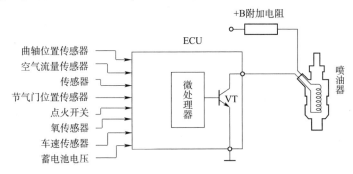

图 2-2-1 喷油器工作原理示意图

喷油器喷油量的大小，取决于针阀的升程、喷孔的截面积、燃油系统油压和进气歧管压力之间的压差等因素。当这些因素确定后，则喷油量就由针阀的开启时间，即电磁线圈的通电时间的长短来决定。

2.2.2 喷油器的类型

电控燃油喷射系统使用的喷油器有多种分类方法。多点燃油喷射系统中，按喷油口的形状可分为：轴针式、球阀式和片阀式。单点燃油喷射系统中，按喷油口的形状可分为：针阀式和球阀式，如图 2-2-2 所示。按照喷油器电磁线圈电阻值的大小，喷油器可分为：低电阻喷油器和高电阻喷油器。低电阻喷油器电磁线圈的电阻值为 2~3Ω，高电阻喷油器电磁线圈的电阻值为 12~17Ω。

按照喷油器进油部位的不同，喷油器可分为：顶部供油式和底部供油式。按照喷油器的驱动方式的不同，喷油器又可分为电压驱动型喷油器和电流驱动型喷油器。电压驱动方式适用于低电阻和高电阻喷油器，电流驱动方式一般适用于低电阻喷油器。

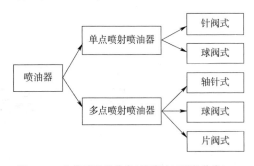

图 2-2-2 电控喷油器分类（按喷油口形状分类）

2.2.3 轴针式多点喷射喷油器结构与原理

1）结构与组成

如图 2-2-3 所示,轴针式多点喷射喷油器主要由壳体、喷油针阀、衔铁、电磁线圈及复位弹簧、滤网等组成。衔铁与针阀制成一体,电磁线圈通过电接头供电。在针阀下部有轴针伸入喷油口,喷油针阀如图 2-2-4 所示。

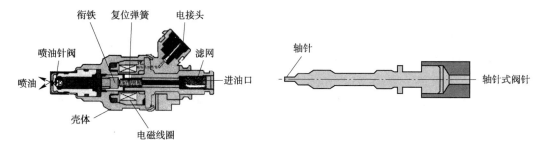

图 2-2-3　轴针式多点喷射喷油器结构　　　　图 2-2-4　轴针式喷油针阀

2）工作原理

电磁线圈无电流通过时,复位弹簧通过衔铁将针阀紧压在锥形阀座上,密封喷油口防止滴油。当发动机 ECU 发出喷油信号时,电磁线圈导通,产生电磁力,将衔铁吸起并带动针阀离开阀座,同时压缩复位弹簧。燃油经过针阀,通过轴针与喷口的环形间隙喷出,喷出的燃油形状为圆锥雾状。由于喷油针阀上轴针的作用,使得燃油能够充分雾化。当电磁线圈断电时,电磁线圈电磁力消失,复位弹簧迅速使针阀压紧阀座,喷油器停止喷油。

2.2.4 球阀式多点喷射喷油器结构与原理

1）结构与组成

球阀式多点喷射喷油器结构组成如图 2-2-5 所示,它与轴针式喷油器的主要区别在于针阀的结构,如图 2-2-6 所示。球阀式的针阀是用激光束将钢球、导杆和衔铁焊接在一起制成的,其质量为普通轴针式针阀的一半,这是采用短的空心导杆实现的。为了保证燃油密封,轴针式针阀必须有较长的导向杆。而球阀具有自动定心作用,无须较长的导向杆。因此,球阀式的针阀质量小,运动惯性小,且具有较高的燃油密封能力,明显优于轴针式针阀。

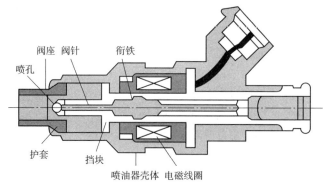

图 2-2-5　球阀式多点喷射喷油器结构

2)工作原理

电磁线圈无电流通过时,复位弹簧通过衔铁将针阀紧压在阀座上,密封喷油口防止滴油。当喷油脉冲输入电磁线圈时,产生电磁吸力,固定在阀针上的衔铁被向上吸起,阀针抬离阀座,燃油开始通过喷孔喷出。当喷油脉冲终止时,吸力消失,阀针在弹簧力作用下返回阀座,喷油结束。

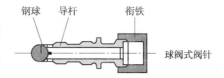

图 2-2-6 球阀式喷油器阀针

2.2.5 片阀式多点喷射喷油器结构与原理

1)结构与组成

片阀式多点喷射喷油器结构如图 2-2-7 所示,片阀式喷油器主要包括壳体、电磁线圈、铁芯、弹簧、阀片和阀座等,其采用质量较小的阀片和孔式阀座,不仅具有较大的动态流量范围,而且抗堵塞能力较强。

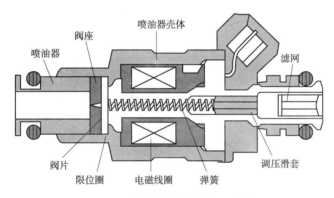

图 2-2-7 片阀式多点喷射喷油器结构

2)工作原理

工作原理,如图 2-2-8 所示。当喷油器电磁线圈不通电时,阀片被螺旋弹簧力和燃油压力压紧在阀座上。当来自发动机 ECU 的喷油脉冲信号通过喷油器线圈绕组产生磁场时,在电磁力足以克服弹簧力和燃油压力的合力之前,阀片仍将压紧在阀座上。一旦电磁力超过两者的合力,阀片即开始脱离阀座上的密封环,于是具有压力的燃油进入阀座密封环中的计量孔。反之,一旦来自发动机 ECU 的喷油脉冲结束,电磁力开始衰减,但是阀片仍瞬时保持阀开启状态,直到喷油器弹簧力克服衰减的电磁力为止。当弹簧力大于衰减的电磁力时,阀片将脱离挡圈返回到阀座上,切断燃油喷射。

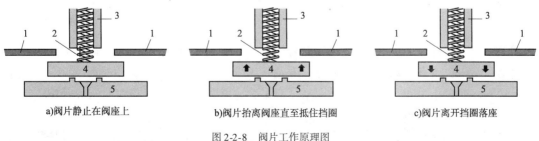

a)阀片静止在阀座上　　b)阀片抬离阀座直至抵住挡圈　　c)阀片离开挡圈落座

图 2-2-8 阀片工作原理图
1-挡圈;2-弹簧;3-铁芯;4-阀片;5-阀座

2.2.6 喷油器的驱动方式

1）电压驱动型喷油器的控制电路

在电压驱动方式配合使用低电阻喷油器时,应在驱动回路中串联附加电阻,如图 2-2-9 所示。对于电压驱动型低电阻喷油器,在打开点火开关或发动机工作时,EFI 继电器闭合,向喷油器电磁线圈提供正极电源(+B),而喷油器是否通电喷油则取决于发动机 ECU 是否提供搭铁回路。发动机 ECU 每输出一次喷油脉冲信号,喷油器便喷油一次。

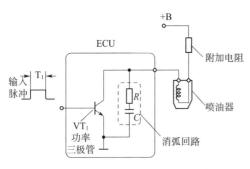

图 2-2-9　电压驱动型低电阻喷油器控制电路

低电阻喷油器中电磁线圈的匝数较少,电感效应较小,因此喷油器的响应特性比较好。但由于电磁线圈电阻的减少会使电流增加,容易造成喷油器电磁线圈因温度过高而烧损,为此在喷油器以外的控制回路中加入了附加电阻。但附加电阻的加入不但增加了故障点,还会使流过喷油器的电流减小,喷油器产生的电磁力也随之降低,喷油器开启的滞后时间较长。

由于在发动机 ECU 切断喷油器的搭铁回路时,喷油器电磁线圈两端会产生很高的感应电动势,此反向电压与电源电压一起加在发动机 ECU 的功率三极管上,可能会将其击穿而损坏。因此,通常在喷油器的驱动回路中设有如图 2-2-9 所示的消弧回路,用来保护发动机 ECU。

在电压驱动方式配合使用高电阻喷油器时,不需要给喷油器串接附加电阻。

2）电流驱动型喷油器的控制电路

电流驱动型低电阻喷油器的控制电路中没有附加电阻,控制电路如图 2-2-10 所示。在这种电路中,喷油器直接与蓄电池(+B)连接,因而回路阻抗小。当发动机 ECU 向喷油器提供搭铁导通信号后,VT₁ 功率三极管导通,喷油器电磁线圈内的电流很快上升,喷油器阀便快速打开。

如果喷油器长时间大电流通电,就有可能烧损喷油器的电磁线圈,因而在电流驱动方式的回路中,增加了电流控制回路。给电磁线圈较大的电流使针阀打开,此时电流检测电路上产生压降,此压降与电流大小成正比,同时此压降由电流控制模块检测,当检测到电压达到设定值时,电流控制模块控制降低 VT₁ 功率三极管的基极电压,用一个较小的电流使喷油器

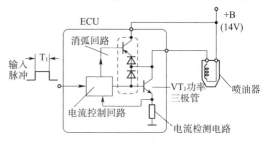

图 2-2-10　电流驱动型低电阻喷油器控制电路

针阀保持在完全打开的位置,或用脉冲电流保持喷油器阀的有效开度。同样,通常在喷油器的驱动回路中也设有消弧回路,用来保护发动机 ECU 和缩短喷油器关闭时间。在 VT₁ 功率三极管导通或截止瞬间时,喷油器线圈中会产生感应电动势,消弧回路中的三极管用于形成回路以吸收感应电动势。

图 2-2-11 为奇瑞风云汽车所用电流驱动型喷油器控制信号波形,上面的波形是喷油器与 ECU 之间连线与搭铁之间的电压波形,下面的波形是流经喷油器的电流波形。当控制喷

油的三极管导通时(对应图中电压波形中的低电平),流经喷油器的电流不断增加,喷油器逐步打开。当电流增加到4A时,喷油器已经完全打开,此时只需要较小的电流就可以保持喷油器的针阀处于打开状态。ECU给三极管发送脉冲开关信号,三极管处于高频开关状态,从而将喷油器的电流控制在1A左右。电压波形中的两个电压峰值是由于三极管瞬时关闭时喷油器线圈产生的感应电动势所致。

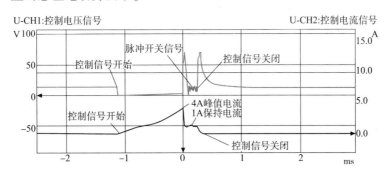

图 2-2-11　奇瑞风云汽车电流驱动型喷油器控制信号实测波形

2.2.7　喷油正时控制

喷油正时就是指喷油器在什么时刻(发动机曲轴转角位置)开始喷油。对于进气道喷射系统,考虑到进排气门重叠角的因素,一般理想的喷射时刻应该是在排气上止点前某一个位置。

目前,电控燃油喷射系统都采用多点间歇性燃油喷射方式。间歇性燃油喷射方式喷油器不是连续不断地喷油,而是间歇性地喷射燃油,此种方式按照喷油时刻与曲轴转角的关系可分为同步喷射和异步喷射两类。同步喷射是指与发动机曲轴转动同步,在固定的曲轴转角位置时进行喷射。异步喷射与曲轴旋转角度无关,如发动机冷起动和急加速时的临时性喷射。在同步喷射发动机中,又分为同时喷射、分组喷射和顺序喷射三种基本类型,如图 2-2-12 所示。

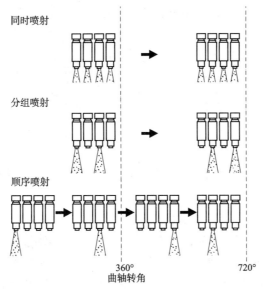

图 2-2-12　同步喷射示意图

1)同时喷射

采用同时喷射方式的喷油器的控制电路和控制程序都比较简单,控制电路如图 2-2-13 所示。采用同时喷射方式的所有喷油器搭铁端子接在一起,同时受 ECU 中的三极管控制。发动机 ECU 根据曲轴位置传感器(CKP)产生的基准信号,发出脉冲控制信号,控制功率三极管的导通和截止,从而控制各喷油器同时接通和切断,使各缸喷油器同时喷油。

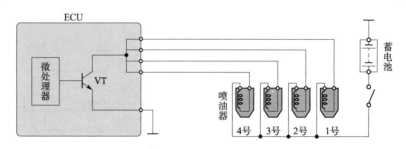

图 2-2-13　同时喷射控制电路

通常曲轴每转一圈,各缸喷油器同时喷射一次。其喷油正时图如图 2-2-14 所示,由于这种喷射方式是所有汽缸的喷油器同时喷油,同时喷射几乎不考虑各缸的最佳喷射时刻。图 2-2-14 中 1 缸和 4 缸在一个工作循环中的两次喷射各有一次是在排气上止点前喷射,除此之外,其他两次喷射都不是最佳时刻。2、3 缸的喷射都不是最佳时刻。早期生产的燃油喷射发动机大多采用同时喷射方式。

这种方式的缺点是由于各缸对应的喷射时间不可能最佳,造成各缸的混合气形成不均匀。但这种喷射方式不需要汽缸判别信号,而且喷射驱动回路通用性好,其电路结构与软件都较简单。

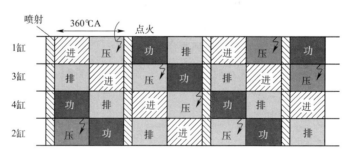

图 2-2-14　同时喷射正时图

2)分组喷射

分组喷射一般是把所有汽缸的喷油器分成 2~4 组。发动机 ECU 控制各组喷油器轮流交替进行燃油喷射。四缸的发动机一般将喷油器分成两组,其控制电路如图 2-2-15 所示,每一工作循环中,各喷油器均喷射一次或两次。

图 2-2-16 所示为分组喷射正时图,1 缸和 4 缸的喷射时刻均在排气上止点前某一位置,为最佳喷射时刻。2 缸和 3 缸的喷射时刻均不是最佳时刻。相对于同时喷射的发动机而言,采用分组喷射的发动机在性能方面有所提高,主要体现在能有更多的汽缸在合适的时候喷射燃油,改善了混合气的均匀性。

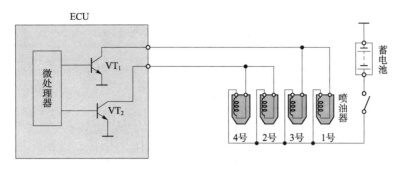

图 2-2-15 分组喷射控制电路

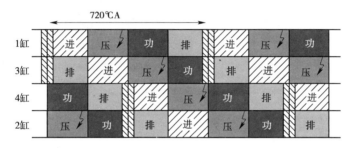

图 2-2-16 分组(两组)喷射正时图

3)顺序喷射

顺序喷射也叫"独立喷射"。曲轴每转两圈,各缸的喷油器按照发动机的点火顺序,依次在最合适的曲轴转角位置进行燃油喷射。顺序喷射控制电路如图 2-2-17 所示,采用顺序燃油喷射方式的发动机 ECU 需要"知道"在哪一时刻该向哪一缸喷射燃油,因此必须具备汽缸识别信号(判缸信号),ECU 根据曲轴位置传感器和凸轮轴位置传感器信号计算出汽缸识别信号。

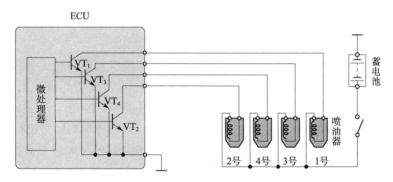

图 2-2-17 顺序喷射控制电路

对大多数车辆而言,发动机 ECU 根据曲轴位置传感器输入的信号(一般有"缺齿"信号)就可以知道基准缸活塞(如1、4缸)在上止点前的具体位置,再结合凸轮轴位置传感器的信号,就可以判断出基准缸在压缩上止点或排气上止点的具体位置,据此可以推算出其他缸的确切位置,从而控制各缸喷油器在最佳时刻进行喷油。图 2-2-18 为丰田 TCCS 系统的顺序喷射正时图,N_e 信号上没有"缺齿"信号,N_e 信号向 ECU 提供曲轴转角信号,ECU 根据 G_1 和 G_2 信号判断基准缸位于压缩上止点前的具体位置。

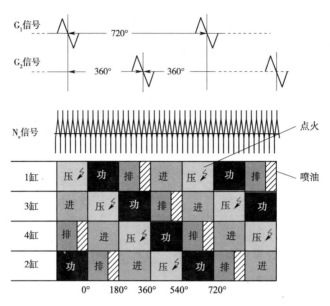

图 2-2-18　顺序喷射正时图

三种喷射方式的性能对比：

（1）同时喷射。

优点：控制简单，成本低，易维修。缺点：有储存，喷射时刻不是最佳，各缸混合气不均匀。

（2）分组喷射。

优点：控制简单，成本低，易维修，性能比同时喷射提高。缺点：有储存，怠速不稳。

（3）顺序喷射。

优点：喷射时刻最佳，各缸混合气雾化好，性能最好。缺点：控制回路复杂，成本高。

2.2.8　喷油脉冲宽度的控制

喷油脉冲宽度也可称为燃油喷射时间。喷油脉冲宽度控制的目的是控制喷油量，使发动机燃烧时混合气的浓度符合发动机运行工况的需要。喷油脉冲宽度的大小是由发动机 ECU 根据发动机运转工况及各种影响因素进行运算获得。

喷油脉冲宽度的控制大致可分为两个部分：发动机起动过程中的控制和发动机起动后正常运行时的控制。

1）起动时喷油脉冲宽度的控制

发动机起动时不根据吸入的空气量来计算喷油脉冲宽度，而是根据当时发动机冷却液的温度、自起动开始累积的转数以及起动时间等来确定喷油脉冲宽度。发动机冷却液温度越低，燃油越不易雾化，喷油脉冲宽度就应该越长，如图 2-2-19 所示。

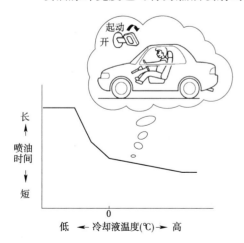

图 2-2-19　起动时喷油脉宽与冷却液温度的关系

一般情况下,起动时喷油脉冲宽度可由下式确定,即:

起动时喷油脉冲宽度(ms) = 由发动机冷却液温度决定的喷油脉冲宽度(ms)
+ 无效喷射时间(ms)

在发动机冷起动中,常采用以下两种方式来增加喷油脉冲宽度:一种是通过冷起动喷油器,往进气管中喷入一部分附加燃油来实现;另一种是由发动机 ECU 直接控制各缸喷油器,延长喷油脉冲宽度来实现。当前,多数电控燃油喷射发动机已经不再安装冷起动喷油器,一般都是通过发动机 ECU 直接控制喷油器来实现喷油脉冲宽度的控制。

在起动工况时,为了对混合气加浓,同时也为了在进气管与汽缸内形成均匀的可燃混合气,尽可能避免燃油对火花塞的浸润,就要求喷油器在发动机曲轴每一圈内进行多次喷射(异步喷射)。因为对喷油器的控制是通过发动机控制模块(ECU)内部的控制电路与软件的功能来实现的,所以这种控制系统更复杂一些。

但是,如果起动时喷射的燃油过多(即通常所说火花塞被"淹"),发动机将难以起动。为此,一般发动机控制模块内都设有清除溢流(Cleaning Flood)功能。所谓清除溢流功能是在起动时踩下加速踏板,使节气门全开或开度为 80%~100% 时,发动机控制模块发出指令供给稀混合气(如空燃比为 20∶1),以消除燃油过多现象,直到发动机转速达 400r/min 时恢复正常供油。目前,更多的燃油喷射发动机在起动时如节气门开度超过 80%,就停止喷油,其目的就是为了清除溢流,有的将其称为无溢油工作模式。

无效喷射时间:如图 2-2-20 所示,由于喷油器针阀的机械惯性和电磁线圈的磁滞性,所以在发动机 ECU 接通喷油器的搭铁回路后,从喷油器电磁线圈获得搭铁信号到针阀达到最大升程状态,需要一定的时间,这段时间为喷油器的开阀时间 T_0。当发动机 ECU 认为应当结束喷油时,就会切断喷油器的驱动回路,从搭铁信号消失到针阀回到关闭状态也需要一定的时间,称为喷油器的关阀时间 T_C。

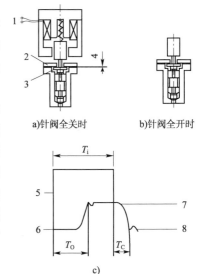

图 2-2-20 无效喷射时间

1-驱动脉冲输入;2-调整垫(限制器);3-针阀凸缘;4-针阀升程;5-触发脉冲;6-针阀升程;7-针阀全开位置;8-针阀全闭位置;T_i-通电时间(脉冲宽度);T_0-开阀时间;T_C-关阀时间

由此可以看出,喷油器的喷油动作并不是和发动机 ECU 发出的喷油脉冲信号同步,而是稍有滞后。通常情况下,喷油器的开阀时间比关阀时间长,喷油器不喷油的时间,称为无效喷油时间。无效喷射时间 = 开启延迟时间 - 关闭延迟时间。由于开启延迟时间大于关闭延迟时间,所以实际的供油量将少于预定的供油量。为了得到正确的供油量,必须把无效喷射时间算进去,也就是说在算出供油量以后要再加上无效喷射时间喷出的油量才会和预定的喷油量的相同。

2)起动后喷油器喷油脉冲宽度的确定

发动机起动后正常运转时,喷油器的喷油脉冲宽度是以一个进气行程中吸入汽缸的空气量为基准计算出来的。发动机 ECU 根据空气流量传感器(或进气歧管绝对压力传感器、进气温度传感器、大气压力传感器)和发动机转速传感器信号计算出基本的喷射脉冲宽度,再综合考虑发动机的动力性、经济性、排放性等因素,对基本喷油脉冲宽度进行修正,即按照发动机 ECU 内储存的针对各种工况的最理想目标空燃比来决定喷油脉冲宽度。

喷油脉冲宽度(ms) = 基本喷油脉冲宽度(ms) × 基本喷油脉冲宽度修正系数 + 喷油器无效喷油时间(ms)

而基本喷油脉冲宽度修正系数主要包括:

①与发动机温度相关的修正系数。

②加减速运转时的修正系数。

③混合气浓度的反馈修正系数。

④学习控制产生的修正系数。

⑤与负荷、转速相关的修正系数等。

不同燃油喷射系统的软件设计不同,计算方式可能也有所不同。

(1)基本喷油脉冲宽度的确定。

基本喷油脉冲宽度是为了实现目标空燃比,利用空气流量传感器(或进气歧管绝对压力传感器)、发动机转速传感器的输入信号计算出基本喷油脉冲宽度。

根据采用的空气流量传感器(或进气歧管绝对压力传感器)类型不同,确定基本燃油喷射脉冲宽度的过程也有差异。采用翼板式空气流量传感器、卡门涡旋式空气流量传感器和进气歧管绝对压力传感器的电控燃油喷射系统,其基本喷油脉冲宽度是发动机 ECU 根据空气流量传感器和发动机转速传感器的信号以及设定的目标空燃比(A/F),再辅以进气温度传感器及大气压力传感器的修正信号来确定的。

进气温度越高,喷油器的基本喷油脉冲宽度就越小;大气压力传感器检测到的大气压力越低,喷油器的喷油脉冲宽度越小。

L 型电控发动机一般采用热线式或热膜式空气流量传感器检测进气量,由于传感器本身就是质量型传感器,不需要根据进气温度和大气压力进行修正。

(2)基本喷油脉冲宽度修正系数的确定。

基本喷油脉冲宽度修正系数主要取决于各传感器信号,下面介绍几个主要的修正控制。

①与发动机温度相关的喷油脉冲宽度的修正。

发动机温度越低,燃油增量应越大,需修正的时间也越长。

暖机时喷油脉冲宽度的修正:发动机起动后,为了尽快使发动机三元催化转换器和氧传感器达到正常工作温度,使控制系统进入空燃比闭环工作状态,需要对暖机时的喷油脉冲宽度进行修正。冷却液温度越低,喷射修正量越大,发动机怠速也越高。随着冷却温度的升高,喷射修正量逐渐减小,发动机怠速状态逐步降低到正常怠速,如图 2-2-21 所示。起动后燃油增量修正在发动机完成起动后约数十秒内就会结束,而暖机增量修正时间较长,一直要持续到冷却液温度达到规定值时才会停止。

高温时喷油脉冲宽度的修正:一般汽车在高速行驶时,由于行驶中风冷作用且燃油一直在流动,所以燃油温度不会太高,约 50℃。但如果此时发动机熄火,燃油停止流动,此时发动机就会成为热源,使燃油温度升高,一旦达到 80~100℃,油箱和油管内的燃油就会出现沸腾,产生燃油蒸气。这样在喷油器喷射的燃油中,因含有蒸气而使喷油量减少造成混合气变稀。为了解决因燃油蒸气引起的混合气稀化问题,应采取高温起动时燃油喷射脉冲宽度修正的措施。一般是当冷却液温度上升到设定值(如100℃)以上时,进行高温燃油增量修正,如图2-2-22所示。

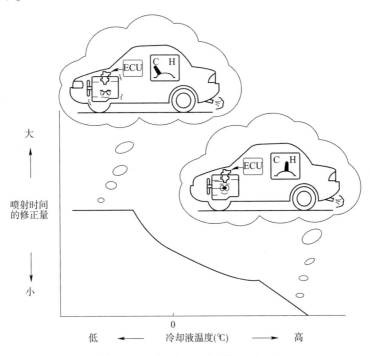

图2-2-21 暖机时喷油脉冲宽度的修正

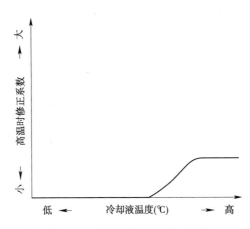

图2-2-22 高温时燃油增量修正系数

②加速时喷油脉冲宽度的修正。

加速修正量随进气量的变化而变化,如图2-2-23a)所示,进气量增加越大,修正量也越大。此外,加速越快,燃油喷油量的增加越大,修正量也越大,如图2-2-23b)所示。

③减速时喷油脉冲宽度修正。

节气门开启的速度越快,进气量变化(增加)越大,喷油脉冲宽度的增量就越大;节气门关闭的速度越快,进气量变化(减小)越大,喷油脉冲宽度的减量就越大。

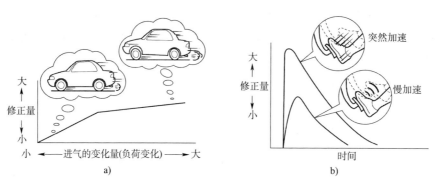

图 2-2-23 加速喷油脉宽修正

④混合气浓度的反馈修正(短时燃油修正)。

发动机 ECU 根据氧传感器的反馈信号,随时调整喷油脉冲宽度。当氧传感器输入高电位信号时,说明混合气偏浓,应减小喷油脉冲宽度;相反,当氧传感器输入低电位信号时,说明混合气偏稀,应增大喷油脉冲宽度,如图 2-2-24 所示。

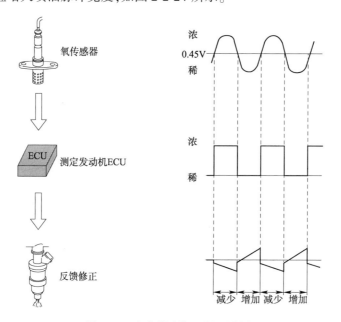

图 2-2-24 短期燃油修正过程示意图

短期燃油修正的数值用 -100% ~ +100% 之间的百分比表示,中间点为 0%。如果短期燃油修正的数值为 0%,则表示空燃比为理想值,混合气既不太浓,也不太稀。如果短期燃油修正显示高于 0% 的正值,氧传感器输出低电位信号,说明混合气偏稀,应增大喷油脉冲宽度,发动机 ECU 在对供油系统进行增加喷油量的调整。如果短期燃油修正显示低于 0% 的负值,氧传感器输出高电位信号,说明混合气偏浓,应减小喷油脉冲宽度,发动机 ECU 再对供油系统进行减少喷油量的调整。

但是在实际运行过程中,由于机械磨损等原因会造成发动机性能的变化,可能使实际空燃比相对于理论空燃比的偏离量不断增大。例如,发动机反馈控制空燃比修正范围固定在 20% 以内时,此时修正系数(修正量)为 0.8 ~ 1.2。当发生偏离时,反馈修正系数就可能达到或超出此范围,如图 2-2-25 中 $A—B—C$ 的偏离,反馈修正系数偏向浓的一边,如在 C 处,发动机 ECU 就无法进行增大喷油脉宽的反馈修正。这样,就需要长时燃油修正。

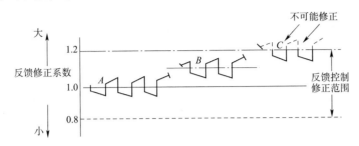

图 2-2-25 燃油修正控制示意图

⑤学习空燃比控制产生的修正(长时燃油修正)。

学习空燃比控制常简称为学习控制,是发动机 ECU 学习了一段时间氧传感器的反馈修正量后,及时在发动机工作过程中进行转换,用此修正量对基本喷射时间进行修正。学习控制的功能是为了进一步提高空燃比的控制精度。

如图 2-2-25 所示,发动机 ECU 在利用氧传感器进行反馈控制期间,根据反馈控制的修正量,在 C 处时发动机 ECU 就设置一个与该时刻运转工况相对应的学习修正量并存入存储器中,来代替反馈修正量。当下次该运转工况出现时,就以此学习修正量中心点为基准。长时燃油修正过程,如图 2-2-26 所示。如蓄电池电源线脱开,存储的空燃比学习修正量数据将被清除。

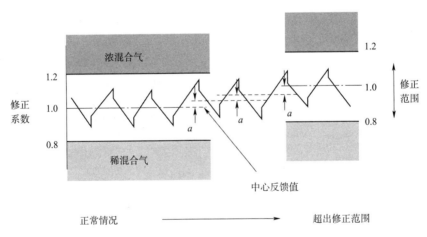

图 2-2-26 长时燃油修正示意图

⑥大负荷燃油增量的修正。

发动机在大负荷情况下,比如当爬陡峭的山路时,很难使吸进的空气和喷射的燃油充分混合。燃烧时,进气空气并非全部使用,一些进气空气被残留。因此,燃烧过程中就需要喷射比理论空燃比多的燃油,以使空气充分燃烧而增加功率。大负荷是由节气门开度、发动机转速和进气质量来确定的。进气质量越高或发动机转速越高,修正量的增加量越大。此外,当节气门的开启角度等于或大于预定值时该量还会增加。增加量的修正从大约 10% 到 30%。

⑦蓄电池电压的修正。

在实际工作中,蓄电池电压对喷油器开阀时间影响较大,而对喷油器关阀时间影响较小。无效喷油时间随蓄电池电压的降低而增大。鉴于这个原因,在发动机 ECU 计算燃油喷油时间时,要考虑蓄电池电压变化对无效喷油时间的影响,对喷油时间进行加法修正。即当蓄电池电压降低时,增加喷油脉冲宽度;当蓄电池电压升高时,减小喷油脉冲宽度。

⑧燃油切断控制。

所谓燃油切断控制,是指发动机 ECU 在某些工况条件下停止给喷油器发送燃油喷射脉冲控制信号,使喷油器停止喷油。断油控制大致可分为以下两种情况:减速时以降低燃油消耗和改善尾气排放为目的的断油控制,发动机高转速运转时以防止发动机损坏为目的的断油控制。

实践技能

2.2.9 喷油器故障分析

1)故障点分析

当喷油器及相关电路发生故障时,可能的故障点如图 2-2-27 所示。故障可能是外部线路故障,也可能是喷油器自身故障,也可能是 ECU 故障。外部线路故障主要有继电器故障及线路断路、短路或虚接等。喷油器自身故障如电磁线圈出现短路或断路故障,喷油器脏污堵塞、卡滞,喷油器滴漏等。ECU 故障主要是 ECU 内部控制模块失效或者内部搭铁电路出现故障。

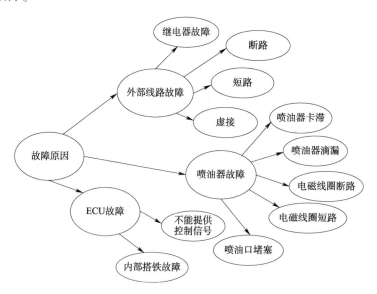

图 2-2-27 电控喷油器及相关电路故障图

2)故障现象

喷油器及相关电路出现故障后,可能会引起喷油器不能喷油、喷油量不足或喷油器漏油,从而导致发动机不能起动或起动困难、怠速抖动、加速无力、排放超标等故障,如图2-2-28所示。

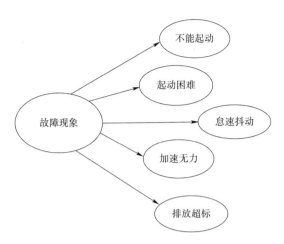

图 2-2-28　电控喷油器故障现象

2.2.10　喷油器及相关线路故障检修

下面以大众朗逸轿车 1.4TSI 发动机采用的喷油器为例,介绍喷油器及相关电路的故障诊断过程。喷油器与其 ECU 之间的连接电路,如图 2-2-29 所示。下面以 1 号喷油器为例,其他的喷油器检查方法相同。

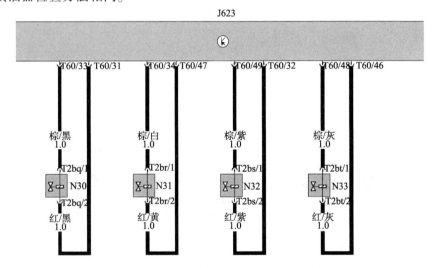

图 2-2-29　大众朗逸 TSI 发动机喷油器控制电路

N30-1 缸喷油器;N31-2 缸喷油器;N32-3 缸喷油器;N33-4 缸喷油器;J623-发动机

1)静态检测

(1)喷油器电阻检测。

点火开关 OFF,拔下喷油器线束连接器 T2bq,用万用表检测喷油器的电阻值,应为 2.3Ω(图 2-2-30)。若电阻不符合要求,更换喷油器。

(2)喷油器控制线路检测。

点火开关 OFF,拔下喷油器线束连接器 T2bq 和 ECU 线束连接器 T60。用万用表检测连接器之间的控制线路导通性。若存在断路或短路故障,更换线束。

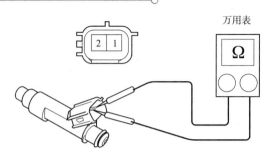

图 2-2-30　喷油器电阻检查

2）动态检测

发动机运转状态下，用 FSA740 的 CH1 通道检测喷油器端子 1 与 2 之间信号波形，用 FSA740 的 CH2 通道检测流过喷油器的电流波形，检测结果如图 2-2-31 所示。

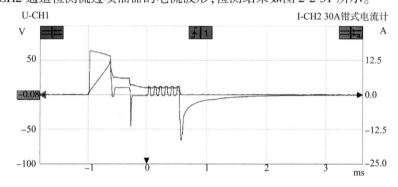

图 2-2-31　大众朗逸喷油器电压和电流波形

情境分析

1）故障现象

一辆大众朗逸轿车，装备 CFB 发动机，发动机怠速抖动，加速无力，排气警告灯闪烁。

2）故障诊断与排除

(1) 用 KT300 读取故障码，显示"00513 P0201 汽缸 1 喷射阀电路电气故障"。

(2) 发动机熄火，点火开关 OFF。拔下 1 缸喷油器插头，检测喷油器电阻，电阻为无穷大。

(3) 更换新的喷油器，起动发动机，清除故障码。发动机怠速平稳，加速有力，排气警告灯不再闪烁。

3）故障原因分析

1 缸喷油器内部线圈断路后不能喷油，因此 1 缸不做功，发动机只有三个缸在工作，引起发动机怠速抖动、加速无力现象。

学习小结

(1) 喷油器是电控燃油喷射系统的重要执行器件，它接收发动机 ECU 的控制信号，将所需的燃油适时地以一定压力喷入进气管或汽缸内并雾化，与其中的空气混合形成可燃混合气体。

(2) 多点喷射燃油喷射系统使用的喷油器主要有三种结构形式：轴针式、球阀式和片阀式。

(3) 按照喷油器电磁线圈的电阻值的大小,喷油器可分为:低电阻喷油器和高电阻喷油器。低电阻喷油器电磁线圈的电阻值为 $2\sim3\Omega$,高电阻喷油器电磁线圈的电阻值为$12\sim17\Omega$。

(4) 喷油器的驱动电路有电压型驱动电路和电流型驱动电路。

(5) 常见的喷射方式有同时喷射、分组喷射和顺序喷射。

(6) 起动时喷油脉冲宽度(ms) = 由发动机冷却液温度决定的喷油脉冲宽度(ms) + 无效喷射时间(ms);起动后喷油脉冲宽度(ms) = 基本喷油脉冲宽度(ms) × 基本喷油脉冲宽度修正系数 + 喷油器无效喷油时间(ms)。

(7) 喷油器及相关电路出现故障后,可能会引起喷油器不能喷油、喷油量不足或喷油器漏油,从而导致发动机不能起动或起动困难、怠速抖动、加速无力、排放超标等故障。

学习单元 2.3 燃油供给压力异常故障检修

情境导入

一辆丰田卡罗拉轿车,装备 1ZR-FE 发动机,发动机故障灯点亮,发动机起动困难,有时起动后怠速不稳,很快熄火。经检查,燃油压力调节器出现故障,更换燃油压力调节器后,上述故障现象消失。

学习目标

(1) 能通过与客户交流、查阅相关维修技术资料等方式获取车辆信息。

(2) 能根据故障现象制订正确的维修计划。

(3) 能正确进行燃油系统的泄压。

(4) 能正确安装油压表并对燃油系统进行油压检测。

(5) 能正确记录、分析各种检测结果并作出故障判断。

(6) 能按照正确操作规范对供给系各组件进行更换。

(7) 能根据环保要求,正确处理对环境和人体有害的废料和损坏的零部件。

理论知识

2.3.1 燃油供给系压力调节

燃油供给系统的作用是将一定压力的燃油传送到喷油器。喷油器将燃油喷射到进气道或缸内。对于进气道喷射系统而言,由装在油箱内的电动燃油泵产生所需要的油压;对于缸内喷射系统而言,由装在油箱内的电动燃油泵和油箱外部的高压燃油泵产生所需要的油压。

对于进气道喷射系统,电动燃油泵产生的燃油油压一般为 $0.3\sim0.4$MPa,该油压也称系统油压或喷油器油压。燃油系统建立的油压可防止燃油系统中产生气泡或气阻。燃油泵出口处的单向阀可防止燃油流回燃油箱,这样在发动机熄火后也可保持系统有一定的油压,便于下一次发动机起动。同时也防止了被发动机预热过的燃油流回燃油箱,使燃油中产生大量蒸气。

根据燃油系统有无回油管,燃油系统可分为:有回油管燃油系统和无回油管燃油系统。

有回油管和无回油管燃油系统中系统的油压调节方式不同,有回油管燃油系统中的油压调节器将系统油压与进气歧管内压力之差调节为恒定值。无回油管系统又分为两种类型:一种是通过装在油箱中的油压调节器将系统油压调节成一个固定值;另一种是根据发动机当前工况,ECU计算出所需的燃油量,通过燃油泵控制模块动态控制燃油泵的输出油压以提供所需要的燃油量,该系统也称按需燃油供给系统,其系统油压是动态变化的。

2.3.2 恒压差式燃油供给系统组成及工作原理

1) 系统组成

恒压差式有回油管燃油系统如图 2-3-1 所示,它由燃油箱、电动燃油泵、燃油滤清器、进油管、压力调节器、喷油器、燃油分配管、回油管、喷油器等组成。油压调节器安装在燃油分配管上。

2) 工作原理

(1) 压力调节原理。

恒压差式燃油系统通过油压调节器将喷油压力(系统油压)与进气歧管内的压力差值调节为恒定值。如图 2-3-2 所示,对于进气道喷射系统而言,喷油器安装在进气歧管上,进气门前方。当喷油器通电时,喷油器将燃油喷射到进气门前方的进气歧管处。当喷油器喷油时间一定时,喷油量与喷油器内的压力和进气歧管内的压力有关。喷油器内的压力与燃油系统的系统油压相同,此处暂时称为 $P_{喷}$。喷油器的头部深入进气歧管,进气歧管内的压力为喷油器喷射的环境压力,此处称为 $P_{背}$。显然,当 $P_{背}$ 不变时,$P_{喷}$ 增加,喷油量增加;当 $P_{喷}$ 不变时,$P_{背}$ 增加,喷油量减少。

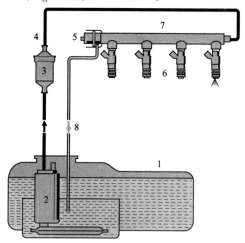

图 2-3-1 有回油管路燃油供给系统组成简图
1-燃油箱;2-电动燃油泵;3-燃油滤清器;4-进油管(高压);5-油压调节器;6-喷油器;7-燃油分配管;8-回油管

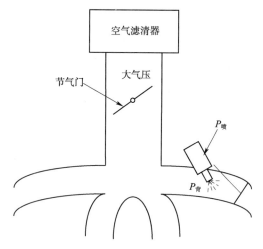

图 2-3-2 喷油量与系统油压和进气歧管压力的关系

发动机工作时,由于发动机汽缸的抽气作用,进气歧管内的压力低于节气门前方的空气压力(接近于大气压)。另外,当发动机工况发生改变、节气门开度变化时,进气歧管内的压力会随着节气门开度的变化而变化。当节气门开大时,进气门歧管内的压力增加;反之,进气歧管内的压力减小。因此,若保持燃油系统的系统油压不变,即 $P_{喷}$ 不变,当节气门开度变化时,由于 $P_{背}$ 发生变化,即使在相同的喷油时间条件下,实际的喷油量也会发生变化,这为 ECU 精确控制喷油量带来了困难。因此,为了使喷油器的喷油量只和喷油时间有关系,需要使燃油系统的系统油压随着进气歧管压力的变化而变化,即进气歧管压力升高,系统油压也升高;进气歧管的压力降低,系统油压也降低。若能保持系统油压和进气歧管压力之间的差值为定值,喷油器的喷油量便只和喷油时间有关系。这样,便于发动机 ECU 对喷油量进行精确的控制。

（2）恒压差调节方法。

恒压差式燃油供给系统为了解决上述问题,在燃油供给系统中增加了油压调节器,如图 2-3-3 所示。油压调节器内部有一个膜片,将油压调节器分成上下两个腔。上腔安装了弹簧并通过真空管与节气门后方真空管相通。下腔与燃油分配管相通,其内部还安装了回油管,当膜片上移时,下腔的燃油通过回油管回到油箱。

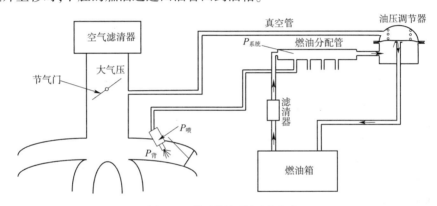

图 2-3-3　燃油供给系统基本组成

当发动机节气门开大时,节气门后方的压力增大,油压调节器真空室内的压力也增大,真空室内压力和弹簧弹力一起将膜片向下压,膜片将回油孔关小,油压调节器下腔回油减少,系统油压升高。

当发动机节气门关小时,节气门后方的压力减小,油压调节器真空室内的压力也减小,膜片下腔的油压克服真空室内压力和弹簧弹力将膜片向上顶起,回油孔开大,油压调节器下腔回油增多,系统油压降低。

因此,燃油供给系统配置了油压调节器后,可以使系统油压随着进气歧管内的压力变化而变化,如图 2-3-4 所示。

油压调节器的实际结构,如图 2-3-5 所示。当膜片处于平衡位置时,油压调节器下腔的燃油压力与

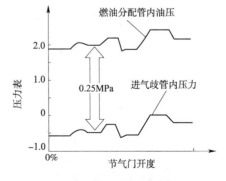

图 2-3-4　恒压差式油压调节器调节工作示意图

上腔的压力及弹簧弹力相平衡,即下腔压力与上腔压力之差等于弹簧弹力。由于弹簧变形量较小,弹簧弹力基本上保持不变,这样就保证了燃油系统油压和进气歧管内压力之差为一定值。

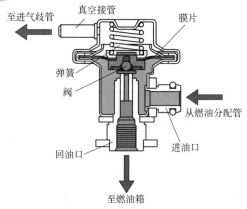

图 2-3-5　油压调节器结构

(3) 存在问题。

恒压差式有回油管燃油系统喷油器喷油量只和喷油时间有关系,使 ECU 控制起来比较方便。但是,该系统提供的燃油量远远大于系统所需要的燃油量,大量多余的燃油经过回油管返回到燃油箱。由于返回燃油箱的燃油经过了发动机的加热,使燃油箱油温升高,产生大量的燃油蒸气,若燃油蒸气释放到大气中会引起空气污染。因此,现代汽车上一般配置了燃油蒸气回收控制系统(EVAP),可将燃油箱中的燃油蒸气暂时储存在活性炭罐中,在适当的发动机工况下将炭罐中的蒸气引入燃烧室参与燃烧。

存在问题:当发动机温度过高时,发动机对回油管的加热作用明显,油箱内蒸气增多,EVAP 系统负担加重。当发动机热起动时,由于燃油温度较高容易产生气泡,使实际喷油量减少。供油量远远大于发动机用油量,多余燃油不断流回燃油箱,浪费了能量。

2.3.3　恒压式燃油供给系统组成及工作原理

1) 系统组成

恒压式无回油管燃油供给系统如图 2-3-6 所示,它由燃油箱、电动燃油泵、油压调节器、射流泵、进油管、燃油分配管、喷油器等组成。其中,油压调节器安装于燃油箱中,多余的燃油经油压调节器后通过射流泵回到电动燃油泵入口处。因取消了燃油箱外部的回油管,这样就防止了因发动机对燃油的加热而在燃油箱中产生大量蒸气的现象。

除了无回油管燃油供给系统之外,还有一种"短回油管"燃油供给系统,如图 2-3-7 所示。该系统中燃油滤清器出口处一部分燃油经一段较短的回油管回到燃油箱中的油压调节器处,由于该段回油管远离发动机,因此其中的燃油没有被发动机加热。

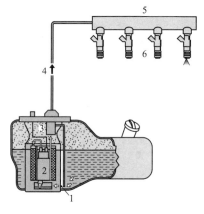

图 2-3-6　恒压式无回油管路燃油供给系统
1-射流泵;2-电动燃油泵(带滤清器);3-油压调节器;4-进油管;5-燃油分配管;6-喷油器

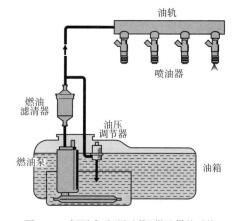

图 2-3-7　恒压式"短回油管"燃油供给系统

2)恒压调节原理

恒压式燃油供给系统通过油压调节器,将燃油压力调节为一个恒定的压力值,该压力值不随发动机的工况变化而变化。油压调节器的结构,如图2-3-8所示。当燃油泵的泵出的油压高于规定的压力值时,油压调节器膜片上方的油压大于膜片下腔的弹簧弹力,膜片下移,燃油经回油口回到燃油箱,燃油压力下降。当燃油泵的泵出油压低于规定的压力值时,油压调节器膜片上方的油压小于膜片下腔的弹簧弹力,膜片上移,回油口关闭,燃油压力升高。经过上述调节,可将燃油泵的输出油压调节为一个固定值。

实际上,当系统油压恒定、喷油时间固定时,喷油器的实际喷油量会随着进气歧管压力的变化而变化。因此,恒压式燃油供给系统需要根据进气歧管压力对喷油量进行修正。对于安装有进气管压力传感器的汽车,ECU根据该传感器对喷油量进行修正。对于没有安装进气压力传感器的汽车,ECU根据空气流量传感器、发动机转速传感器、节气门位置传感器等信息估算进气歧管内压力,并对喷油量进行修正。

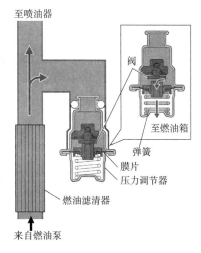

图2-3-8 恒压式燃油压力调节器结构原理

射流泵应用文丘里效应制成,其原理如图2-3-9所示。来自油压调节器的燃油经喷管2喷射到文丘里管,在文丘里管的喉部燃油流速增加、燃油压力降低产生吸力。燃油箱内的燃油经吸油管被吸入文丘里管,并经扩散管和出油管后喷射到电动燃油泵的入口处。由于喷射出的燃油具有一定油压,因此减轻了电动燃油泵的工作负担,提高了其泵油能力。

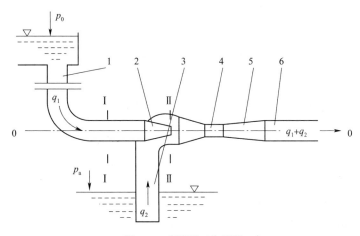

图2-3-9 射流泵工作原理

1-来自油压调节器的回油管;2-喷管;3-吸油管;4-文丘里管;5-扩散管;6-出油管

丰田1ZR-FE发动机就是采用恒压式燃油供给系统,怠速时燃油系统压力在304~343kPa,该油压不随发动机进气歧管压力的变化而变化。图2-3-10所示为丰田1ZR-FE发动机燃油泵总成示意图,其中油压调节器安装在燃油泵总成上。

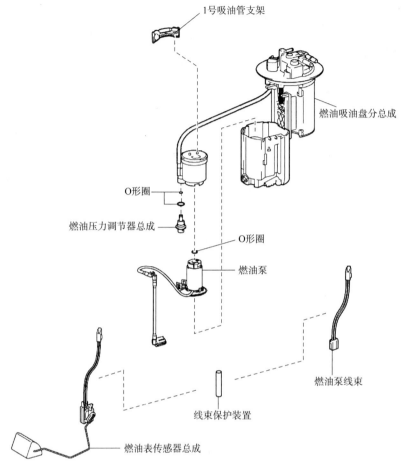

图 2-3-10 丰田 1ZR-FE 发动机燃油泵总成

2.3.4 动态油压式按需控制燃油供给系统

1)系统组成

动态油压式按需控制燃油供给系统如图 2-3-11 所示,该系统由油泵控制模块、电动燃油泵、进油管、燃油分配管、喷油器、限压阀和压力传感器等组成。

2)工作原理

发动机 ECU 根据当前工况下发动机所需的燃油量计算出所需要的供油压力,向油泵控制模块发送油压控制信号,油泵控制模块通过脉宽调制信号(PWM)控制作用在电动燃油泵的电压改变油泵的转速,从而改变油泵的供油压力。发动机所需要的燃油量越大,燃油泵输出的油压越高。由于电动燃油泵只泵出发动机所需要的油量,因此,该系统降低了能量消耗。

电动燃油泵出口处安装了油压传感器,燃油泵控制模块根据该油压传感器进行油压的闭环控制。由于发动机不同工况时所需燃油量不同,因此,燃油泵输出的油压也是随发动机工况动态变化的。限压阀的作用是防止系统油压过高,如当发动机断油控制时,由于发动机不需要燃油,可能会引起燃油压力过高。

3)优点

该系统的优点:热车起动时,可通过提高系统油压以防止燃油管路中产生气泡;对于进气增压系统,可以根据增压压力的大小动态调整燃油系统油压,如增压压力高,则燃油压力提高;另外,燃油泵体上的油压传感器可用来对燃油系统进行故障诊断;ECU可根据油压传感器对供油压力进行闭环控制,提高了燃油控制的精确性。

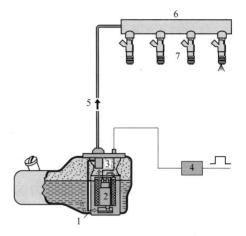

图 2-3-11 按需控制燃油供给系统
1-射流泵;2-带滤清器的电动燃油泵;3-限压阀和压力传感器;4-油泵控制模块;5-进油管;6-燃油分配管;7-喷油器

2.3.5 燃油供给系统检修注意事项

(1)燃油供给系统中存有高压汽油,因此任何涉及燃油管路拆卸的工作都应首先卸压并准备好消防设备,作业区应通风良好、断绝火源,作业时要格外仔细小心,避免泄漏的汽油引发火灾。

(2)在拆卸油管时,油管内有还会有少量燃油泄出,所以在断开油管前,用抹布将拆卸处罩住,以吸附泄漏的燃油,将吸附燃油的抹布收集到规定的容器中。

(3)燃油管多用钢、橡胶或尼龙制造,不得渗漏、裂纹、扭结、变形、刮伤、软化或老化,否则应立即予以更换。

(4)所有密封元件、油管卡箍为均一次性零件,维修时应予以更换。

(5)油管接头不得松动,否则应立即予以紧固;钢制油管端部的喇叭口应密封良好无渗漏,否则应重新制作。有些轿车采用特制的油管快速接头,拆装时应使用专用工具。

(6)连接螺母或接头螺栓与高压油管接头连接时,必须使用新垫片并涂上一薄层机油,先用手拧上接头螺栓,再用工具紧到规定力矩。喇叭口的连接也一样。

(7)安装喷油器时可先用汽油润滑其密封元件,以利于顺利安装,不可使用机油、齿轮油或制动油。喷油器安装后应可在其位置上转动,否则说明密封圈扭曲,应重新装配。

(8)不能用燃油箱加油管放出油箱中的燃油,这会损坏燃油箱加油管定位部件。正确方法是首先释放系统油压,卸下油箱,然后用手动泵油装置从燃油箱上的维修孔抽出燃油。不得将燃油放入开口容器中,否则会导致失火或爆炸。

(9)燃油系统维修后不能立即起动发动机运行,应仔细检查有无漏油处。可接通点火开关2s,再关闭点火开关10s,这样反复几次,看有无漏油,还可夹住回油管,使系统油压上升,在这种状态下检查和观察燃油系统是否有部位漏油,确认无漏油部位后才能正式起动发动机运行。发动机起动后怠速运转,再仔细检查有无部位漏油,此后才能关上发动机舱盖正常运行。

2.3.6 燃油供给系统压力的卸除

汽油喷射发动机为便于再次起动,在发动机熄火后,燃油系统内仍保持有较高的残余压力。在燃拆卸油系统内任何元件时,都必须首先释放燃油系统压力,以免系统内压力油喷

出,造成人身伤害或火灾。燃油系统压力卸除的方法如下:

(1)松开油箱上的加油口盖,释放油箱中的蒸气压力。

(2)起动发动机,维持怠速运转,在运转中拔去燃油泵继电器或油泵熔断丝,也可拔下燃油泵导线插头(使电动燃油泵不工作),直至发动机自行熄火。

(3)再次起动发动机3~5次,利用起动时的喷射卸除油管中残余压力。

(4)关闭点火开关,装上油泵继电器、油泵熔断丝或电动油泵导线插头。

注意:有些车辆的油泵继电器同时还控制着喷油器的电源(大众 AJR 发动机),因此,怠速时拔下油泵继电器时,由于喷油器断电使发动机立即熄火,故并不能卸除燃油系统的压力。

2.3.7 燃油供给系统压力的预置

在拆开燃油系统进行维修之后,为避免首次起动发动机时因系统内无压力而导致起动时间过长,应预置燃油系统残余压力。燃油系统压力预置可通过反复打开和关闭点火开关来完成。

2.3.8 燃油供给系统压力的检测

通过检测燃油系统压力,可诊断燃油系统是否有故障,进而根据检测结果确定故障性质和部位。检测时,需用专用油压表和管接头,检测方法如下:

拆下蓄电池负极搭铁线,安装汽车专用汽油压力表,压力表一般安装于汽油滤清器的出油口或燃油分配管的进油口处,带压力测试口的车辆可将燃油压力表连接至测试口处,重新装复蓄电池负极搭铁线、电动燃油泵继电器和电动燃油泵导线插头。

下面以恒压差式有回油管燃油系统为例,介绍燃油系统压力的检测方法。

1)静态油压检测

拔下电动燃油泵继电器,用导线将电动燃油泵继电器供电端子短接;打开点火开关(不起动发动机)使电动燃油泵运转,此时的燃油压力应符合技术要求,一般应在 0.3MPa 左右摆动。

静态油压偏高多是由于回油管变形或油压调节器损坏造成的。

静态油压偏低多是由于油泵进油滤网脏堵、电动燃油泵内部磨损、电动燃油泵限压阀损坏、汽油滤清器脏堵、油压调节器调压弹簧过软或喷油器喷孔卡滞常喷油造成的。

2)油泵最大供油压力检测

用包有软布的钳子将回油软管夹住,此时油压表读数即为油泵最大供油压力,其值应符合车型技术要求,一般为工作油压的2~3倍,即0.5~0.75MPa。

油泵最大供油压力偏高是由于油泵限压阀卡滞造成的,应更换电动燃油泵。

油泵最大供油压力偏低是由于燃油滤清器堵塞、油泵进油滤网脏堵、电动燃油泵内部磨损、油泵限压阀关闭不严或调压弹簧过软造成的。

3)燃油供给系统保持压力检测

松开油管夹钳,恢复静态油压,取下油泵继电器跨接线使油泵停止运转,并等待30min,此时油压表读数即为燃油供给系统保持压力,应符合车型技术规定。

保持压力过低是由于电动燃油泵单向阀关闭不严、油压调节器回油口关闭不严或喷油器滴漏造成的。

保持压力检测完毕后再次复查静态压力,如果静态压力仍然偏低应更换油压调节器。

4) 怠速工作压力检测

发动机怠速运转时,油压表读数即为燃油供给系统的怠速工作压力,一般为0.25MPa或符合车型技术规定。怠速工作油压偏高,多是由于油压调节器真空管错装、漏装或漏气造成的,此时应先检视真空管安装是否正确、是否存在漏气部位,必要时予以更换。

检测怠速工作压力时,拔下真空管时油压应上升至0.3MPa,否则应更换油压调节器。

5) 急加速压力检测

急加速至节气门全开时,油压表读数即为燃油供给系统的急加速油压,一般急加速时油压应迅速由怠速工作时的0.25MPa上升至0.3MPa,或符合车型技术规定。若急加速油压无变化,则可能是真空管插在了有单向阀的真空储气罐上(如制动真空系统),应予以恢复。

若急加速油压与怠速油压差值小于0.05MPa,则说明在节气门全开时进气系统仍存在真空节流(例如节气门无法开至最大角度),应予以检修。

2.3.9 燃油供给压力异常故障分析

1) 故障点分析

当燃油供给系统发生油压异常故障时,主要是无油压、油压过低或过高三种情况,三种情况可能的故障点如图2-3-12所示。

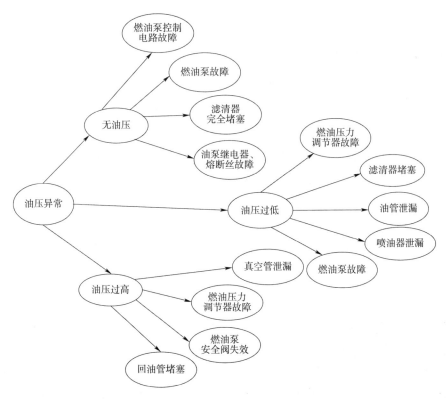

图2-3-12 油压异常故障图

2) 故障现象

燃油供给压力异常后,导致喷油器喷油量不正确,使混合气浓度过稀或过浓,造成发动机不能起动、起动困难、怠速不稳、加速无力、排放超标等故障现象,如图2-3-13所示。

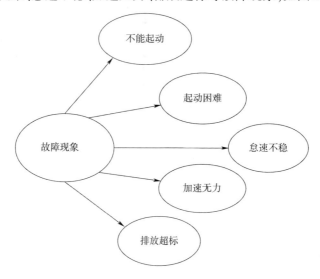

图 2-3-13 油压异常故障现象

2.3.10 燃油供给压力异常的故障检修

下面以丰田卡罗拉轿车1ZR-FE发动机采用的恒压式无回油管燃油供给系统为例,讲述该系统压力异常的故障诊断过程。

1) 燃油系统泄压

(1) 拆下后排座椅座垫总成。

(2) 拆下后地板检修孔盖。

(3) 从燃油泵总成上断开连接器。

(4) 起动发动机。在发动机自然停止后,将点火开关置于OFF位置。

(5) 再次起动发动机,确认发动机不起动。

(6) 拆下燃油箱盖并释放燃油箱中的压力。

(7) 从蓄电池负极端子断开电缆。

(8) 连接燃油泵总成连接器。

2) 安装油压表

(1) 点火开关OFF,用万用表检测蓄电池正负端子电压,正常值为11~14V,否则,进行蓄电池充电或维修。

(2) 从主燃油管上断开燃油软管,用专用工具(SST)安装压力表,如图2-3-14所示。

(3) 连接好蓄电池负极电缆。

3) 系统油压检测

(1) 将智能检测仪连接到DLC3诊断座上,打开点火开关,打开智能检测仪,选择主动测试模式控制燃油泵,如以下菜单:Powertrain / Engine / ActiveTest / Control the Fuel Pump /

Speed。

(2)检测燃油压力,标准值为304～343kPa,如果压力高于标准值,更换燃油压力调节器;如压力低于标准值,检查燃油软管和连接情况、燃油泵、燃油滤清器和燃油压力调节器。

(3)断开智能检测仪,起动发动机,检测发动机怠速时的油压,燃油压力标准值仍为304～343kPa,关闭发动机,检查并确认燃油压力在发动机停止后能以147kPa及以上的燃油压力保持5min,否则检查燃油泵和喷油器。

(4)检测完毕后,关闭发动机,断开蓄电池负极,按手册规定步骤拆卸专用工具及压力表,再次连接好燃油软管,然后检测燃油供给系统是否泄漏。

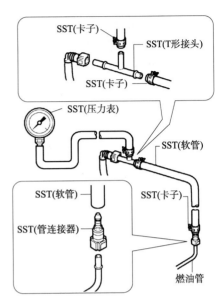

图2-3-14 安装压力表示意图

情境分析

1)故障现象

一辆丰田卡罗拉轿车,装备1ZR-FE发动机,发动机故障灯点亮,发动机起动困难,有时起动后怠速不稳,很快熄火。

2)故障诊断与排除

(1)打开点火开关,用故障诊断仪读取故障码,显示"P0171 混合气浓度过稀"。

(2)清除故障码,起动发动机,上述故障仍然存在。再次读取故障码,上述故障码依然存在。

(3)泄压并安装油压表。

(4)用故障诊断仪主动测试功能检测电动燃油泵,燃油泵工作正常。

(5)检测燃油压力,发现燃油压力为200kPa,明显低于304～343kPa,燃油压力偏低的原因可能是油路泄漏、喷油器漏油、燃油泵进油口滤网堵塞、燃油滤清器堵塞、压力调节器故障、电动燃油泵内部磨损、油泵限压阀关闭不严等。

(6)观察油路,无泄漏现象。

(7)进行油压测试时,用垫有棉纱的钳子夹住油压表与燃油箱之间的进油管,观察油压表变化,油压不下降,说明喷油器不漏油。

(8)拆下燃油泵总成,检查燃油泵进油口滤网和滤清器,无堵塞。

(9)更换油压调节器,重新安装电动燃油泵总成,起动发动机,发动机起动顺利。发动机怠速平稳,不再熄火。检查怠速的燃油压力在304～343kPa范围内;关闭点火开关至发动机熄火,熄火后5min,燃油压力表油压还能保持在280kPa(高于147kPa)。

(10)清除故障码后,发动机运行时故障灯不再点亮。

3)故障原因分析

油压调节出现故障后,使燃油系统油压过低,喷油器喷油量减少,混合气过稀,导致发动机起动困难,怠速不稳且易熄火。

学习小结

（1）恒压差式有回油管燃油供给系统将系统油压与进气歧管压力之差调节为固定值。

（2）恒压式无回油管燃油供给系统将系统油压调节为固定值,该压力值不随发动机工况变化而变化。

（3）按需供油式燃油供给系统根据发动机的实际用油量对系统油压进行动态调整。

（4）进行燃油系统检测时,安装油压表之前要进行泄压。

（5）燃油压力异常时,会引起发动机混合气浓度过浓或过稀,发动机出现不能起动、起动困难、怠速不稳、加速困难、排放超标等故障。

学习情境3　点火控制系统故障检修

学习单元3.1　点火系统低压电路故障检修

情境导入

一辆大众朗逸轿车,发动机怠速抖动,加速无力,排气警示灯常亮。经检查,1缸点火组件故障,更换1缸点火组件后故障消失。

学习目标

(1)能通过与客户交流、查阅相关维修技术资料等方式获取车辆信息。
(2)能根据故障现象制订正确的维修计划。
(3)能正确选择诊断设备对点火系统故障进行诊断。
(4)能正确记录、分析各种检测结果并作出故障判断。
(5)能按照正确操作规范对点火系统主要零部件进行更换。
(6)能根据环保要求,正确处理对环境和人体有害的废料和损坏的零部件。

理论知识

3.1.1　点火系统的功用

点火控制是发动机管理系统的重要控制功能之一。通常,发动机正常工作必须满足三个条件:适当浓度的可燃混合气、足够的缸压、准确和可靠的点火,如图3-1-1所示。

适当浓度的可燃混合气　　　足够的缸压　　　准确和可靠的点火

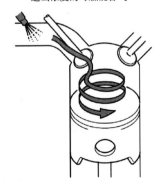
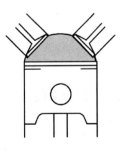

图3-1-1　发动机正常工作的三个条件

点火系统的功用是根据发动机的工况控制火花塞在合适的时刻进行可靠点火,以点燃可燃混合气,使发动机稳定运转。为了确保上述要求,点火系统必须进行如下控制:

1) 点火提前角控制(点火正时控制)

点火系统需根据发动机工况的变化(如发动机转速、负荷等),对点火提前角进行动态、精确的控制,以确保发动机在最佳状态下工作。

2) 点火能量控制

点火系统需使火花塞在各种转速工况下都能产生强烈的火花,以确保能可靠点燃可燃混合气。因此,点火系统需要进行点火能量的控制。

3) 爆震控制

当发动机发生爆震时,点火系统应能推迟点火时刻,使爆震消失,以保护发动机。

3.1.2 点火系统的分类

从点火系统诞生到现在,大致可分为三种类型:传统点火系统、普通电子点火系统和计算机控制点火系统。

1) 传统点火系统

传统点火系统也称为有触点式点火系统,其基本组成包括:蓄电池、点火开关、点火线圈、分电器、中央高压线、分缸高压线、火花塞等,它通过分电器中的断电器触点的开闭来控制点火线圈初级回路的通断,如图3-1-2所示。

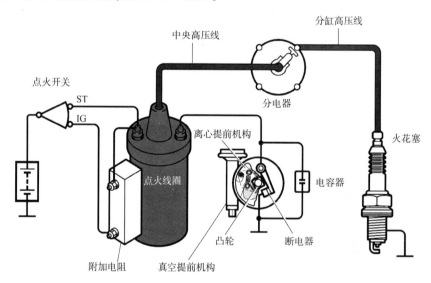

图3-1-2 传统点火系统

触点闭合时,初级回路储存点火能量;触点断开时,次级回路产生的高压经分电器分配到各缸火花塞。点火能量控制:触点闭合时间越长,初级电流越大,因此,点火能量越大。但发动机高速运转时,由于触点闭合时间缩短,点火能量不足,容易出现高速断火的现象。点火时刻控制:安装在分电器上的离心提前机构和真空提前机构分别根据转速和负荷对点火时刻进行控制。点火提前角的控制只参考了转速和负荷两个工况信息(没有参考冷却液温度等其他工况信息),因此很难实现点火提前角的最优控制。另外,机械式触点容易出现烧蚀现象,需要经常维护。

2)普通电子点火系统

普通电子点火系统也称晶体管控制点火系统,其基本组成包括:蓄电池、点火开关、点火线圈、分电器、信号发生器、点火模块、中央高压线、分缸高压线、火花塞等。按照信号发生器的类型不同,普通电子点火系统又分成:磁感应式、霍尔式和光电式三种。

普通电子点火系统中的分电器取消了断电器,用点火模块中的晶体管来控制点火线圈初级回路的通断,如图3-1-3所示。由于晶体管导通、截止时不会产生电火花,因此,该点火系统不需要日常维护。晶体管的通断由安装在分电器内部的信号发生器来控制。点火提前角也是靠离心提前机构和真空提前机构来进行控制。该种点火系统比传统点火系统的性能有所改进,如点火模块具有点火能量控制功能,它通过控制初级回路闭合时间来实现点火能量控制,从而消除了高速断火的现象。但由于点火提前角依然是只参考转速和负荷两个工况信息,所以也无法实现点火提前角的最优控制。

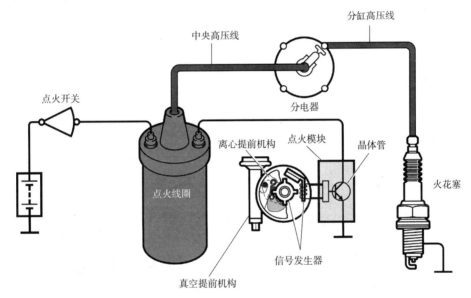

图3-1-3 普通电子点火系统

3)计算机控制点火系统

计算机控制点火系统也称微机控制点火系统,如图3-1-4所示。与普通电子点火系统相比,它也是采用晶体管来控制点火线圈初级回路的通断,但取消了离心和真空提前机构,增加了电子控制单元ECU和监控发动机工况信息的各类传感器,如空气流量传感器、发动机转速传感器、冷却液温度传感器、进气温度传感器、节气门位置传感器等。ECU实时监测这些传感器的信号,进行综合分析和计算,可以实现在各种工况下点火提前角的最优控制。

计算机控制点火系统按照系统中有无分电器可分为:有分电器式计算机控制点火系统(DI)和无分电器式计算机控制点火系统(EI)。

无分电器计算机控制点火系统中没有分电器,点火线圈产生的高压电直接提供给火花塞。如果每一个汽缸单独配置一个点火线圈,各缸单独进行跳火,称为独立点火方式,如图

3-1-5a)所示;如果两个汽缸共用一个点火线圈,两个汽缸同时进行跳火,称为同时点火方式,如图3-1-5b)所示。

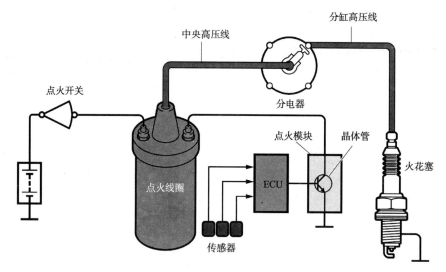

图3-1-4 计算机控制点火系统

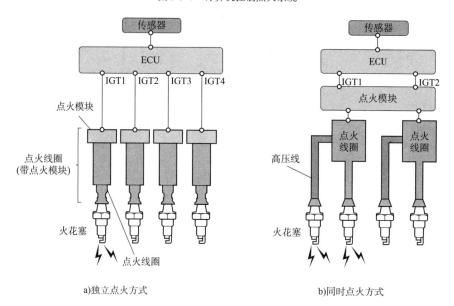

a)独立点火方式   b)同时点火方式

图3-1-5 独立点火方式和同时点火方式

3.1.3 有分电器式计算机控制点火系统工作原理

1)基本组成

下面以有分电器式计算机控制点火系统为例,介绍点火系统的基本组成。计算机控制点火系统由低压电路和高压电路组成,如图3-1-6所示。低压电路包括蓄电池、点火开关、传感器、ECU、点火模块、点火线圈初级电路等。高压电路包括:点火线圈次级电路、分电器、中央高压线、分缸高压线、火花塞等。

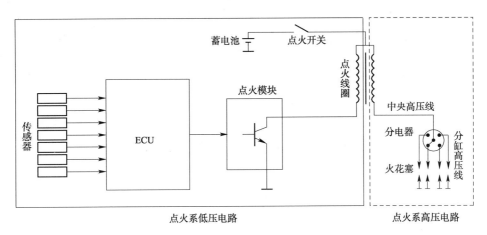

图 3-1-6 点火系统组成

(1) 低压电路的作用。

ECU 实时监控各传感器的信息,在适当的时刻控制点火模块中的三极管导通和截止。当三极管导通时,点火线圈初级电路储存点火能量。

(2) 高压电路的作用。

当点火模块中的三极管截止时,次级感应出高电压,该高电压通过分电器传递到需要点火的火花塞,使火花塞间隙击穿,产生电火花。

(3) 传感器的作用。

曲轴位置和凸轮轴位置传感器:检测发动机曲轴转速信号、发动机曲轴转角信号、曲轴基准位置信号,ECU 根据转速信号确定基本点火提前角,根据转角和基准位置信号确定曲轴位置。

空气流量传感器:检测进气流量,确定基本点火提前角和基本喷油脉宽。

进气压力传感器:检测进气管的压力,间接计算空气流量,确定基本点火提前角和基本喷油脉宽。

节气门位置传感器:检测节气门的开度大小和节气门变化快慢,判定发动机负荷状态,修正点火提前角。

冷却液、进气温度传感器:检测冷却液温度、进气温度,修正点火提前角和喷油量。

爆震传感器:检测发动机的爆震信号,实现点火提前角的闭环控制。

氧传感器:检测空燃比信号,修正点火提前角和喷油量。

(4) ECU 的作用。

检测上述各类传感器的信号,计算最佳点火提前角,并向点火模块发送点火控制信号 IGT,如图 3-1-7 所示。

(5) 其他部件作用。

点火控制模块作用:根据 ECU 发送过来的 IGT 信号,控制点火线圈初级回路通断。同时向 ECU 发送点火确认信号 IGF,如图 3-1-7 所示。

点火线圈的作用:将低电压变为高电压。

分电器(配电器):按点火顺序分配高压电。

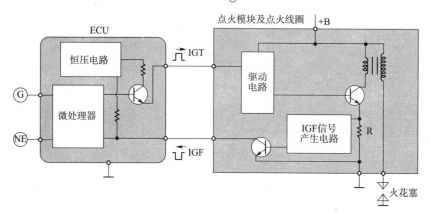

图 3-1-7　IGT 及 IGF 信号

高压线:传送高压电,屏蔽、衰减电磁干扰。

火花塞:点燃混合气,屏蔽、衰减电磁干扰。

2) IGT 和 IGF 信号

(1) IGT 信号。

IGT 信号为点火正时信号,ECU 根据检测的传感器信息,综合计算后确定最佳点火提前角,并向点火模块发送 IGT 信号,如图 3-1-8 所示。IGT 信号为一方波信号,当点火模块检测到方波信号的下降沿时,点火模块控制点火线圈初级回路断开,火花塞跳火。

(2) IGF 信号。

如图 3-1-7 所示,当点火线圈初级回路正常工作时,控制点火线圈初级回路的三极管不断导通和截止。IGF 信号产生电路通过检测初级电流或自感电动势的变化来判断初级回路是否正常导通和截止,图 3-1-7 中采用了检测初级电流的方法,其中 R 为检测电阻,IGF 信号产生电路通过检测流过电阻 R 的电流来判断点火线圈初级电路工作是否正常。

如图 3-1-9 所示,当初级电流超过预定值 IF2 时,IGF 信号由高电平变为低电平。当初级电流超过预定值 IF1 时,系统认为初级电流达到了基本要求,IGF 信号恢复高电平(IGF 信号的波形因发动机而异)。若 ECU 连续几次检测到 IGF 信号不正常,ECU 便停止喷油器的喷油,以降低排放和防止没有燃烧的燃油直接进入三元催化器而导致催化器过热。

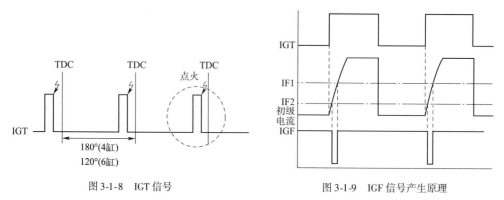

图 3-1-8　IGT 信号　　　　　　图 3-1-9　IGF 信号产生原理

如图 3-1-10 和图 3-1-11 所示,对于有分电器式计算机控制点火系统,ECU 只发出一个 IGT 信号。对于无分电器式计算机控制点火系统,ECU 向每个缸都发出一个 IGT 信号。

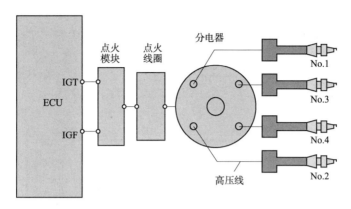

图 3-1-10　有分电器式计算机控制点火系统 IGT 信号和 IGF 信号

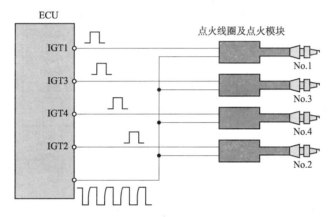

图 3-1-11　无分电器式计算机控制点火系统 IGT 信号和 IGF 信号

（3）点火系统基本工作原理。

火花塞要产生电火花，必须在火花塞两个电极上施加足够高的电压，该电压击穿火花塞之间的空气间隙，使空气电离，产生电火花。图 3-1-12 简单描述了点火系统的基本电路结构，点火线圈的初级绕组和次级绕组绕在一个共同的铁芯上，次级绕组的匝数是初级绕组匝数的 100 倍以上。初级绕组的一端与蓄电池连接，另一端与点火模块连接。次级绕组的一端与蓄电池连接，另一端与火花塞连接。

当 ECU 发出的 IGT 为高电平时，点火模块中的三极管导通，点火系统低压电路接通，初级绕组产生电流，如图 3-1-13 所示。电流回路：蓄电池、点火开关、点火线圈初级绕组、点火模块、

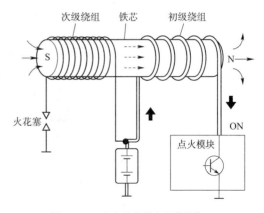

图 3-1-12　点火系统基本电路结构

搭铁，初级绕组在铁芯中产生了磁场。初级绕组刚接通时，由于互感作用，在次级电路中也会产生互感电动势（方向如图 3-1-13 所示），但互感电动势较低，不足以使火花塞跳火。

当 ECU 发出的 IGT 信号由高电平出现下降沿时，点火模块中的三极管截止，初级电流

变为0,铁芯中的磁场减弱。如图3-1-14所示,由于初级绕组的自感作用,在初级绕组中产生500V左右的自感电动势。同时,由于互感作用,在次级绕组中产生了(10~30)kV的互感电动势,该电动势作用在火花塞电极上并击穿火花塞间隙,火花塞跳火。初级电路切断得越快、切断时初级电流越大,次级感应出的电动势也越高。初级和次级绕组产生的电动势方向,如图3-1-14所示。

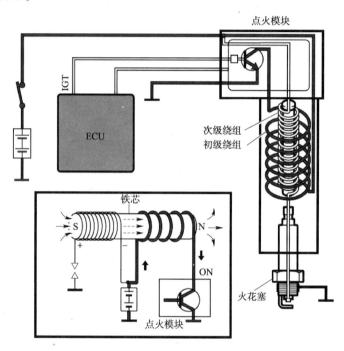

图3-1-13 初级回路接通

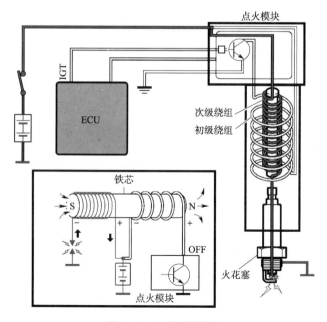

图3-1-14 初级回路断开

3.1.4 无分电器式计算机控制点火系统工作原理

1）双缸同时点火方式工作原理

（1）分组方式。

利用一个点火线圈控制两个汽缸的火花塞同时进行跳火,如图 3-1-15 所示。点火线圈次级绕组的两个端子分别连接一个火花塞,两个火花塞通过搭铁串联在一起。分到一组同时跳火的汽缸,要求相位上相差 360°曲轴转角,即一个汽缸若在压缩行程,则另一个汽缸在排气行程。

（2）工作原理。

当控制初级回路的三极管导通时,初级回路有电流通过,储存能量。当三极管截止时,次级线圈中产生感应电动势,该电动势作用在两个火花塞的电极间隙上,并将两个电极间隙同时击穿,实现同时跳火。处于压缩行程的汽缸由于缸压较高,击穿火花塞间隙所需的电压较大,而处于排气行程的汽缸由于缸压较低,击穿火花塞间隙所需

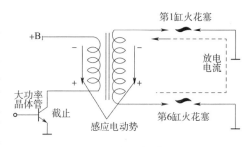

图 3-1-15　双缸同时点火

的电压较小。因此,次级线圈产生的电动势可以根据缸压大小自动在两个火花塞上进行分配。当双缸同时点火时,处于压缩行程的火花塞击穿电压高,火花强。处于排气行程的火花塞击穿电压低,火花弱。曲轴每转动一圈,两个汽缸同时跳火一次。

如图 3-1-16 所示,在次级线圈中串联了一只高压二极管,其作用是为了避免当初级电路中的三极管导通时,次级线圈中感应的电动势造成火花塞误点火。在三极管导通的瞬间,次级线圈产生大约 2000V 的电压。因为无分电器点火系统没有分电器,所以这 2000V 电压将全部作用于火花塞上。此电压若产生在压缩行程末期的实际点火时期,由于汽缸压力高,此电压不足以使火花塞跳火。但如果大功率晶体管导通时期发生在进气行程末期与压缩行程的初期之

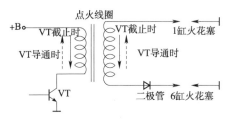

图 3-1-16　高压二极管作用

间,这时汽缸内的压力甚至低于大气压力,因此 2000V 的高压电很可能使火花塞跳火。为防止这种现象的产生,在点火线圈的次级线圈内串联 1 个高压二极管。当大功率晶体管 VT 导通时,由于二极管的反向截止功能,2000V 的高压电就无法使火花塞跳火。而当大功率晶体管 VT 截止时,次级线圈产生高压电,二极管对此不产生影响,可使火花塞顺利地跳火。

（3）判缸信号。

判缸信号:有分电器的点火系统,点火顺序由配电器确定;无分电器的点火系统,ECU 根据曲轴位置传感器和凸轮轴位置传感器信号,判断出当前需要点火的汽缸,并将该信号发送到点火控制模块,该信号被称为判缸信号。

如图 3-1-17 所示为日本电装公司生产的 DLI 系统。该系统应用于六缸发动机上,有三个点火线圈,火花塞分成了三组:1-6 缸、2-5 缸、3-4 缸。点火控制模块中有三个三极管 Tr1、Tr2 和 Tr3 分别控制三组火花塞进行跳火。ECU 根据相位传感器及其他传感器的信号计算

出当前工况下最佳点火提前角,向点火模块发送点火控制信号 IGT。但由于 ECU 只发送了 1 个 IGT 信号,IGT 信号中包含点火的时刻信息,但点火控制模块仅凭 IGT 信号不知道选择哪个组的火花塞进行跳火。

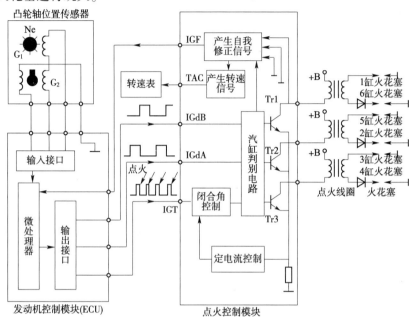

图 3-1-17　日本电装公司 DLI 系统

因此,针对这种情况,ECU 还必须向点火控制模块发出判缸信号,即图中的 IGdA 和 IGdB。点火控制模块根据 IGdA 和 IGdB 信号的电平组合来选择需要点火的火花塞组,如表 3-1-1 所示。

判　缸　信　号　　　　表 3-1-1

火 花 塞 组	IGdA	IGdB	结　果
1-6	0	1	点火
2-5	0	0	点火
3-4	1	0	点火

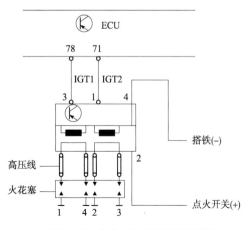

图 3-1-18　大众 AJR 发动机点火系统

图 3-1-18 所示为大众 AJR 发动机点火系统。4 个火花塞分成两组,1-4 缸和 2-3 缸。ECU 向点火控制模块发送 2 个 IGT 信号:IGT1 和 IGT2,IGT1 控制 1-4 缸点火、IGT2 控制 2-3 缸点火。因此,对于该系统,ECU 无需向点火控制模块发送判缸信号。

2)单独点火方式工作原理

单独点火方式原理,如图 3-1-19 所示。其基本工作原理与双缸同时点火类似,不同之处是每个汽缸各自单独配置了点火线圈和点火控制模块。ECU 根据传感器的信息,按照点火次序分别向各点火控制模块发送点火控制信号

IGT,因此各缸的点火均单独控制,互不影响。各点火控制模块将各自的点火确认信号反馈给ECU。

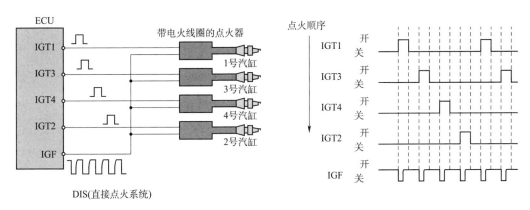

图 3-1-19　单独点火方式

3.1.5　点火提前角控制

汽油发动机燃烧室中的可燃混合气经火花塞点燃后开始燃烧,燃烧产生的压力推动活塞向下运动。实验证明,当燃烧最高压力出现在压缩上止点后(ATDC)10°时,燃烧产生的热能转换成推动活塞运动的动能的转换效率最高。因为燃烧需要一定时间,因此点火后并不能立即产生最高压力,因此,需要提前一点儿时间进行点火,如图3-1-20所示。图3-1-20中A为点火的时刻,点火后并不能立刻形成火焰中心,到B点开始形成火焰中心。A—B为点火延迟期。B点火焰中心形成后,火焰从中心向四周扩散并持续燃烧,到C点时出现最高燃烧压力,到D点时燃烧结束。B—C—D为火焰传播期。点火延迟期对应的时间是固定的,并不随发动机的工况变化而变化。当混合气较浓、进气涡流较强时,火焰传播期会缩短。因此,当发动机工况变化(如转速和负荷变化)时,如果点火提前角保持不变,就不能保证燃烧压力出现在ATDC10°位置。因此,点火系统需要根据发动机工况的变化动态调整点火提前角,以确保在燃烧最高压力出现在ATDC10°位置。

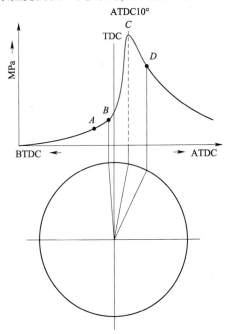

图 3-1-20　点火提前角控制

使发动机产生最大输出功率的点火提前角被称为最佳点火提前角。如果点火过早,发动机功率下降,油耗增加,甚至会发生爆震;如果点火过晚,燃烧最高压力下降、发动机功率下降、热损失加大、发动机过热、油耗加大。

ECU根据发动机的工况对点火提前角进行控制,分起动时和起动后两种控制工况,如图3-1-21所示。

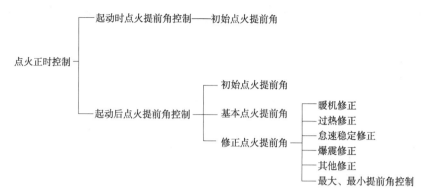

图 3-1-21　点火提前角的控制

(1) 起动时点火提前角控制。

发动机起动时,由于进气量信号和发动机转速信号很不稳定,此时点火提前角采用一固定值,这个固定值被称为初始点火提前角,初始点火提前角的大小因发动机而异。以丰田轿车为例,如图 3-1-22 所示,当 G 信号出现后第一个 N_e 信号的过零点被定位在压缩上止点前 5°、7°或者 10°(因发动机而异),该提前角便为初始点火提前角。

(2) 起动后点火提前角的控制。

起动后点火提前角由三部分组成,即实际点火提前角 = 初始点火提前角 + 基本点火提前角 + 修正点火提前角,如图 3-1-23 所示。

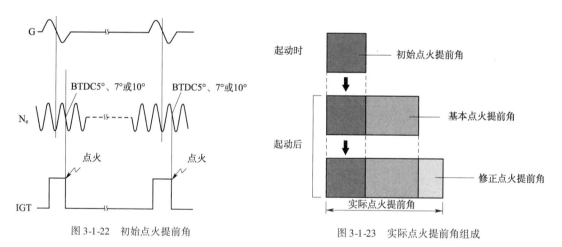

图 3-1-22　初始点火提前角　　　　　图 3-1-23　实际点火提前角组成

①基本点火提前角。

怠速时基本点火提前角:当怠速触点闭合时,发动机处于怠速工况运转,此时基本点火提前角与发动机怠速转速高低有关,如图 3-1-24 所示。怠速时如开启空调,发动机负荷增大,为保证发动机可靠、稳定地运转,基本点火提前角会适当增加。

正常运转时基本点火提前角:发动机非怠速工况下,ECU 根据空气流量(或进气歧管压力)和发动机转速决定基本点火提前角。ECU 中提前存储了反映空气流量、发动机转速与基本点火提前角之间关系的点火脉谱图,如图 3-1-25 所示,ECU 可以根据空气流量和发动机转速进行实时查询。

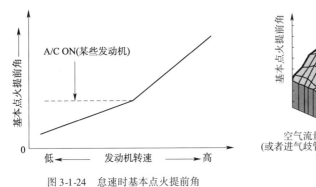

图 3-1-24 怠速时基本点火提前角

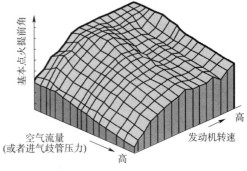

图 3-1-25 点火脉谱图

②修正点火提前角。

暖机修正:发动机暖机过程中,随着发动机冷却液温度的不断升高,修正点火提前角逐渐减小,如图 3-1-26 所示。

过热修正:当发动机温度极高时,ECU 延迟点火以避免爆震的产生,如图 3-1-27 所示。

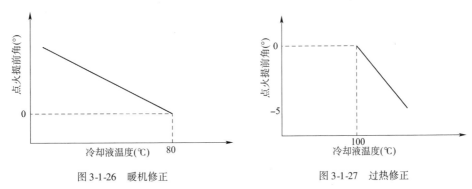

图 3-1-26 暖机修正　　　　　　　　　图 3-1-27 过热修正

怠速稳定修正:怠速时,如果发动机的实际怠速偏离了目标怠速,ECU 通过调整点火提前角对怠速进行稳定性控制。如图 3-1-28 所示,如果实际怠速低于目标怠速,ECU 加大点火提前角;如果实际怠速高于目标怠速,ECU 减小点火提前角。怠速稳定性点火提前角修正的范围为 ±5°。

爆震修正:ECU 通过爆震传感器信号检测发动机是否发生了爆震。根据爆震传感器检测到的信号,ECU 判断发生爆震的强度是强烈、中等还是微弱。如图 3-1-29 所示,如果爆震强烈,则点火延迟时间就多;如果爆震微弱,则点火延迟时间就少。爆震修正点火提前角的范围为 10°。

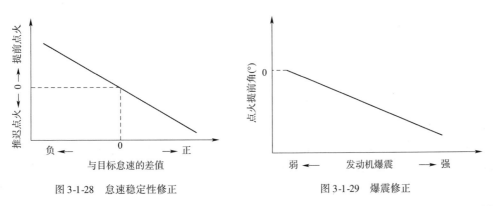

图 3-1-28 怠速稳定性修正　　　　　　　图 3-1-29 爆震修正

其他修正：有些发动机还有如下的点火提前角修正，使点火正时控制更加精确。

空燃比反馈修正：当氧传感器检测到混合气浓度较稀时，喷油器增加喷油量；当氧传感器检测到混合器浓度较浓时，喷油器减少喷油量。由于喷油量在被不断调整，发动机的转速就会产生一定的波动。为了减少发动机转速的波动，当喷油量增多时，点火提前角适当减小；当喷油量减少时，点火提前角适当增大，如图3-1-30所示。

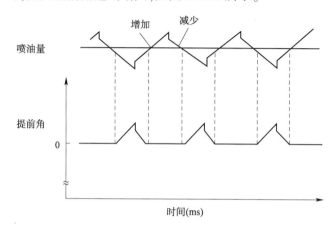

图3-1-30 空燃比反馈修正

EGR修正：为进一步降低排放，进行EGR（废气再循环）控制时，一般需要对点火提前角进行综合控制。当EGR率增高时，点火提前角适当加大。

汽车的转矩控制修正：装备自动变速器的汽车，当升挡或降挡时，由于变速器中离合器或制动带的接合会引起一定程度的换挡冲击。为减小这种换挡冲击，在自动变速器换挡时，ECU会推迟点火提前角，降低发动机的输出转矩，以减小换挡冲击。

过渡工况修正：当发动机由减速向加速工作过渡时，ECU根据加速的具体情况将点火提前角提前或延迟。

巡航控制修正：当汽车下坡时，若巡航系统在工作，巡航控制ECU向发动机ECU发送一个信号，减小点火提前角。原因是下坡巡航时，为充分利用发动机的辅助制动作用，发动机ECU会频繁切断喷油器的燃油喷射，这样发动机的转矩波动较大，减小点火提前角会降低发动机的转矩波动。

牵引力控制修正：当牵引力控制激活时，点火提前角减小，以降低发动机的输出转矩。

最大、最小点火提前角的控制：如果发动机实际点火提前角不合适，发动机将很难正常运转。在初始点火提前角已经设定后，实际点火提前角就只由基本点火提前角与修正点火提前角确定，该值应保证在某一范围内，其范围一般为：最大提前角，35°~45°曲轴转角；最小提前角，-10°~0°曲轴转角。

3.1.6 闭合时间及限流控制

1）闭合时间控制

对于点火控制系统来说，当点火线圈的初级回路被接通后，由于初级线圈电感的作用，初级电流按照指数规律增长，上升到饱和值需要一定的时间。只有通电时间达到一定值，初级电流才可能达到饱和，此时的断开电流（即初级电路被断开瞬间初级电流所能达到的值）

才能最大,而断开电流又与次级电压最大值成正比,因此为了使次级电压达到最大,就必须保证通电时间能使初级电流达到饱和。但如果通电时间过长,又会使电能消耗增大甚至由于过热损坏点火线圈。因此,要控制一个最佳的通电时间或充电闭合角,应该使其兼顾上述两方面的要求。

同时,当蓄电池的电压变化时,也将影响初级电流的大小。如蓄电池电压下降时,在相同的通电时间里初级电流所达到的值将会减小,因此应该增大通电时间。如图 3-1-31 所示为蓄电池电压与通电时间的修正曲线。

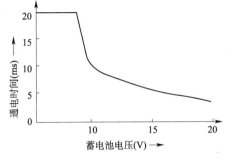

图 3-1-31　蓄电池电压与闭合时间的修正

2) 限流控制

为了减小转速对次级电压的影响,提高点火能量,采用初级线圈电阻很小的高能点火线圈,其饱和电流可以达到 30A 以上。为了防止初级电流过大烧坏点火线圈,在点火控制电路中增加了恒流控制电路,保证在任何转速下初级电流都能达到需要的电流值,这既改善了点火性能,又能防止初级电流过大而烧坏点火线圈。图 3-1-32 所示为某车型点火系统初级电路电流波形。

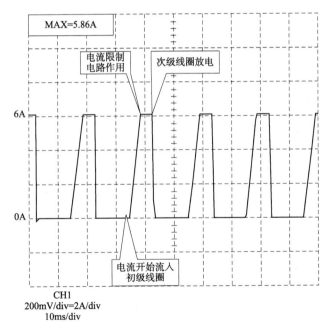

图 3-1-32　初级电路电流波形

实践技能

3.1.7　点火系统低压电路故障分析

1) 故障点分析

点火系统低压电路包括蓄电池、点火开关、传感器、ECU、点火模块、点火线圈初级电路等电气部件。点火系统低压电路出现的故障点主要是上述电气部件及线路。其中,传感器重点检查曲轴位置传感器、凸轮轴位置传感器(参照前面学习单元)。具体故障情况,如图3-1-33所示。

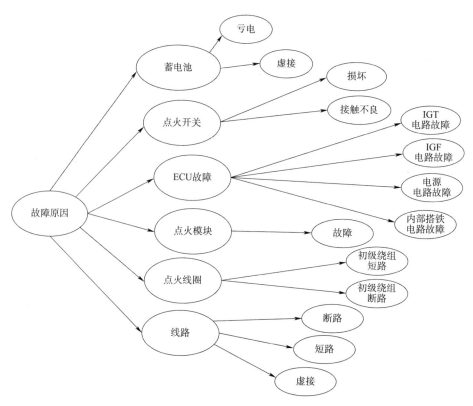

图 3-1-33　点火系统低压电路故障点

2) 故障现象

点火系统低压电路出现故障后,会导致火花塞不能点火或者点火能量不足,因此会出现发动机不能起动、起动困难、加速无力、排放超标等现象,若个别缸点火不良还会引起发动机抖动现象,如图 3-1-34 所示。

3.1.8　点火系统低压电路故障检修

下面以大众朗逸轿车 CFB 发动机点火系统为例,讲述点火系统低压电路的故障诊断过程。

图 3-1-35 所示为朗逸轿车 CFB 发动机点火系统原理图,该点火系统也是采用了单独点火的方式。发动机控制单元 J623 端子 T60/51、T60/37、T60/36、T60/52 向各缸点火组件发出点火控制信号 IGT,各点火组件分别控制相应的火花塞在适当的时刻点火。N70、N127、N291 和 N292 为 1-4 缸的点火组件,点火组件中集成了点火模块和点火线圈。

图 3-1-34　点火系统低压电路出现故障时常见故障现象

学习情境3 点火控制系统故障检修

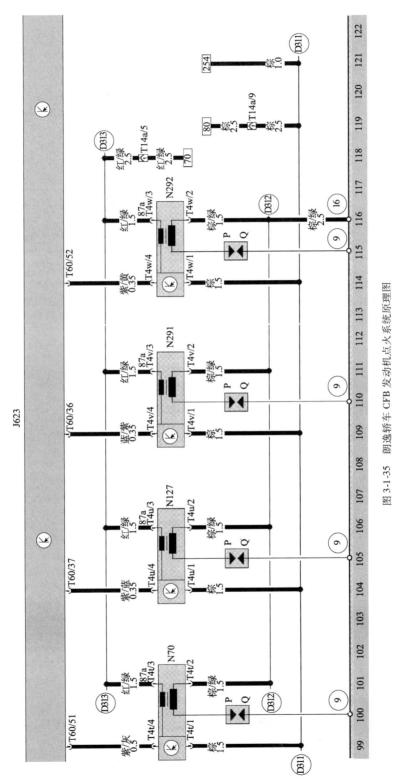

图 3-1-35 朗逸轿车 CFB 发动机点火系统原理图
J623-发动机控制单元；N70-点火组件1；N127-点火组件2；N291-点火组件3；N292-点火组件4

下面以 1 缸点火低压电路为例,介绍检修过程。

1) 静态检测

(1) 点火组件电源检测。

如图 3-1-35 所示,拔下 1 缸点火组件 N70 线束连接器 T4t,点火开关 ON,用万用表检测 T4t 插头上 3 与搭铁间电压,正常值应为 9～14V;否则,检查供电部分电路:如蓄电池、点火开关、Motronic 供电继电器 J271、熔断丝 S1、熔断丝 SC54 及线路等。

(2) 点火组件搭铁检测。

拔下 1 缸点火组件 N70 线束连接器 T4t,点火开关 OFF,用万用表检测 T4t 插头上 1 与搭铁间电阻,正常值应小于 1Ω;否则,继续检查和修复点火组件搭铁电路。

(3) IGt 信号线路检测。

拔下传感器线束连接器 T4t 与 ECU 线束连接器。检查 T4t 插头上 4 与 ECU 线束连接器 T60 插头上 51(IGT) 之间的导线电阻。电阻均应小于 1Ω,否则,修复上述线路故障。

2) 动态检测

点火开关 OFF,插上连接器 T4t 和 T60 插头,起动发动机,怠速运转。

用示波器检测 1 缸点火组件端子 4 与搭铁间信号波形,正确波形如图 3-1-36 所示。如果没有检测到正确波形,应进一步检查曲轴位置传感器和凸轮轴位置传感器是否存在故障。

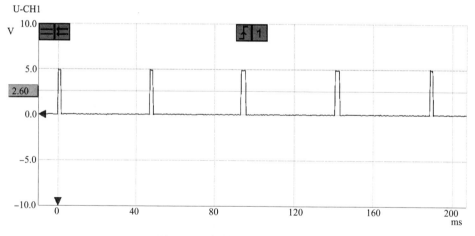

图 3-1-36　点火控制信号 IGT 波形

情境分析

1) 故障现象

一辆大众朗逸轿车,发动机怠速抖动,加速无力,排气故障灯常亮。

2) 故障诊断与排除

(1) 打开点火开关,用 KT300 故障诊断仪读取故障码,显示"00849 P0351 汽缸 1 点火促动失效;00768 P0300 检测不到发火;00769 P0301 汽缸 1 检测不到发火"。

(2) 清除故障码,起动发动机,发现发动机排气故障灯依然常亮,再次读取故障码,上述故障码依然存在。

(3)发动机熄火,点火开关ON,检查1缸点火组件电源和搭铁电路,均正常。

(4)起动发动机,用示波器检测IGT1信号波形,发现IGT1波形正常。

(5)拆下1缸点火组件,将备用火花塞插在点火组件上,并将火花塞可靠搭铁。起动发动机,备用火花塞不点火。

(6)更换新的点火组件,起动发动机,发动机加速有力,怠速不再抖动。清除故障码后故障灯不再点亮。

3)故障原因分析

1缸点火组件出现故障后,虽然收到了ECU发出的IGT信号,但不能控制1缸低压电路正常通断,1缸火花塞不能点火,因此出现加速无力和怠速抖动现象。

学习小结

(1)点火系统的功用是根据发动机的工况控制火花塞在合适的时刻进行可靠点火,以点燃可燃混合气,使发动机稳定运转。点火系统主要进行三项控制:点火提前角控制、点火能量控制、爆震控制。

(2)点火系统可分成三种类型:传统点火系统、普通电子点火系统和计算机控制点火系统。计算机控制点火系统按照系统中有无分电器可分为:有分电器计算机控制点火系统(DI)和无分电器计算机控制点火系统(EI)。

(3)点火控制模块根据ECU发送过来的IGT信号,控制点火线圈初级回路通断,同时向ECU发送点火确认信号IGF。当ECU根据IGF信号确认某缸断火时便停止该缸的燃油喷射。

(4)点火提前角由初始点火提前角、基本点火提前角和修正点火提前角组成。

(5)点火系统低压电路出现故障后,会导致火花塞不能点火或者点火能量不足,因此会出现发动机不能起动、起动困难、发动机抖动、加速无力、排放超标等现象。

学习单元3.2 点火系统高压电路故障检修

情境导入

一辆大众朗逸轿车,装备CFB发动机,行驶过程中加速无力,怠速发抖,故障灯没有点亮。经检查,1缸火花塞绝缘体有裂缝,更换新的火花塞后,上述故障现象消失。

学习目标

(1)能通过与客户交流、查阅相关维修技术资料等方式获取车辆信息。

(2)能根据故障现象制订正确的维修计划。

(3)能正确选择诊断设备对点火系统高压电路引起的故障进行诊断。

(4)能正确记录、分析各种检测结果并作出故障判断。

(5)能按照正确操作规范对点火系统高压电路电气零部件进行检查和更换。

(6)能根据环保要求,正确处理对环境和人体有害的废料和损坏的零部件。

理论知识

3.2.1 点火系统高压电路组成及作用

1）基本组成

计算机控制点火系统由低压电路和高压电路组成,如图3-2-1所示。低压电路包括蓄电池、点火开关、传感器、ECU、点火模块、点火线圈初级电路等。高压电路包括:点火线圈次级电路、分电器、中央高压线、分缸高压线、火花塞等。对于无分电器式计算机控制点火系统,高压电路中没有分电器。

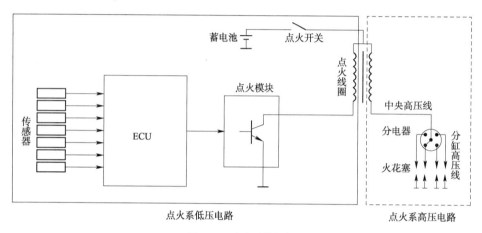

图3-2-1 点火系统组成

2）高压电路的作用

ECU实时监控各传感器的信息,在适当的时刻控制点火模块中的三极管导通和截止。当三极管导通时,点火线圈初级电路储存点火能量。当点火模块中的三极管截止时,次级线圈感应出高电压,该高电压通过分电器传递到需要点火的火花塞,使火花塞间隙被击穿,产生电火花。因此,高压电路的作用是产生足以击穿火花塞间隙的高电压,并在适当的时刻将高压电分配到需要点火的火花塞。

3.2.2 点火系统高压电路部件结构和原理

1）点火线圈的结构和原理

点火线圈的作用是将电源的低压电转变为足以击穿火花塞间隙的高压电。按照点火线圈磁路的形式可分为开磁路点火线圈和闭磁路点火线圈。开磁路点火线圈点火能量较低,应用在早期的传统点火系统和普通电子点火系统中。闭磁路点火线圈点火能量较高,应用在现代计算机控制点火系统中。

(1) 开磁路点火线圈。

开磁路点火线圈有两接线柱式和三接线柱式之分,如图3-2-2所示。它主要由初级绕组、次级绕组、铁芯、钢套、外壳、胶木盖和外部接线柱等组成。

次级绕组:次级绕组用导线直径为0.06~0.10mm的漆包线绕于铁芯绝缘套管外部,11000~26000匝。为加强绝缘和免遭机械损伤,每层导线都用绝缘纸隔开,最外层的绝缘纸层数较多,或者套上纸板套管。次级绕组的作用是产生互感电动势。

初级绕组:初级绕组用导线直径为 0.5~1.0mm 的漆包线分层绕于次级绕组外层,以利散热。初级绕组为 230~370 匝。外面也包有数层绝缘纸,以增强绝缘。绕组绕好后在真空中浸以石蜡和松香混合物,进一步加强绝缘。初级绕组的作用是储存点火能量并在合适时刻将点火能量转化到次级绕组。

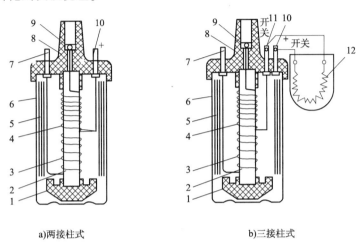

a)两接柱式　　　　　　　b)三接柱式

图 3-2-2　开磁路点火线圈

1-绝缘座;2-铁芯;3-初级绕组;4-次级绕组;5-钢套;6-外壳;7-"－"接线柱;8-胶木盖;9-高压线接柱;10-"＋"或"开关"接柱;11-"起动机"接柱;12-附加电阻

铁芯:铁芯由相互绝缘的条形硅钢片叠制而成,硅钢片之间利用氧化薄层或绝缘漆隔离,外层套有绝缘套管。铁芯的作用是增强磁通。

钢套:初级绕组与外壳之间装有导磁用钢套。用磁钢片卷成筒形,套装于绕组外面,构成磁路的一部分,使铁芯形成半封闭式磁路,减少漏磁,如图 3-2-3 所示。

外壳:外壳用薄钢板冲压而成,用于封装内部构件,并与胶木盖相扣合,使点火线圈成一总成。

填充物:为加强绝缘和防止潮气浸入,在外壳内填满沥青或变压器油,填充变压器油后,线圈散热性较好,温升较低,且绝缘性好。近年来,也有使用六氟化硫(SF_6)等气体绝缘或采用塑料造型绝缘。气体绝缘用在特殊用途的高温发动机上,塑料造型绝缘散热性能较差,但可以做得较小,一般用在小型发动机上。

绝缘座:绝缘座由陶瓷或玻璃制成圆盘形状,有凸起的环形瓷裙。装于外壳底部,用作外壳底部与绕组之间的绝缘。

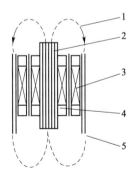

图 3-2-3　开磁路点火线圈的磁路

1-磁力线;2-铁芯;3-初级绕组;4-次级绕组;5-导磁缸套

胶木盖:胶木盖用优质绝缘胶木粉在钢模中热压而成,有较好的耐热、耐高电压性能;内部有环形凸缘以增强绝缘,外部中心凸起为高压输出的插线孔,旁边有两个或三个低压接线柱。

外部接线柱:对于两接柱式,初级绕组一端"＋"与车上低压电源连接,另一端"－"与开关装置(如断电器或点火模块)连接;次级绕组一端与初级线圈"＋"连接,另一端经胶木盖上的高压插孔与高压线连接。三接柱式点火线圈比两接柱式点火线圈多了一个附加电阻。当起动发动机时,附加电阻被短路,不串接到初级绕组中,因此点火线圈初级电流较大,点火能量大,便于发动机起动。起动后,附加电阻与初级绕组串联,可防止初级电流过大。

(2)闭磁路点火线圈。

传统的开磁路点火线圈中,次级绕组在铁芯中的磁通通过导磁钢套构成回路,磁力线的上、下部分从空气中通过,磁路的磁阻大、泄漏的磁通量多。因此磁路损失大,转换效率低(约60%)。

闭磁路点火线圈的结构如图3-2-4所示,铁芯是日字形或口字形,铁芯内绕有初级绕组,在初级绕组外面有次级绕组,其铁芯构成闭合磁路,磁路中只设有一个微小的气隙(为了减小磁滞现象)。闭磁路点火线圈漏磁少,磁路磁阻小,能量损失小,能量转换效率高(约75%)。此外,闭磁路点火线圈结构简单、体积小、重量轻,应用日益广泛。

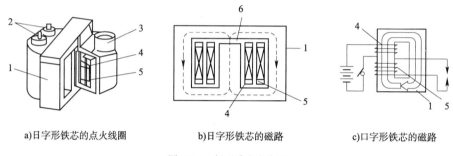

图3-2-4 闭磁路点火线圈
1-铁芯;2-低压接线柱;3-高压插孔;4-初级绕组;5-次级绕组;6-微小气隙

2)分电器结构和原理

(1)分电器结构的演变。

随着点火系统的不断发展,由于分电器功能不断发生变化,其结构也在逐渐演变。

在传统点火系统中,分电器的作用有:通过机械触点通断点火系统低压电路;按照点火次序分配高压电给各缸火花塞;根据转速和负荷调整点火提前角。因此,分电器由断电器、配电器、离心提前机构和真空提前机构四个部件组成,如图3-2-5所示。

在普通电子点火系统中,点火模块替代了断电器的功能。因此,分电器中取消了断电器,点火提前角的调整依然依靠离心提前机构和真空提前机构,因此这两个机构依然存在。在该类点火系统中,需要配置信号发生器向点火模块提供活塞位置信息。信号发生器一般有三种类型:磁感应式、霍尔式和光电式,信号发生器一般安装在分电器内部。图3-2-6所示为磁感应式电子点火系统中分电器的结构,磁感应式信号发生器安装在分电器内部。

在计算机控制点火系统中,每个缸(或两个缸)均单独配置点火线圈的系统,已经取消了分电器。在有分电器式的计算机控制点火系统中,断电器的功能被点火模块或ECU所取代,点火提前角也不需要离心和真空提前机构来调整,而是ECU根据诸多传感器的信息进行最优控制,因此分电器的功能只剩下"配电"功能。某些车型的分电器中还安装了曲轴位置或凸轮轴位置传感器。图3-2-7展示了丰田TCCS系统所使用的分电器,在该分电器内部安装了检测曲轴位置和转速的Ne传感器、检测6缸和1缸压缩上止点位置的G1和G2传感器。

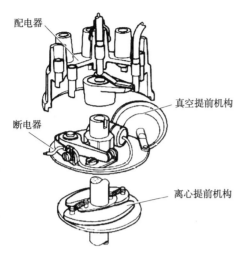
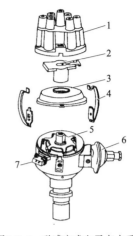

图 3-2-5 传统点火系统分电器结构

图 3-2-6 磁感应式电子点火系统中分电器的结构
1-分电器盖;2-分火头;3-防护罩;4-固定夹;5-信号发生器;6-真空调节器;7-连接器插座

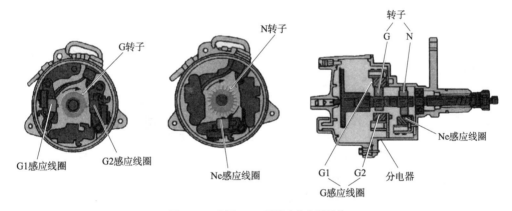

图 3-2-7 丰田 TCCS 系统中分电器结构

（2）配电器结构与原理。

配电器是分电器的一部分,负责将点火线圈产生的高压电适时分配到各缸火花塞。其机构如图 3-2-8 所示,主要由分电器盖、分火头等组成。

分电器盖装于分电器顶端,用两弹性夹卡固。外面有管状高压线插孔,中心为中央高压线插孔,连于点火线圈,孔内有压簧炭柱,压于分火头导电片上。周围均布有与汽缸数相等的旁电极和分缸高压线插孔。旁电极对准分火头端部导电片,并有一间隙。分缸高压线按照点火次序与各缸火花塞相连接。

分火头材料与分电器盖相同,套装于分电器轴的顶端(凸轮体顶端圆面),用弹性片卡紧,由凸轮带动随轴一起旋转。分

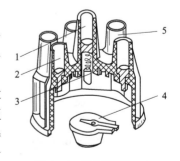

图 3-2-8 配电器结构
1-中央高压线插孔;2-分缸高压线插孔;3-炭柱;4-分火头;5-分电器盖

火头顶面铆有导电片,其端部与旁电极有 0.2~0.8mm 的气隙。分火头顶部压着中央高压线插孔中的炭柱,其作用是传递并分配高压电。

3) 火花塞基本结构和原理

(1) 火花塞的类型。

火花塞按照热值高低来分,有冷型和热型;按照电极材料来分,有镍合金、银合金和铂合金和铱合金等;按照结构形式来分,有如下几种:标准型与凸出型火花塞、单侧极与多侧极火花塞、平座型与锥座型火花塞、普通型与电阻型火花塞、空气间隙与沿面间隙型火花塞。

(2) 火花塞基本结构。

火花塞的作用是将点火线圈产生的脉冲高压电引入燃烧室,并在其两个电极之间产生电火花,以点燃可燃混合气。火花塞的结构如图 3-2-9 所示,主要由中心电极、侧电极、陶瓷绝缘体等组成。火花塞中心电极与侧电极之间的间隙,称为火花塞间隙。火花塞间隙对火花塞及发动机的工作性能均有很大影响。间隙过小,火花微弱,并容易产生积炭而漏电;间隙过大,火花塞击穿电压增高,发动机不易起动,且在高速时容易发生"缺火"现象。因此,火花塞间隙的大小应适当。在传统点火系统中,火花塞间隙一般为 0.6~0.7mm;计算机控制点火系统中,则间隙增大到 1.0~1.2mm。

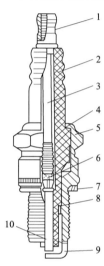

图 3-2-9 火花塞结构
1-接线螺母;2-陶瓷绝缘体;3-接线螺杆;4-内垫圈;5-壳体;6-密封剂;7-多层密封圈;8-内垫圈;9-侧电极;10-中心电极

(3) 火花塞的热特性。

发动机工作时,火花塞绝缘体裙部的温度若保持在 500~600℃,落在绝缘体裙部的油粒能立即被烧掉,不容易产生积炭。这个温度称为火花塞的自净温度。若裙部温度低于自净温度,落在绝缘体裙部的油粒不能立即烧掉,会因形成积炭而漏电,将使火花塞间隙不能跳火或火花微弱。若裙部温度过高超过 800~900℃,当混合气与炽热的绝缘体接触时,可能在火花塞间隙跳火之前自行着火,称为炽热点火。炽热点火将使发动机出现早燃、爆燃、回火等不正常现象。

因此,无论哪一种类型的发动机,在发动机工作时,火花塞裙部的温度都应该保持在自净温度的范围内。但是,各种发动机汽缸内的燃烧状况是不同的,所以汽缸内的温度也不尽相同,这就要求配用不同热特性的火花塞。火花塞的热特性主要决定于绝缘体裙部的长度。不同的发动机,当汽缸内温度及温度分布状况相同时,火花塞绝缘体裙部越长,其受热面积越大,且传热距离越长,散热困难,火花塞裙部的温度越高,这种火花塞称为热型火花塞,它适用于低速、低压缩比的小功率发动机。相反,火花塞绝缘体裙部越短,其受热面积越小,且传热距离缩短,容易散热,火花塞裙部的温度越低,这种火花塞称为冷型火花塞,它适用于高速、高压缩比大功率的发动机。裙部长度介于冷型与热型之间的火花塞,称为普通型火花塞。火花塞的热特性用热值来表示,1、2、3 为低热值,4、5、6 为中热值,7、8、9 以上为高热值,如图 3-2-10 所示。热值越大,散热性越好。

4) 中央高压线、分缸高压线结构和原理

点火系统高压线分中央高压线和分缸高压线两种,如图 3-2-11 所示。其作用就是将点火线圈产生的高压电传送到分电器盖中央插口,通过配电器再将高压电通过分缸线传送到需要点火的火花塞上。按照材质高压线可分为:普通铜芯线和阻尼型高压线。

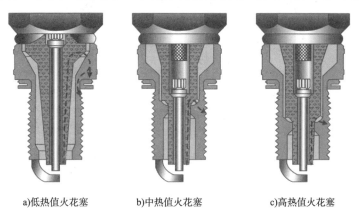

a)低热值火花塞　　b)中热值火花塞　　c)高热值火花塞

图 3-2-10　不同热值的火花塞

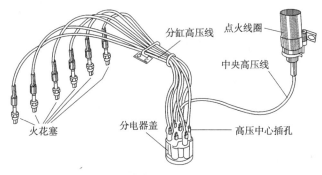

图 3-2-11　中央高压线、分缸高压线

由于火花塞高压放电时引起的电磁干扰主要是通过高压线向外辐射的,因此高压线成为干扰源的发射天线。高压线的辐射功率与流经其中电流的平方成正比,因此,电流越大,对外辐射的功率也越大。为了限制点火时高压线对外产生的电磁干扰,现在汽车点火系统高压线一般采用阻尼型高压线。阻尼越大,抑制电磁干扰效果越好,但过大的阻尼会影响点火能量,因此,阻值一般在(3~10)kΩ。阻尼型高压线线芯多用玻璃纤维浸渍石墨或者浸炭粉,外包橡胶体制成,或者采用玻璃纤维线芯,外面螺旋缠绕 0.1mm 直径的镍、铬、铝等合金线,再外包橡胶绝缘体制成,成为具有电感、电容、电阻的复合体,相当于一个电抗整流元件的滤波器,其抑制效果比集中型的电阻阻尼效果好。

3.2.3　点火系统次级波形分析

利用汽车专用示波器对点火系统次级波形进行检测与分析,对诊断和排除点火系统电路故障具有重要的意义。

1)点火系统次级波形产生过程

(1)初级回路闭合。

如图 3-2-12 所示,当初级电路功率三极管导通时,初级回路构成闭合回路。初级回路产生初级电流 i_1,同时由于互感作用,在次级产生感应电压 u_2。

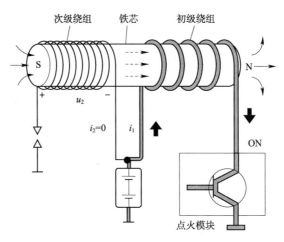

图 3-2-12　初级回路闭合

由于电感作用,初级电流 i_1 按指数规律增长,如图 3-2-13a) 所示。次级感应出的电动势 u_2 大小与初级电流变化率有关,如图 3-2-13b) 所示。初级电流变化率越大,次级电压 u_2 越大;反之越小。当初级回路刚闭合时,由于初级电流 i_1 变化率最大,u_2 最大,$(1.5 \sim 2) \mathrm{kV}$,但该电压不足以将火花塞电极间隙击穿,因此次级电流 i_2 为 0,如图 3-2-13c) 所示。随着时间的持续,初级电流逐渐增长,但变化率逐渐减小,因此,次级电动势 u_2 也逐渐减小。有的车型对初级电流进行了限流控制,当初级电流达到限流值不再变化时,次级电动势 u_2 等于 0。

(2) 初级回路断开。

当初级电路功率三极管截止时,见图 3-2-14,初级电流 i_1 突然降为 0。此时初级电流在瞬间由最大电流(饱和电流)降为 0,电流变化率达到最大值,次级瞬间感应出 $(10 \sim 30) \mathrm{kV}$ 的高电压(击穿电压),该电压将火花塞间隙击穿,火花塞开始放电,最大放电电流达到 $5 \sim 50 \mathrm{A}$。

火花塞击穿后,次级电压 u_2 降低(图 3-2-13b),次级电流 i_2 减小(图 3-2-13c),直至 i_2 不足以维持放电而停止,u_2 振荡后消失。

2) 点火系统次级波形分析

点火系统次级回路的标准电压波形,如图 3-2-15所示。

a 点:初级回路接通的时刻。

b 点:初级绕组电流达到饱和的时刻。

a-b 段:初级回路接通,初级回路电流增长至

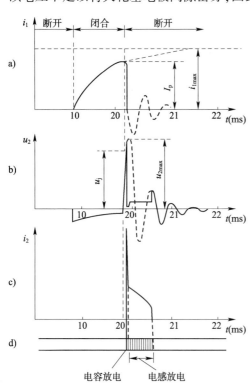

图 3-2-13　初级、次级电路工作原理

点火控制器开始恒流控制的过程(建立磁场能量)。

c 点:初级回路断开的时刻。

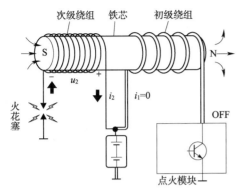

图 3-2-14　初级回路断开　　　　图 3-2-15　点火系统次级电路标准电压波形

$b-c$ 段:恒流控制段(初级绕组电流上升到点火控制器的恒流阶段)。

$a-c$ 段:闭合时间(初级回路通电时间)。

d 点:初级回路断电瞬间次级回路产生的感应电动势的最大值,也称击穿电压或点火电压,该电压将火花塞间隙击穿,火花塞间隙被击穿后电压峰值立即下降。

e 点:火花形成的起始点(即击穿电压击穿火花塞间隙后形成电子流的瞬间,产生了热能量的转换开始)。

$c-f$ 段:电容放电段(相当于一个大电容放电,火花形成的过程,即击穿火花塞间隙后形成电子流的过程)。

g 点:火花结束点(即击穿形成电子流后,磁能转换持续到不能维持电子流的最低能量点)。

$f-g$ 段:火花的持续时间,也称燃烧线,这个电压是火花燃烧电压,是维持火花传递的电压,一般为击穿的1/4,此段也称电感放电段。此段应比较平直、干净、无异形波。

$h-i$ 段:绕组线圈正常衰减振荡段:一般有三个以上的振荡波,标准为5~6个。磁能转换电能不能维持火花导通后,初、次级线圈磁能相互转换衰减振荡消失过程。

3)点火系统次级电路故障波形分析

(1)击穿电压。

击穿电压受很多因素的影响,如火花塞间隙、火花塞电极形状、混合气浓度、汽缸压力、汽缸压缩时的压缩温度等。

如果击穿电压太高,表明在点火次级电路中电阻值过高(如火花塞间隙过大、分电器盖内部的旁电极和分火头之间间隙过大、高压线断路等);如果击穿电压太低,表明点火次级电路电阻低于正常值(如火花塞间隙过小、火花塞积炭或绝缘体破裂、高压线漏电等)。

当由于进气歧管漏气、进气门密封不良或喷油器堵塞导致混合气出现过稀的情况时,多数情况下击穿电压会高于正常值。

在急加速或高负荷时,由于燃烧压力的增加,击穿电压将升高。出现有负荷时断火或急加速时所有汽缸的击穿电压都低的情况,说明点火线圈不良。

火花塞不良时,会导致加速过程中单缸击穿电压不再升高。

(2)燃烧电压。

观察跳火或燃烧电压的相对一致性,它说明的是火花塞工作和各缸空燃比正常与否,如果混合气太浓,燃烧电压就比正常值低一些。如果火花塞有污浊或积炭,火花塞的起点就会上下跳动,火花线明显会倾斜。如果混合气太浓,燃烧电压就比正常值低一些。当次级回路出现高压线断路、火花塞电阻过大的情况时,燃烧电压会明显高于正常值。

(3) 燃烧线形状。

观察点火部分的火花线是否近似水平,火花线的起点是否和燃烧电压一致且稳定,表明各缸的空燃比一致,火花塞是正常的。

观察燃烧线应十分"干净",即燃烧线上应没有过多的杂波。过多的杂波表明汽缸点火不良,或由于点火过早、喷油器损坏、污浊的火花塞以及其他等原因。燃油混合气过稀会导致火花线向上倾斜。通常,汽缸内混合气越稀,火花线就越陡。混合气过稀也会导致异常的粗糙、锯齿状或奇怪的火花线。

(4) 燃烧时间。

燃烧时间是指电感放电持续的时间。燃烧时间太长(通常超过 2ms)表示混合气浓,燃烧时间太短(通常少于 0.75ms)表示混合气稀。另外,如果点火击穿电压比正常需要的电压高,则燃烧时间将缩短;如果点火击穿电压比正常需要的电压低,则燃烧时间将增加。

(5) 阻尼振荡区。

一般有三个以上的振荡波,标准为 5~6 个。如果衰减波太少,说明线圈性能下降。

4) 用示波器显示波形的方式

维修实践中,汽车专用示波器一般可以按照三种方式显示各缸点火次级波形:平列波、并列波和重叠波。

平列波:如图 3-2-16 所示,在屏幕上从左至右按点火次序将各缸点火波形进行顺序排列。其作用是用以分析次级电压的故障,各缸次级击穿电压是否均衡,火花电压是否有差异。各缸点火高压值一般为(8~15)kV,各缸相差不超过 2kV。

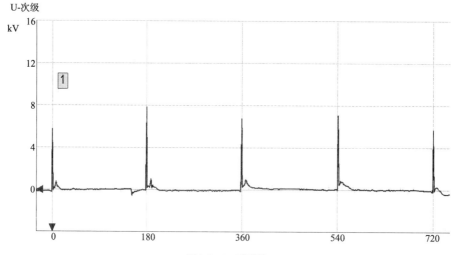

图 3-2-16 平列波

并列波:如图 3-2-17 所示,在屏幕上从上到下按点火次序将各缸点火波形之首对齐并分别放置。从这一波形图可以看到各缸并列波的全貌,便于分析各缸闭合角和开启角及各缸火花塞的工作状态。

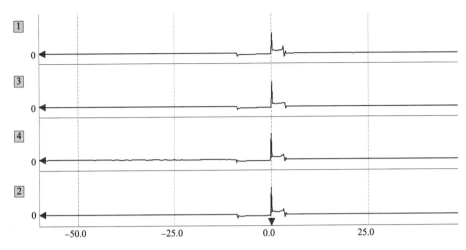

图 3-2-17　并列波

重叠波:如图 3-2-18 所示,在屏幕上将各缸点火波形之首对齐并重叠在一个水平线上。如果触点式点火系统的分电器凸轮磨损不均匀或凸轮轴磨损严重,将会造成波形重叠角不对称,重叠角过大。由于重叠角直接影响各缸点火提前角的大小,对发动机动力性影响较大,所以一般重叠角不能超过 3°。

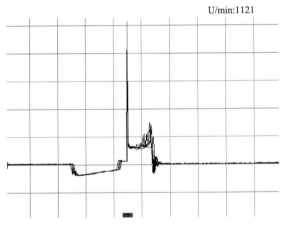

图 3-2-18　重叠波

实践技能

3.2.4　点火系统高压电路故障分析

1)故障点分析

点火系统高压电路发生故障时,可能的故障点如图 3-2-19 所示。故障部件如点火线圈、分电器、高压线、火花塞等。

2)故障现象

点火系统高压电路出现故障后,会引起火花塞点火能量不足或不能点火,导致汽车出现如图 3-2-20 所示故障现象。

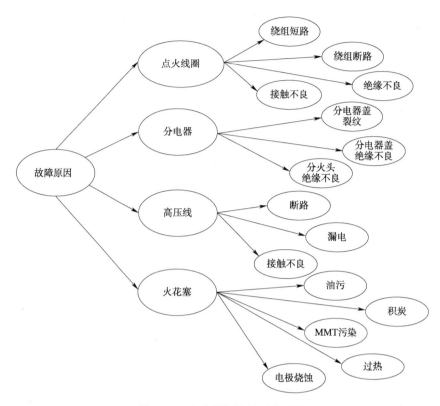

图 3-2-19　点火系统高压电路故障图

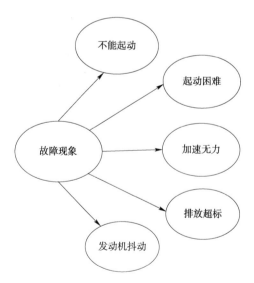

图 3-2-20　点火系统高压电路故障时汽车常见故障现象

3）点火系故障诊断流程

点火系故障诊断流程，如图 3-2-21 所示。

进行缸外跳火试验时，要将分缸高压线接上备用火花塞进行跳火试验，并拔下跳火试验汽缸的喷油器插头，防止试火时喷油器喷油。

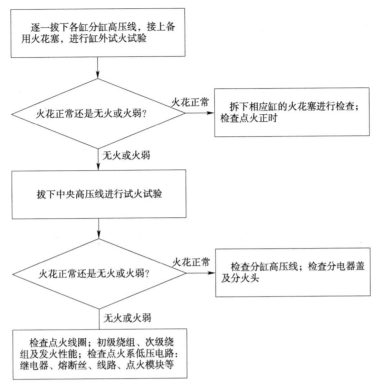

图 3-2-21 点火系统故障诊断流程

3.2.5 点火系统高压电路主要部件故障检修

1) 点火线圈检查

点火线圈的检验主要包括外部检验、线圈绕组检验以及发火强度检验。

(1) 外部检验。

检查点火线圈的外表,若绝缘盖破裂或外壳碰裂,容易因受潮而失去点火能力,应予以更换。

(2) 线圈绕组检验。

用万用表测量点火线圈的初级绕组、次级绕组的电阻值,应符合技术标准,否则说明有故障,应予以更换。

检查初级绕组电阻:用万用表电阻挡测量" + "与" - "端子间的电阻。

检查次级绕组电阻:用万用表电阻挡测量" + "与中央高压端子间的电阻。

(3) 发火强度检验

检查点火线圈产生的高电压时,可与分电器配合在试验台上进行试验。检验时将放电电极间隙调整到7mm,先以低速运转,待点火线圈的温度升高到工作温度(60~70℃)时,再将分电器的转速调至规定值,(一般四、六缸发动机的点火线圈为1900r/min,八缸发动机用的点火线圈为2500r/min),在0.5min内,若能连续发出蓝色火花,表示点火线圈良好。

点火线圈经过检验,如内部有短路、断路、搭铁等故障,或发火强度不符合要求时,一般均应更换为新品。

2）分电器检查

（1）分火头检查。

外观检查：分火头应无任何裂纹、烧蚀及击穿（分火头顶部金属有一些焦状物是正常的）。

绝缘检查：如图 3-2-22 所示，将高压电源[（10～20）kV] 的一根触针接分火头导电片，另一触针对准分火头座孔内，若有火花产生，则说明分火头漏电；也可将分火头倒放在机体上，用发动机高压电进行跳火试验；还可采用兆欧表检测，阻值应为无穷大。注意：若在高压线与分火头距离很近时，勉强能够看到有很细弱的火花，一般为正常情况。

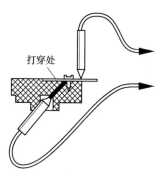

图 3-2-22　分火头绝缘性检查

（2）分电器盖的检修。

外观检查：用一块干燥的棉布将分电器盖擦拭干净，查看分电器盖应无裂纹及烧蚀痕迹，内部各电极应无明显的磨损、腐蚀及烧蚀，否则应更换分电器盖；中心电极应无卡滞，若烧蚀磨损致使其长度较标准长度减小 2mm 以上时，也应更换新件。

绝缘检查：将高压触针分别插在分电器盖上的两个相邻的旁插孔内或中央插孔与旁插孔内进行试火，若有火，说明绝缘损坏，应更换。也可用兆欧表检测，阻值应为无穷大。

3）高压线检查

高压线常见的故障为：高压线断路、漏电、接触不良。

外观检查：检查高压线外观，有没有破损、老化等现象，若有则更换。

断路检查：如图 3-2-23 所示，检查高压线电阻，如阻值不符合规定，则更换。

a）分火头电阻的检查

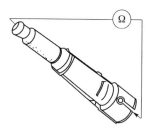

b）火花塞插头电阻的检查

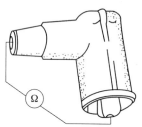

c）防干扰接头电阻的检查

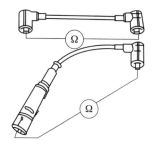

d）高压导线电阻的检查

图 3-2-23　高压电路电阻检查

4)火花塞检查

(1)就车检查法。

触摸法:起动发动机,使其怠速运转,用手触摸火花塞绝缘陶瓷部位,如温度上升很高很快,表明火花塞正常,反之为不正常。

跳火法:旋下火花塞,放在汽缸体上,用高压线试火,若无火花或火花较弱,表明火花塞漏电或不工作。

(2)观色法。

拆下火花塞观察,如为赤褐色或铁锈色,表明火花塞正常;如为渍油状,表明火花塞间隙失调或供油过多,高压线短路或断路;如为烟熏的黑色,表明火花塞冷热型选错或混合气浓,机油上窜;如顶端与电极间有沉积物,当为油性沉积物时,说明汽缸窜机油与火花塞无关,当为黑色沉积物时,说明火花塞积炭而旁路,当为灰色沉积物时,则是汽油中添加剂覆盖电极导致缺火;若严重烧蚀,如顶端起疤、有黑色花纹破裂、电极熔化,表明火花塞损坏。

(3)火花塞清洁。

如火花塞上有积炭、积油等时,可用汽油或煤油、丙酮溶剂浸泡,待积炭软化后,用非金属刷刷净电极上和瓷芯与壳体空腔内的积炭,用压缩空气吹干。切不可用刀刮、砂纸打磨或汽油烧,以防损坏电极和瓷质绝缘体。如果有条件的话,可使用火花塞清洁器进行清洁,如图 3-2-24 所示,空气压力低于 588kPa,时间不大于 20s。

(4)火花塞间隙检查与调整。

间隙测量:用专用量规或厚薄规检查,如图 3-2-25 所示。

间隙调整:应用专用工具扳动侧电极来调整,不能扳动或敲击中心电极。调整多极性火花塞间隙时,应尽可能使各侧电极与中心电极间隙一致。

某些车型(如丰田)要求不能调整火花塞间隙,如间隙不合适则应更换新的火花塞。丰田 1ZR 发动机的火花塞间隙标准值为 1.0~1.1mm,最大使用间隙为 1.3mm。

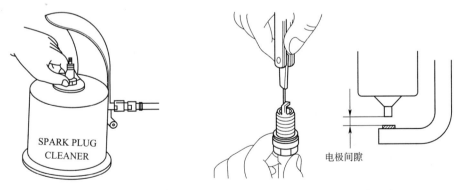

图 3-2-24　火花塞清洁器　　　　图 3-2-25　测量火花塞间隙

5)点火系次级电路波形检测

点火系次级波形电压较高,击穿电压高达 10000~20000V。一般需要用示波器中的专用通道进行测试。对于有分缸高压线的车型,可将 FSA740 上配置的感应夹加在分缸高压线上进行检测。图 3-2-26 所示为用 FSA740 检测的帕萨特 B5 轿车点火次级波形。

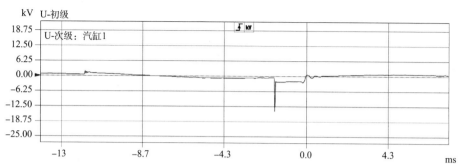

图 3-2-26 帕萨特 B5 轿车点火次级波形

对于没有分缸高压线的车型(如点火线圈和点火模块集成在一起),可利用 FSA740 配置的感应棒进行检测,检测时将感应棒抵在点火组件的适当位置,可观察出相应汽缸有没有正常点火。

情境分析

1) 故障现象

一辆大众朗逸轿车,装备 CFB 发动机,怠速发抖,行驶过程中加速无力,故障灯没有点亮。

2) 故障诊断与排除

(1) 检查进气系统真空管路,无漏气现象。

(2) 燃油系统泄压,安装油压表,检测系统油压,正常。

(3) 用备用火花塞进行缸外高压试火,4 个缸火花均为蓝色,正常。

(4) 拧下 1 缸火花塞,发现火花塞绝缘体有裂缝。更换 1 缸火花塞,重新试车,故障消失。

3) 故障原因分析

火花塞绝缘体有裂缝,点火高压会击穿裂缝从而引起漏电,使火花塞不点火或点火能量下降,1 缸工作不良,因此出现行驶过程中动力不足的现象。怠速时,由于只有 3 个汽缸工作良好,发动机平衡被破坏,出现抖动现象。

学习小结

(1) 按照磁路的形式不同,点火线圈可分为开磁路点火线圈和闭磁路点火圈。开磁路点火线圈应用在早期的传统点火系统和普通电子点火系统中。闭磁路点火线圈点火能量较高,应用在现代计算机控制点火系统中。

(2) 传统点火系统的分电器由断电器、配电器、离心提前机构和真空提前机构四个部件组成,计算机控制点火系统的分电器只保留了配电器功能,有些点火系统在分电器中安装了相位传感器。

(3) 火花塞按照热值高低来分,有冷型和热型;按照电极材料来分,有镍合金、银合金、铂合金和铱合金等。

(4) 利用汽车专用示波器对点火系统次级波形进行检测与分析,对诊断和排除点火系统电路故障具有重要的意义。

学习单元 3.3 发动机爆震故障检修

情境导入

一辆大众朗逸轿车,装备 CFB 发动机,行驶过程中排气故障灯突然点亮,发动机加速无力。经检查,爆震传感器出现故障,更换新的爆震传感器后,上述故障现象消失。

学习目标

(1) 能通过与客户交流、查阅相关维修技术资料等方式获取车辆信息。
(2) 能根据故障现象制订正确的维修计划。
(3) 能正确选择诊断设备对爆震传感器引起的故障进行诊断。
(4) 能正确记录、分析各种检测结果并作出故障判断。
(5) 能按照正确操作规范对爆震传感器进行更换。
(6) 能根据环保要求,正确处理对环境和人体有害的废料和损坏的零部件。

理论知识

3.3.1 爆震概述

1) 爆震机理

爆震是发动机运行时一种不正常燃烧的现象。发动机正常燃烧时,火花塞接到 ECU 的点火信号后,对可燃混合气进行点火,火焰从火焰核心(离火花塞近的可燃混合气)以 30～40m/s 的速度向四周的未燃烧的混合气区传播,使燃烧室内混合气循序燃烧,直至结束。汽油机发生爆震时,在汽油机燃烧室内火焰传播过程中,远离火花塞的未燃混合气(末端混合气)被已燃混合气的膨胀所压缩,此处的局部温度由于热辐射作用而超过燃料的自燃温度,形成一个或多个火焰核心,这时末端混合气在正常火焰传播到以前先行发火燃烧。这种自行发火燃烧会发出极强的火光,燃烧温度常在 4000℃ 以上,火焰传播速度达 200～1000m/s 以上,比正常燃烧的火焰传播速度高数倍甚至数十倍。当正常燃烧和爆震这两个方向相反的燃烧压力波相遇时,会产生剧烈的气体振动,并发出特有的金属撞击声,所以称为爆震。图 3-3-1 展示了正常燃烧和爆震燃烧的区别。

2) 爆震的危害

发动机产生爆震会使发动机工作粗暴,功率下降,燃油经济性变差,严重时甚至会损害发动机相关零部件。

(1) 振动和噪声加大。

发动机敲缸导致振动和噪声加大,特别是振动,会严重影响车辆运行的平稳性。怠速的时候发动机会严重抖动,使得舒适性急剧下降。由于这种非正常被点燃的可燃混合气产生了较大的压力冲击波,汽缸的体积又很小,这些冲击波就在汽缸壁面上反复反射,造成强大的振动并产生高频噪声。同时这种振动波的力量,是与活塞运动方向相反的,也就是说此时活塞还未完成压缩行程,仍在上行的时候,非正常点燃的混合气产生的冲击波会与活塞发生冲突,这样会导致活塞敲击缸体,即敲缸现象。

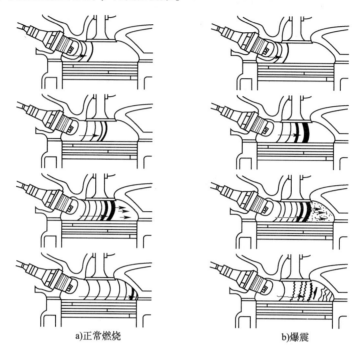

a)正常燃烧　　　　　　　　　　b)爆震

图 3-3-1　正常燃烧和爆震燃烧对比

(2)功率急剧下降和油耗量迅速上升。

爆燃会产生带有强大能量的压力波,以很高的频率对汽缸壁进行反复冲击,这就使汽缸壁面的油膜变薄,发动机产生的热量就会很快地通过汽缸壁散发掉,造成汽缸的传热损失增大,从而导致发动机功率下降,燃料消耗率上升,同时导致汽油机过热,冷却液和机油温度增高。另外,由于此时产生的能量是与活塞运动方向相反的,也就是说此时产生的是副作用的能量。这样的能量不仅不能用来驱动汽车,相反会阻碍发动机的运转,因此功率的急剧下降和油耗量的迅速上升就成了必然。

(3)损害汽缸壁及其他零件。如果发动机持续产生爆震,还会严重损害发动机。当爆震时,会有大量的压力冲击波对汽缸壁进行反复敲击,如此大能量的冲击波反复敲击,对汽缸壁的损害也是相当大的,如果爆震持续时间较长,程度较严重时就会损坏发动机的相关零部件。

3)爆震的原因

(1)压缩比过大。

发动机压缩比设计得过大,压缩终了的压力和温度都较高,容易引起爆震。因此发动机的压缩比不能设计得过大。

(2)点火提前角过大。

点火提前角过大是发动机发生爆震最主要的原因。为了使汽缸最大压力出现在压缩上止点之后,通常都会在活塞达到上止点前提前点火(因为从点火到完全燃烧需要一段时间)。而过于提早的点火,会使得活塞还在压缩行程时,大部分油气已经燃烧,此时未燃烧的油气会承受极大的压力自燃,而造成爆震。

(3)发动机过度积炭。

汽车使用久了以后,发动机汽缸内就可能产生积炭,尤其是在堵车严重的城市里行驶的汽车,由于汽油不能够充分燃烧,其中的碳原子和氧分子不能全部转化CO_2和CO,而是产生了碳分子粘在汽缸壁上形成了积炭。炭是易燃的物质,在汽缸高温高压的环境中,更是容易燃烧,所以积炭对爆震产生了助燃的作用,增加了爆震的可能性。

(4)发动机温度过高。

发动机在太热的环境下使得进气温度过高,或是发动机冷却液循环不良,都会造成发动机高温而爆震。

(5)空燃比不正确。

过浓的可燃混合气会使得燃烧温度提升,而燃烧温度提高,会造成发动机温度提升,容易产生爆震。

(6)燃油辛烷值过低。

辛烷值是燃油抗爆震的指标,辛烷值越高,抗爆震性越强。压缩比高的发动机,燃烧室的压力较高,若是使用抗爆震性低的燃油,则容易发生爆震。

4)爆震的预防措施

(1)采用爆震传感器,当发生爆震时,推迟点火时间。

(2)尽量避免发动机在大负荷下长时间工作。

(3)使用符合生产厂家要求的燃油。

(4)定期清洗燃油系统,包括燃油箱、油管、喷油器、燃烧室等。

(5)按时维护、及时维修。

3.3.2 爆震传感器分类及安装位置

1)爆震传感器的分类

按照检测原理可分为,共振型和非共振型;利用振动法检测爆震的传感器按照结构类型可分为,压电式和磁致伸缩式。磁致伸缩式爆震传感器为共振型,压电式爆震传感器有共振型和非共振型两种类型。

共振型爆震传感器的特点:传感器内部设有共振体,要求共振体的共振频率与发动机爆震的频率相一致。其优点是输出电压高,不需要滤波器,因此信号处理比较方便。由于共振体的共振频带较窄,因此无法适应发动机结构变化引起的爆震频率的变化。也就是说,共振型爆震传感器只适用于特定的发动机,不能与其他发动机互换使用,装车的自由度很小。

非共振型爆震传感器的特点:适用于所有的发动机,装车的自由度很大。但其输出电压较低,频率特性平坦且频带较宽,需要用滤波器对信号进行处理,信号处理复杂。

对于共振型爆震传感器而言,发动机爆震(共振)时,输出电压最大。而对非共振型爆震传感器而言,发动机产生爆震时,传感器输出电压无明显增大,要靠滤波器检出传感器输出信号中有无爆震频率段来判别是否发生爆震。共振型和非共振型爆震传感器的输出波形的比较,如图3-3-2所示。

2)爆震传感器的安装位置

根据车型不同,发动机上安装的爆震传感器个数可能是1个、2个或多个。以四缸发动机为例,对于1个爆震传感器,一般安装在2、3缸之间的缸体上;对于2个爆震传感器,一个安装在1、2缸之间的缸体上,另一个安装在3、4缸之间的缸体上,对于4个爆震传感器,分别安装在每个汽缸的缸体上。

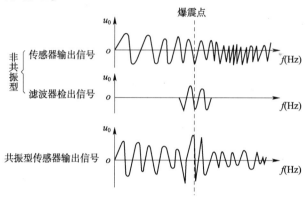

图 3-3-2　共振型和非共振型爆震传感器输出波形的比较

3.3.3　爆震传感器的工作原理

1)共振型磁致伸缩式爆震传感器

磁致伸缩式爆震传感器结构如图3-3-3所示,主要由可移动磁芯、永久磁铁、感应线圈和壳体等组成。磁心为高镍合金材料。

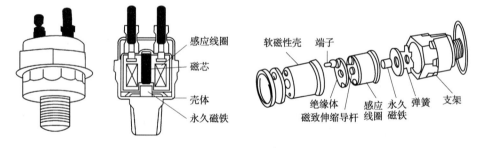

图 3-3-3　磁致伸缩式爆震传感器结构

当发动机振动时,磁芯受振动在感应线圈内偏移,致使在感应线圈内磁通量发生变化,由此在感应线圈内产生感应电动势,电动势大小与发动机的振动频率有关。当传感器的固有频率与发动机爆震时的振动频率一致时,传感器产生谐振,输出最大电压信号,输出特性如图3-3-4所示。ECU根据谐振点输出的电压信号,即可判断出发动机爆震的强度。

2)非共振型压电式爆震传感器

非共振型压电式爆震传感器以接收加速度信号的形式,来判别爆震是否产生。传感器结构如图3-3-5所示,压电元件外侧安装一配重(质量块),配重右侧的压紧弹簧将压电元件和配重压在一起。爆震传感器由螺栓拧紧在缸体上。这种传感器构造简单,制造

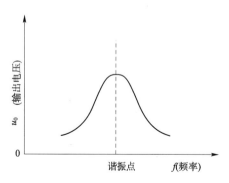

图 3-3-4　磁致伸缩式爆震传感器的输出特性

时不需调整。

发动机振动时,爆震传感器内部配重因受振动的影响产生加速度,由于质量的原因而产生惯性力,惯性力作用在压电元件上,压电元件受压产生电压信号。此种传感器不像磁致伸缩式爆震传感器那样在爆震频率附近产生一个较高的输出电压,用以判断爆震的产生,而是具有平的输出特性,如图3-3-6所示。因此,必须将反应发动机振动频率的输出电压信号送至识别爆震的滤波器中,判别是否有爆震信号产生。这种传感器的感测频率范围由零至数十千赫兹,可检测具有很宽频带的发动机振动频率。用于不同发动机上时,只需调整滤波器的过滤频率,而不需更换传感器,此为非共振型压电式爆震传感器的突出优点。

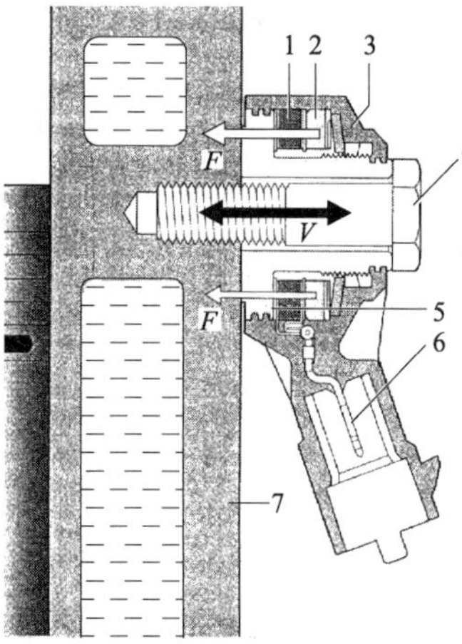

注意:为保证发动机的振动能充分地传递到爆震传感器上,要求安装爆震传感器时按照规定的力矩拧紧传感器。同时,为保证传感器与缸体的紧密贴合,不要使用任何垫片。

图3-3-5 非共振型压电式爆震传感器的结构
1-压电元件;2-配重;3-外壳;4-螺栓;5-接触垫片;6-连接器插座;7-发动机缸体;V-振动

3)共振型压电式爆震传感器

此种形式的爆震传感器利用产生爆震时的发动机振动频率与传感器本身的固有频率相符合,而产生共振现象,用以检测爆震是否发生。该传感器在爆震时的输出电压比非共振(无爆震)时的输出电压高得多,因此无需使用滤波器,即可判别有无爆震产生。如图3-3-7所示为共振型压电式爆震传感器的结构,压电元件紧密地贴合在振荡片上,振荡片则固定在传感器的基座上。

发动机工作时,振荡片随发动机振动而振荡,波及压电元件,使其变形而产生电压信号。当发动机爆震时的振动频率与振荡片的固有频率相符合时,振荡片产生共振,此时压电元件将产生最大的电压信号,如图3-3-8所示。

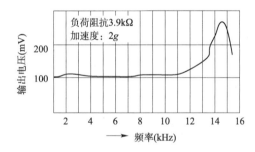

图3-3-6 非共振型压电式爆震传感器输出特性

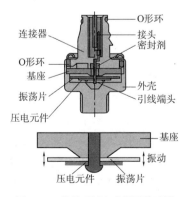

图3-3-7 共振型压电式爆震传感器

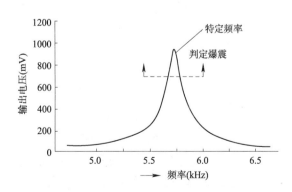

图3-3-8 共振型压电式爆震传感器输出特性

3.3.4 爆震控制

要消除爆震,通常可以采用抗爆性能好的燃料、改进燃烧室结构、加强冷却液循环、推迟点火时间等方法。特别是推迟点火时间对消除爆震有明显的作用。

1) 爆震与点火提前角的关系

点火提前角越大,越易产生爆震。试验证明,发动机发出最大转矩的点火时刻是在发动机即将产生爆震的点火时刻附近。所以为了使发动机不产生爆震,其点火时刻均设定在爆震边缘的范围以内,使其离开爆震界限并存在较大的余量。但这样势必会降低发动机效率,使发动机输出功率下降,燃料消耗增加。

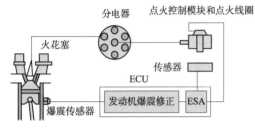

图3-3-9 爆震控制方法

2) 爆震控制系统

爆震控制的实质是发动机 ECU 通过爆震传感器检测发动机的爆震界限,控制点火时刻使其保持在爆震边界曲线的附近,以提高发动机的功率,降低燃料的消耗。爆震控制系统组成,如图3-3-9所示。

当发动机 ECU 通过爆震传感器的输入信号判断发动机已经发生爆震时,就减小点火提前角;当爆震消失时,发动机 ECU 再逐渐加大点火提前角;当爆震再次发生时,再减小点火提前角。如此反复控制和调节,将点火提前角控制在接近发生爆震的边界地带。由图3-3-10可见,与传统点火控制系统相比,经由爆震控制系统控制的点火时刻更接近爆震临界点火时刻。

3) 爆震的判断与点火提前角的控制

通常情况下,爆震传感器安装在发动机的缸体上,根据发动机产生的各种不同振荡频率的振动而产生不同的电压信号。当发动机发生爆震时,爆震传感器的感应性能最好,产生最大的电压信号,其输出电压特性如图3-3-11所示。

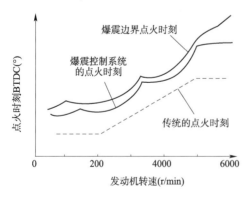

图3-3-10 爆震控制的点火提前角

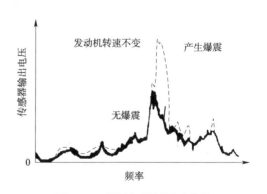

图3-3-11 爆震传感器的输出特性

爆震传感器信号输入处理回路如图3-3-12所示,发动机控制模块收到爆震传感器的信号后,经滤波回路2滤波,将爆震信号与其他振动信号分离,只允许特定频率范围的爆震信号通过滤波电路,再经峰值检测4、比较基准能量级计算5使输入信号的最大值与爆震强度基准值进行比较,比较后由爆震判定6判断是否产生爆震并将判定后的信号传给微处理器,微处理器相应地减小点火提前角来消除爆震。

因为发动机的振动频繁,为了只检测爆震信号,防止发生错误的判别,一般设定一个爆震判别范围,如图 3-3-13 所示。只有在这个范围内,爆震传感器的信号才被输入发动机控制模块进行判定处理。

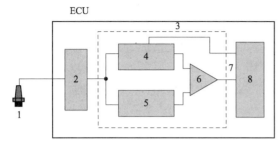

图 3-3-12 爆震传感器的输入处理回路
1-爆震传感器;2-滤波回路;3-爆震判定范围信号;4-峰值检测;5-比较基准能量级计算;6-爆震判定;7-爆震信号;8-微处理器

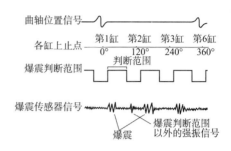

图 3-3-13 爆震控制的范围

实践技能

3.3.5 爆震传感器故障分析

1) 故障点分析

当爆震传感器相关电路发生故障时,可能的故障点如图 3-3-14 所示。故障存在的区域包括外部线路故障、传感器自身故障、ECU 故障。外部线路故障有断路、短路和虚接三种情况。传感器自身故障如灵敏度变低或变高(比如传感器固定力矩过大或过小)、传感器失效。ECU 故障主要是 ECU 内部电源电路或者内部搭铁电路出现故障。

图 3-3-14 爆震传感器故障图

2)故障现象

爆震传感器出现故障后,由于不能继续对发动机的爆震进行检测,为了避免发动机发生爆震,ECU 进入失效保护模式,通常 ECU 会将点火提前角推迟到一个最大值。爆震传感器失效后,由于不能进行最佳点火提前角的闭环控制,因此发动机一般会表现出动力不足的故障现象。

拆下或更换发动机爆震传感器时,传感器的固定力矩应在规定值内。如果发动机爆震传感器固定力矩过大,可能使它过于灵敏,减小了点火提前角,造成发动机反应迟钝、排气温度过高、油耗增大;而如果发动机爆震传感器固定力矩过小,传感器的灵敏度将下降,此时发动机容易产生爆震,从而使得发动机温度过高、NO_x 的排放量超标。故障现象,如图 3-3-15 所示。

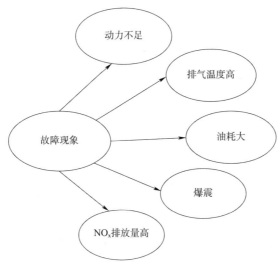

图 3-3-15　故障现象

3.3.6　爆震传感器故障检修

下面以大众朗逸轿车 CFB 发动机采用的爆震传感器为例,介绍爆震传感器的故障诊断过程。CFB 发动机安装了一个爆震传感器 G61,图 3-3-16 所示为传感器与 ECU 之间的连接电路。爆震传感器端子 2 与 ECM 的端子 56 连接,端子 1 与 ECU 端子 57 连接。爆震传感器上的屏蔽线通过 ECU14 号端子搭铁。

1)静态检测

(1)传感器阻值检查。

拔下传感器线束连接器 Tbn,用万用表检查 Tbn 连接器插座上 1 与 2 之间的电阻,在 20℃时,阻值应在(120 ~ 280)kΩ,否则,更换爆震传感器。

(2)信号线路检测。

关闭点火开关,拔下传感器线束连接器 Tbn 和 ECU 线束连接器 T60。检查连接器 T60 插头上 56 至 Tbn 插头上 2 之间的导线电阻,应小于 1Ω;检查连接器 T60 插头上 57 至 Tbn 插头上 1 之间导线电阻,应小于 1Ω。若导线阻值不正常,修复线路故障。

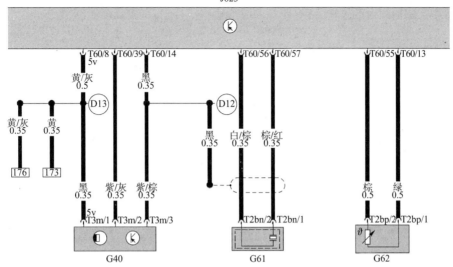

图 3-3-16　朗逸 CFB 发动机爆震传感器电路图

G40-凸轮轴位置传感器；G61-爆震传感器；G62-冷却液温度传感器

2）动态检测

关闭点火开关，插上连接器 Tbn 和 T60 插头。

(1) 读取数据流。

使用 KT300 读取数据流中爆震反馈值，当发动机工况变化时，该值应随之变化。可以通过开启空调或提高发动机转速的方式观察爆震反馈值是否变化，若不变化，更换爆震传感器。

(2) 波形分析。

用示波器检测爆震传感器端子 2 与搭铁间信号波形，怠速时实测波形如图 3-3-17 所示。

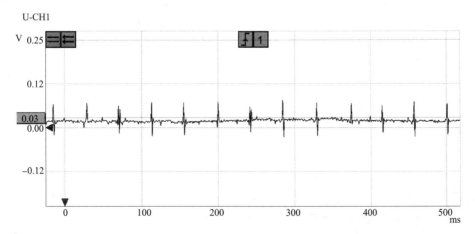

图 3-3-17　怠速时爆震传感器波形

发动机各缸做功时会引起发动机产生轻微的振动，因此，即便发动机没有产生爆震，爆震传感器也能检测出这种振动，图 3-3-17 中连续出现的波形尖峰就是各缸连续做功所致。加速时波形的频率和幅值应相应变化,如图 3-3-18 所示。发动机熄火时,点火开关置 ON,用小锤轻轻敲击爆震传感器附近的缸体,会有明显的波形输出。否则,更换爆震传感器。

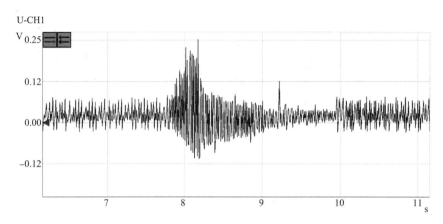

图 3-3-18 加速时爆震传感器波形

【情境分析】

1) 故障现象

一辆大众朗逸轿车,装备 CFB 发动机,行驶过程中故障灯突然点亮,发动机加速无力。

2) 故障诊断与排除

(1) 关闭点火开关,用 KT300 读取故障码,显示"P0327 爆震传感器 1 低电平输出,静态"。

(2) 清除故障码,起动发动机,发现发动机故障灯依然点亮,再次读取故障码,上述故障码依然存在。

(3) 起动发动机,用 KT300 读取数据流,改变发动机转速,爆震传感器的反馈值较低且没有变化,说明 ECU 没有收到爆震传感器的信号。

(4) 发动机熄火,关闭点火开关,检查爆震传感器信号线路,正常。

(5) 更换新的爆震传感器。起动发动机,清除故障码。故障灯熄灭,故障码不再重现,发动机加速有力。

3) 故障原因分析

爆震传感器损坏后,使 ECU 不能实时检测发动机是否有爆震产生,此时 ECU 进入失效保护模式,将点火提前角推迟到最大值。由于点火时间太晚,发动机燃烧滞后,出现发动机加速无力现象。

【学习小结】

(1) 爆震传感器安装在发动机缸体上,其作用是检测发动机是否发生爆震。若发生爆震则推迟点火提前角。

(2) 爆震传感器有共振性和非共振性。目前广泛使用的是非共振性爆震传感器,它适用于不同类型的发动机。

(3) 爆震传感器一旦出现故障,ECU 不能进行点火提前角的闭环控制,并将点火提前角推迟到最大值,发动机出现动力不足等现象。

学习情境4　进气不良故障检修

学习单元4.1　发动机进气增压控制系统故障检修

情境导入

一辆大众朗逸轿车，汽车行驶时保持发动机转速在3000r/min，发动机舱内发出"嗡、嗡"异响，排气故障灯点亮。经检查，发现进气增压系统中增压压力控制电磁阀N75与增压器压力单元之间的软管破裂，更换软管后，重新试车，故障消失。

学习目标

(1)能通过与客户交流、查阅相关维修技术资料等方式获取车辆信息。
(2)能根据故障现象制订正确的维修计划。
(3)能正确选择诊断设备对废气涡轮增压控制系统引起的故障进行诊断。
(4)能正确记录、分析各种检测结果并作出故障判断。
(5)能按照正确操作规范对废气涡轮增压装置进行更换。
(6)能根据环保要求，正确处理对环境和人体有害的废料和损坏的零部件。

理论知识

4.1.1　发动机增压的作用

发动机的输出功率大小与单位时间内燃烧的可燃混合气的量有关。为了提高发动机的输出功率，一个方法是提高发动机的排量，另一个方法是提高发动机的转速。但是提高发动机排量的同时也增加了发动机的重量和尺寸。另外，高速时运动部件的摩擦、振动和噪声也使发动机转速的提高受到一定的限制。发动机增压可以在不改变发动机排量、尺寸等情况下提高发动机的功率输出。

发动机增压就是将空气预先压缩然后再供入汽缸，以提高空气密度，增加进气量。增压后的发动机进气量增加，可相应地增加循环供油量，从而可以增加发动机功率。同时，增压还可以提高燃油经济性，改善发动机排放。

4.1.2　发动机增压控制系统的分类

目前，发动机上采用的增压控制系统按照动力驱动方式不同可分为机械增压、涡轮增压、气波增压及复合增压四种方式。

机械增压将发动机曲轴的动力通过传动机构传递到增压器对进气进行增压,需要消耗发动机自身的能量;涡轮增压利用发动机废气的能量推动废气涡轮增压器进行增压,不消耗发动机自身的能量;气波增压由曲轴经传动带驱动气波增压器转子,利用排气压力波使空气受到压缩,以提高进气压力,该系统增压性能及加速性较好,但是整个装置比较笨重,不太适合安装在体积较小的轿车里面;复合增压(或双增压)是指同时采用机械增压和涡轮增压,发动机低速时采用机械增压,发动机高速时采用涡轮增压。

机械增压与发动机容易匹配,结构紧凑,但燃油消耗率高;涡轮增压经济性好,排放少噪声低,但瞬态响应性差,低速加速性差;气波增压低速转矩特性好,但体积大,噪声高;复合增压将机械增压和涡轮增压的优势进行结合,低速时采用机械增压,高速时采用涡轮增压。

4.1.3 基本概念

充气效率:充气效率% =(实际进入汽缸内的空气质量/标准条件下进入汽缸内的空气质量)。标准条件是指20℃、标准大气压。

增压度:发动机增压后增长的功率与增压前功率的比值。

增压比:增压后空气压力与增压前的空气压力的比值,增压比用πk来表示。

低增压,$\pi k < 1.6$;中增压,$\pi k = 1.6 \sim 2.5$;高增压,$\pi k > 2.5$;超高增压,$\pi k = 4.5 \sim 5.5$。

目前,绝大部分大功率柴油机、半数以上车用柴油机,以及相当比例的高性能汽油机均采用了增压技术。一般而言,增压后的输出功率比原机提高40%~60%甚至更多。

4.1.4 机械增压系统结构与原理

1)罗茨式机械增压器原理

机械增压的动力来自于曲轴。按照机械增压器的结构形式不同可分为罗茨式、回转式、螺杆式、蜗旋式,其中罗茨式增压器应用较为广泛。图4-1-1a)所示为罗茨式机械增压器结构,发动机通过曲轴、皮带轮、皮带将动力传递到增压器,增压器将空气压缩后送入进气管。图4-1-1b)为罗茨式增压器的内部结构,它由两个转子和壳体组成。两个转子采用机械的方式驱动,同步转动但转动方向相反。

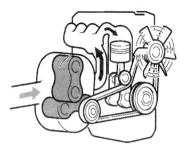
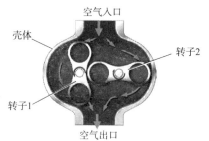

a)罗茨式机械增压器简图　　b)罗茨式机械增压器内部结构

图4-1-1　罗茨式机械增压器

罗茨式机械增压器工作原理:如图4-1-2所示,当转子旋转时,空气从压气机入口吸入,在转子叶片的推动下空气被加速,然后从压气机出口压出。出口与进口的压力比可达1.8。罗茨式压气机结构简单、工作可靠、寿命长,供气量与转速成正比。

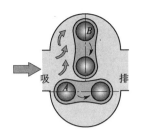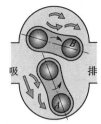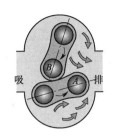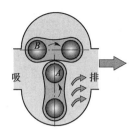

图 4-1-2　罗茨式机械增压器工作原理

罗茨式增压原理由 Philander 和 Fancis Roots 发现,并于 1860 年申请了专利。起初,罗茨式增压器通常用于工厂高炉的风扇上。1900 年 Gottlieb Daimler 首次将罗茨式增压器安装到了汽车上。早期的汽车上,罗茨式增压器配备的是双叶片转子,现在汽车上普遍采用三叶片或者四叶片转子,如图 4-1-3 所示。三叶片或四叶片转子产生的增压气体压力更高,气压波动更小。

2) 奥迪 3.0 V6 TFSI 发动机机械增压系统

(1) 系统结构与组成。

奥迪 3.0 V6 TFSI 发动机上采用了罗茨式机械增压系统,增压器结构如图 4-1-4 所示,主要由皮带轮、传动轴、输入套管、扭转弹簧、输出套管、同步齿轮、罗茨式增压器及壳体等组成。其中,罗茨式增压器的叶片为四个。

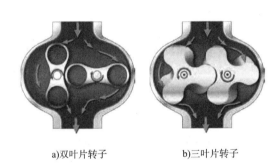

a) 双叶片转子　　b) 三叶片转子

图 4-1-3　双叶片转子和三叶片转子

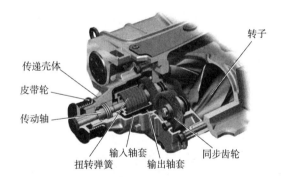

图 4-1-4　奥迪 3.0 V6 TFSI 发动机上的罗茨式机械增压系统

(2) 工作原理。

发动机通过专用的皮带轮经皮带将动力传递到增压器的皮带轮上,然后动力经传动轴、输入套管、扭转弹簧、输出套管传递到两个同步齿轮上。两个同步齿轮齿数相等,因此同步转动。两个同步齿轮分别驱动罗茨式增压器的两个四叶片转子转动,实现对进气增压的作用。输入套管、扭转弹簧和输出套管构成弹性联轴器,可减少负荷变化时产生的冲击,使传动更安静。发动机曲轴与增压系统之间的传动比为 1∶2.5,增压器的最高转速可达 18000r/min。

(3) 压力调节原理。

罗茨式增压器产生的增压压力随发动机转速增加而增加,但并不是在所有工况下都需要较大的增压压力。在低速、小负荷时,需要的增压压力较小;在大负荷时需要增压压力较大,但大负荷时如果增压压力过大,会引起发动机爆震。因此,增压器要根据发动机的工况对增压压力进行适当调整。常见的调整方式有两种,一种是在皮带传动系统中安装离合器,当增压压力过高时就使离合器分离,切断发动机传递到增压器的动力;另一种是在增压器中设置旁通翻板(奥迪3.0 V6 TFSI发动机上就采用了该种方式),旁通翻板可控制进入增压器中空气的多少,因而可以调节增压压力。

如图4-1-5所示,当发动机处于全负荷工况时,旁通翻板关闭,来自空气滤清器的空气全部进入增压器,增压压力较高。

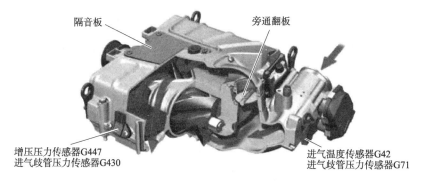

图4-1-5 旁通翻板关闭

如图4-1-6所示,当发动机处于怠速、部分负荷和超速工况时,旁通翻板打开,增压器出口的部分气体经节气门翻板重新回到增压器入口,增压压力降低。通过旁通翻板可将最大增压压力控制在1.9bar以内。

旁通翻板的动作由发动机ECU控制的伺服电机(V380)通过齿轮减速机构来控制,旁通翻板的开度由旁通翻板位置传感器(G584)来检测,其控制电路如图4-1-7所示。

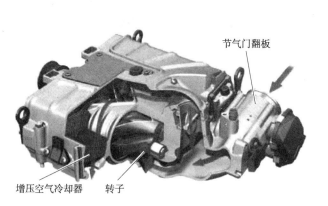

图4-1-6 旁通翻板打开

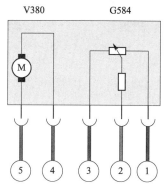

图4-1-7 旁通翻板控制电路
1-搭铁;2-位置信号;3-电源;
4、5-伺服电机控制端子

为了尽量减少进气节流作用,旁通翻板和节气门翻板相互配合工作,如图4-1-8所示。在部分负荷/无增压区域,旁通翻板打开,无节流作用,发动机节气门翻板承担负荷调节作用;在增压区域,节气门翻板完全打开,旁通翻板承担负荷调节作用。

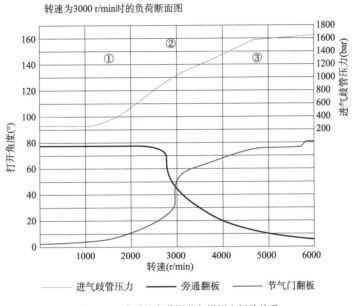

图 4-1-8 发动机负荷调节与增压之间的关系
①-无增压区域；②-环境压力；③-增压区域

4.1.5 废气涡轮增压系统结构与原理

1）废气涡轮增压系统组成

废气涡轮增压系统结构如图 4-1-9 所示，主要由涡轮增压器、中冷器、增压传感器、膜片驱动器、旁通阀等组成。

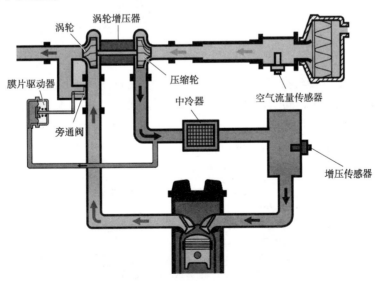

图 4-1-9 废气涡轮增压系统

其中，涡轮增压器的结构如图 4-1-10 和图 4-1-11 所示，主要由涡轮壳、涡轮、压缩轮、压缩轮壳、连接轴、中间壳及全浮式轴承等组成。

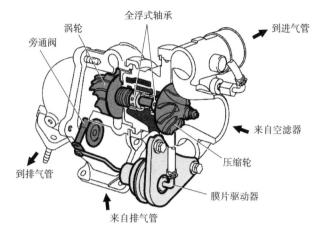

图 4-1-10　涡轮增压器结构

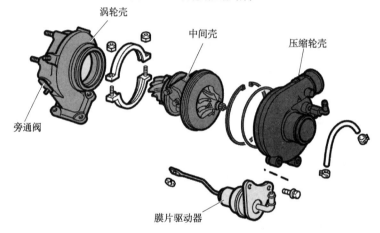

图 4-1-11　涡轮增压器内部结构

2）增压原理

如图 4-1-12 所示，压缩轮和涡轮连接在一个轴上，来自排气管的废气推动使涡轮转动，涡轮通过连接轴带动压缩轮同步转动，来自空滤器的新鲜空气进入压缩轮的中部，空气在离心力的作用下沿压缩轮的叶片向外甩出，空气压力增高。发动机转速越高，废气流速越高，涡轮和压缩轮转速也越高，增压作用越强。

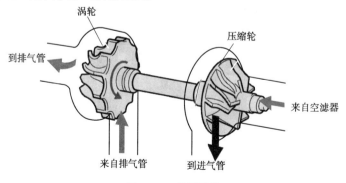

图 4-1-12　增压原理

由于涡轮处于排气的高温环境中(600～700℃以上),因此一般是用耐热的合金材料或者陶瓷材料制成。

发动机高速工作时,涡轮转速高达100000r/min以上,为减少摩擦,支撑涡轮和压缩轮连接轴的轴承采用全浮式轴承,如图4-1-13所示。该轴承和轴承孔及轴之间为浮动连接,轴承和轴承孔及轴之间有一层极薄的油膜作为支撑,以减少高速时产生的摩擦。

由于增压器工作时高速运转,为防止轴承因过热而损坏,增压器中专门设计了润滑油道和水道,以对轴承进行冷却,如图4-1-14所示。

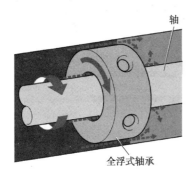

图4-1-13 全浮式轴承

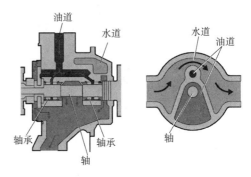

图4-1-14 润滑油道和水道

3) 压力调节原理

废气涡轮增压器是靠废气排出时的能量来驱动的,而废气排出时的能量主要取决于发动机排出废气的流速。随着发动机转速的提高,废气流速提高,废气涡轮增压器的转速提高,增压压力增高;反之,随着发动机转速减低,废气涡轮增压器的增压压力会降低。由于汽车发动机的转速变化范围大,废气涡轮增压器的工作特性难以在各种工况下均与发动机实现良好的匹配。如发动机低速且大负荷时,会因增压压力低导致进气量的不足,造成发动机燃烧不完全、冒黑烟、动力性和经济性下降等后果;反之,当发动机高速、大负荷时,容易造成增压器超速、增压压力过高等不良后果。

由此可见,根据发动机工况变化,控制增压压力非常重要。增压控制系统的功能就是根据发动机工况的变化,通过调节增压压力进一步优化发动机的性能。调节增压压力的方法主要有三种:旁通阀式、节流阀式和可调叶片式。

(1) 旁通阀式增压控制。

如图4-1-15所示,为了调整增压压力,在涡轮处安装了旁通阀,必要时开启旁通阀,将部分废气引入旁通气道,以使增压压力降低。

增压器增压后的压力通过管路传递到膜片增压器的膜片左侧,膜片右侧为一弹簧,膜片增压器和旁通阀之间通过杠杆机构连接。

当增压压力低于调节阈值时,由于膜片增压器膜片左侧压力较低,不足以克服弹簧弹力,此时旁通阀保持关闭;当增压压力高于调节阈值时,膜片增压器左侧压力较高,推动膜片、克服弹簧弹力向右移动,旁通阀开启,部分废气绕过涡轮直接进入排气管。因此,涡轮转速降低,增压压力随之降低。图4-1-16所示为增压压力与发动机转速之间的关系。

图4-1-17所示为采用占空比电磁阀来控制增压压力的增压系统。发动机ECU根据负荷和转速信号,按预存的增压压力控制模型确定此工况下的增压压力,将其与增压压力传感

器检测的实际增压压力进行比较,并根据比较结果调节电磁阀的占空比,通过电磁阀开度的变化调节作用在膜片驱动器膜片上的空气压力,从而调节旁通阀的开度,实现增压压力的连续控制。

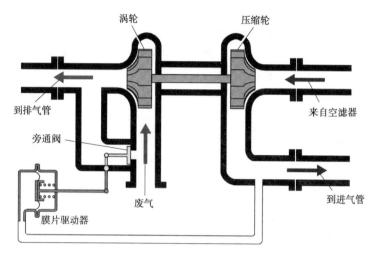

图 4-1-15　旁通阀式增压控制

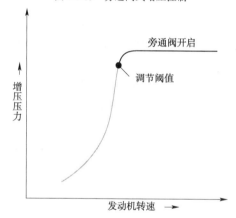

图 4-1-16　增压压力与发动机转速之间的关系

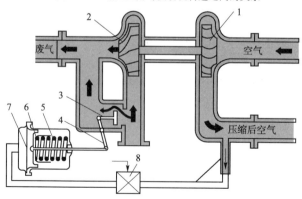

图 4-1-17　占空比电磁阀控制增压压力

1-压缩轮;2-涡轮;3-旁通阀;4-控制杠杆;5-膜片拉杆;6-膜片弹簧;7-膜片;8-占空比电磁阀

图 4-1-18 所示为大众 TSI 发动机废气涡轮增压系统原理图,其增压压力控制也是通过旁通阀进行控制的。电磁阀可以根据发动机工况控制进入真空单元膜片左侧的压力,从而控制旁通阀的开度。

图 4-1-19 所示为大众 TSI 发动机增压器总成结构图。1.4TSI 这款发动机的涡轮增压器和排气管采用了集成式的设计,这样可以一定程度上减小多余零件的体积和质量,使得这套系统相对稳定可靠。增压系统上的涡轮叶片和叶轮叶片均采用了小尺寸设计(分别为37mm和41mm),这样涡轮的转动惯量会减小,废气就更容易带动涡轮做高速旋转,可以有效地缓解涡轮增压系统低速迟滞的现象。涡轮增压的最大压力达到 1.8bar,而 GTDi(240PS 版本)的增压压力只是 1.2bar。

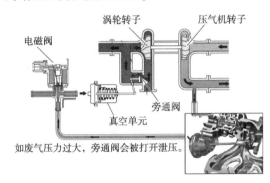
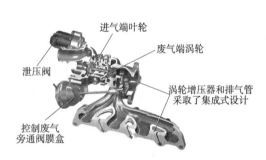

图 4-1-18 大众 TSI 发动机废气涡轮增压系统原理图　　图 4-1-19 大众 TSI 发动机增压器总成结构图

如图 4-1-20 所示,在涡轮增压系统的中冷器前后分别安装两套传感器(进气压力传感器和进气温度传感器),用于精准监测增压空气在冷却前后的状态,再通过 ECU 计算分析来调节涡轮增压器上的阀体开度,从而精确地控制所需要的进气量。

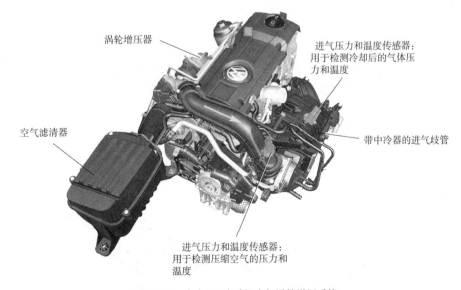

图 4-1-20 大众 TSI 发动机废气涡轮增压系统

(2)节流阀式。

节流阀式增压压力调节装置,如图 4-1-21 所示。节流阀安装在增压器的涡轮进口处,当发动机低速时,节流阀关闭以减小涡轮进口截面,使废气流速加快,增压器转速提高,以避免低速增压压力不足的现象。当发动机转速升高时,节流阀开启以增大涡轮进口截面,使废气流速减慢,以防止高速时增压器超速现象。

(3)可调叶片式增压压力控制。

可调叶片式增压压力控制装置,见图4-1-22。主要由步进电机、电机推杆及连杆、调整环、可调叶片、涡轮等组成。发动机ECU根据发动机工况信息控制步进电机工作,使步进电机转动从而带动电机推杆伸出或缩回。电机推杆上下运动时带动连杆上下摆动(图4-1-22),连杆摆动时带动拨叉摆动。拨叉摆动时,带动调整环转动一个角度,调整环带动连接在其上面的所有叶片轴转动一个角度,因此所有叶片随之转动一个角度。

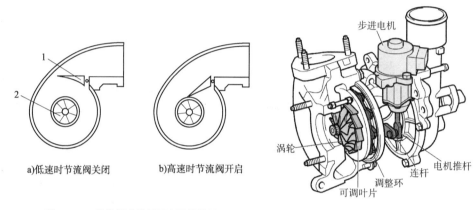

图4-1-21 节流阀式增压压力调节装置
1-节流阀;2-涡轮

图4-1-22 可调叶片式增压压力控制装置

工作原理:如图4-1-23所示,发动机低速时,为防止由于废气流速过低引起增压不足的现象,步进电机转动一个角度,使电机推杆伸出,推杆推动连杆逆时针转动一个角度,拨叉随之逆时针转动一个角度,调整环也逆时针转动一个角度,于是所有可调叶片角度变小,相邻两个叶片之间的通道截面积减小,废气流过时流速加快,而且废气流冲击涡轮叶片的外边缘,增大了涡轮的驱动力矩,涡轮转速增高,增压压力相对提高。

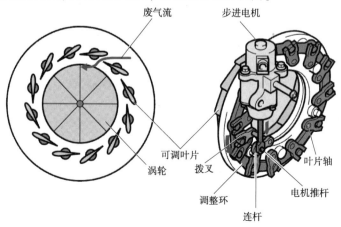

图4-1-23 低速时可调叶片位置

如图 4-1-24 所示,发动机高速时,为防止由于废气流速过高引起增压过高的现象,步进电机转动一个角度,使电机推杆缩回,推杆拉动连杆顺时针转动一个角度,拨叉随之顺时针转动一个角度,调整环也顺时针转动一个角度,于是所有可调叶片角度变大,相邻两个叶片之间的通道截面积增大,废气流过时流速减慢,而且废气流冲击涡轮叶片的中部,减小了涡轮的驱动力矩,涡轮转速降低,增压压力相对降低。

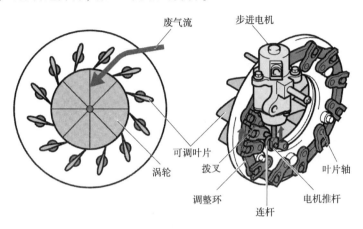

图 4-1-24　高速时可调叶片位置

4) 增压空气循环控制系统

部分发动机设有增压空气循环控制系统,该系统是通过将压气机的出气口与进气口连通,以控制供给发动机的增压空气量,从而避免发动机在急减速工况时,废气涡轮增压器内部产生气体冲击,同时也可在转速过高或小负荷时,降低进气噪声和燃油消耗。

(1) 增压空气循环控制系统作用。

增压空气循环是指将压气机压缩后的空气重新引回到压气机的进气口,以根据发动机的工况调整增压压力。引回到压气机入口的空气量越大,供给发动机的增压空气量就越少。在发动机转速突然降低时,增压空气循环可避免废气涡轮增压器产生的气体冲击;发动机小负荷运转时,增压空气循环可防止供气量过多,并可降低进气噪声;在发动机高速运转时,增压空气循环可防止发动机超速。

(2) 增压空气循环控制系统组成。

下面以一汽大众公司宝来电控柴油机为例,介绍增压空气循环系统的工作原理。如图 4-1-25 所示,增压空气循环控制系统由空气循环控制阀 3、空气循环管 4、真空管(包括 12、13、14、9)、空气循环控制电磁阀 7、真空罐 10 及 ECU 等组成。空气循环控制阀 3 用来控制从压气机出口返回压气机进气口的空气量,作用在空气循环阀 3 上的真空度越大,空气循环阀开度也越大,空气循环量也越大。单向阀 8 安装在真空管 13 和真空罐 10 之间,单向阀只允许真空管 13 从真空罐 10 抽出气体,而不允许真空罐通过真空管 13 从进气管抽出气体,从而保证了真空罐内始终存在一定的真空。空气循环控制电磁阀为常开阀,通电时阀关闭。

(3) 增压空气循环控制系统工作原理。

发动机在正常工况下工作时,空气循环电磁阀不通电,阀开启,此时来自进气管的真空通过真空管 13、空气循环电磁阀 7、真空管 12 传递到空气循环控制阀的真空膜片上(由于单向阀的作用,此时真空罐的真空不起作用)。

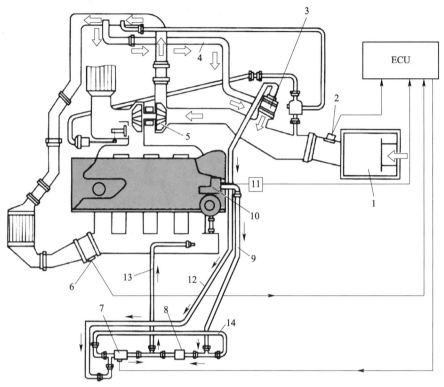

图 4-1-25 增压空气循环控制系统

1-空滤器；2-空气流量传感器；3-空气循环控制阀；4-空气循环管；5-压气机；6-增压压力传感器；7-空气循环控制电磁阀；8-单向阀；9、12、13、14-真空管；10-真空罐；11-转速传感器

　　随着发动机转速的升高，进气管内的真空度增加，空气循环控制阀的开度也增大，增压空气循环量增多，从而供给发动机的增压空气量受到一定限制。

　　当发动机转速降低，进气管内真空度减小，空气循环控制的开度也减小，增压空气循环量减少，供给发动机的增压空气量增多，从而防止了发动机低速供气量不足。

　　当发动机转速突然降低、负荷很小时，转速过高时，ECU 控制空气循环电磁阀通电，此时，来自进气管的真空通道被切断，空气循环控制阀通过真空管 9、14、8 使用真空罐 10 内的真空，由于真空罐内的真空度较大，所以空气循环阀达到最大的开度，空气循环量最大，供往发动机的空气几乎没有增压效果。

　　在车辆高速行驶急减速时，节气门突然关闭，瞬间增压器需要卸荷。因此时进气管内的真空度不足以开启空气循环控制阀，故 ECU 将立即给空气循环电磁阀通电，使真空罐与空气循环控制阀接通，在真空罐强大的真空吸力作用下阀开启，增压器被卸荷。增压器卸荷的目的是使增压器压气机室至节气门前存在的高压压力瞬间被卸掉，使压气机叶轮旋转的阻力不致过大，这样一是减轻高压气体对压气机叶轮的冲击，二是能使涡轮增压器保持在较高的转速，使增压器在需要时能更迅速地向发动机提供所需的增压压力，减小涡轮增压器的迟滞现象。

　　大众 TSI 发动机废气涡轮增压空气循环控制系统，如图 4-1-26 所示。图中空气循环控制阀打开时，可将增压后的空气重新引入到压气机入口。

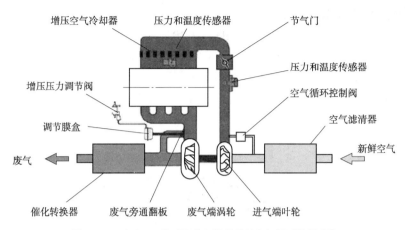

图 4-1-26　大众 TSI 发动机废气涡轮增压空气循环控制系统

5) 冷却装置

增压后的空气温度会升高,为了进一步提高充气效率,在涡轮增压器和发动机之间一般安装冷却装置,也称中冷器。中冷器可以将增压后的空气温度降低,使空气密度增大,以进一步提高进气量。由于进气温度的降低,降低了缸内燃烧的最高温度,可防止发动机产生爆震。目前,有两种类型的中冷器:风冷式和水冷式,如图 4-1-27 和图 4-1-28 所示。

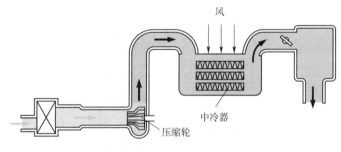

图 4-1-27　风冷式中冷器

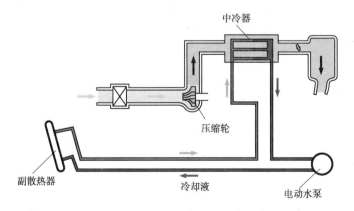

图 4-1-28　水冷式中冷器

风冷式中冷器利用进入车辆的风进行自然冷却,或者利用冷却风扇进行冷却。

水冷式中冷器采用冷却液进行冷却。如图 4-1-29 所示,水冷式中冷器冷却系统由电动水泵、副散热器、中冷器、膨胀水箱、冷却液温度传感器、冷却液管、中冷器 ECU 等组成。其工作原理同发动机冷却系统相似。

大众 TSI 发动机废气涡轮冷却系统如图 4-1-30 所示,该系统安装有电动水泵。电动水泵有两个作用:通过中冷器冷却增压后的空气、冷却废气涡轮增压器。电动水泵将冷却液泵出后分别送到中冷器和废气涡轮增压器,以对增压后的空气和废气涡轮增压器进行冷却,位于发动机前侧的散热器对经过中冷器和废气涡轮增压器冷却液进行散热。

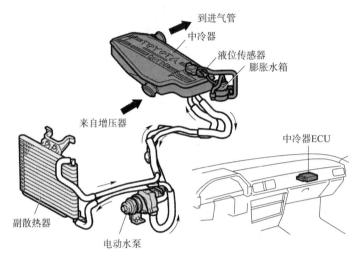

图 4-1-29 水冷式中冷器冷却系统

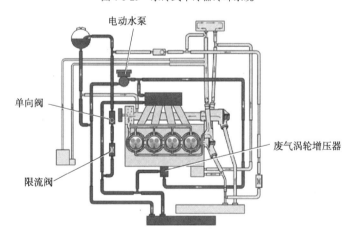

图 4-1-30 大众 TSI 发动机电动水泵

该冷却系统与发动机冷却系统共用冷却液,通过单向阀、限流阀相互隔开,互不影响。安装在进气歧管内的中冷却器用来冷却增压后的空气,适当降低进气温度,增加充气效率,保证汽缸内足够的进气量。而安装在发动机前端的散热器则对中冷却器中的冷却液进行散热,提高增压气体的冷却效果。

电动水泵在特定条件下工作:每次起动发动机后的短时间内;输出转矩持续在100N·m以上;进气歧管内增压空气温度持续超过50℃;两个进气温度传感器温差小于8℃;发动机每工作120s,其工作10s,以避免涡轮增压器产生热量集聚;关闭发动机后,根据脉谱图决定从 0~480s 之间的工作时间,以避免废气涡轮增压器过热而产生气阻。

4.1.6 进气增压控制系统故障分析

1) 故障点分析

当废气涡轮增压系统发生故障时,可能的故障点如图 4-1-31 所示。很多情况下故障并不是涡轮增压器本身引起的,而是由于控制部件控制不良引起的,故障存在的区域包括机械故障、控制系统故障、润滑系统故障、冷却系统故障。

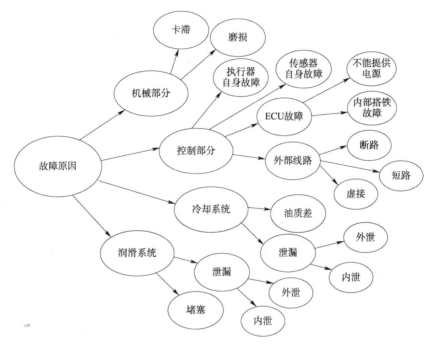

图 4-1-31 涡轮增压系统故障图

机械故障主要有卡滞、磨损等。卡滞的部位主要有涡轮轴、排气控制轴、压气机叶轮、涡轮叶轮等部位,由于润滑油油质差引起机油结焦,导致机械卡滞;磨损的部位有转子轴、轴承等部位,由于润滑油油质差加剧磨损,工作时产生噪声、振动。

控制系统执行器自身故障、传感器自身故障、ECU 故障、外部线路等。ECU 故障主要是 ECU 内部电源电路或者内部搭铁电路出现故障;外部线路故障有断路、短路和虚接三种情况。

冷却系统故障主要有泄漏或堵塞,冷却系统外泄漏导致冷却液减少,散热不良,发动机报警;内泄漏冷却液随着空气进入汽缸,排气冒白烟;在散热器中由于杂质或水垢易产生堵塞,导致发动机进气散热不良,进气量减少,动力不足。

润滑系统易出现的故障有油质变差或泄漏,润滑油外泄漏的话,若润滑油滴到排气管上,在发动机腔产生白色的油气;内泄漏的润滑油随着进气进入汽缸燃烧,排气管冒蓝烟。

2) 故障现象

废气涡轮增压系统出现故障后,常见的故障现象如图 4-1-32 所示。

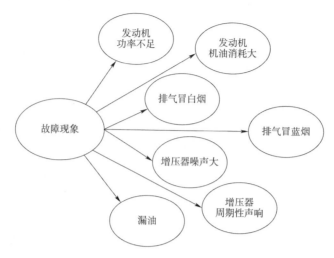

图 4-1-32 进气增压控制系统常见故障现象

4.1.7 进气增压控制系统故障诊断与检修

下面以大众朗逸 TSI 发动机为例,介绍废气涡轮增压控制系统的诊断过程。图 4-1-33 和图 4-1-34 所示为 TSI 发动机废气涡轮增压控制系统原理图,主要包括增压压力传感器 G31、进气温度传感器 G299、增压压力限制电磁阀 N75、增压器空气循环阀 N249。当增压压力传感器 G31、进气温度传感器 G299 损坏时,增压控制进入开环控制状态,增压压力降低,发动机动力下降。

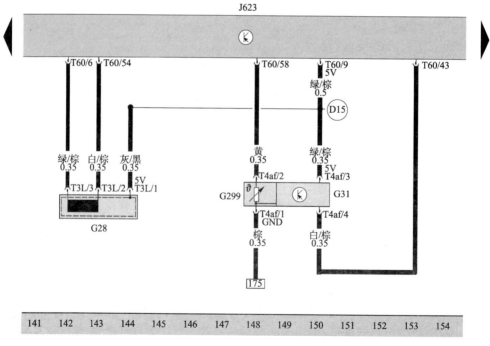

图 4-1-33 朗逸 TSI 发动机废气涡轮增压系统电路图 1
G31-增压压力传感器(在发动机左侧进气管上);G299-进气温度传感器 2(在发动机左侧进气管上)

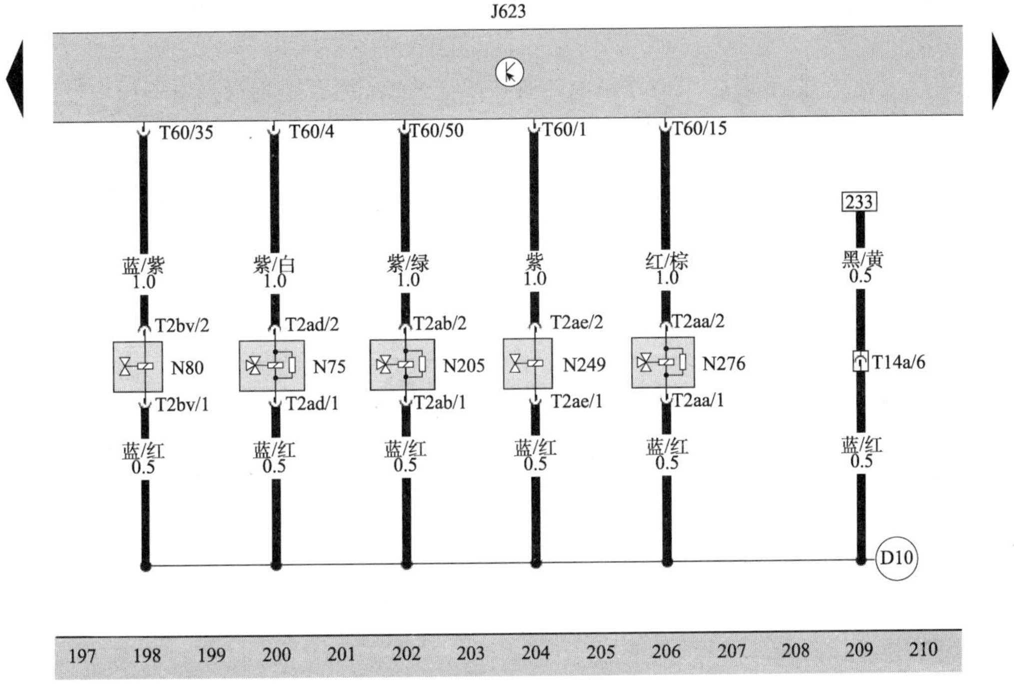

图 4-1-34 朗逸 TSI 发动机废气涡轮增压系统电路图 2

N75-增压压力限制电磁阀(在发动机左侧涡轮增压器下部);N249-涡轮增压器空气循环阀(在发动机左侧涡轮增压器上部)

1)增压压力传感器 G31 检查

(1)增压压力动态检查。

发动机怠速运转,用 KT300 故障诊断仪读取发动机数据流,输入组号 118,第四项数据为实际增压压力。怠速正常值为 990mbar,加速时压力升高。

(2)电源电压检查。

关闭点火开关,拔下 G31 传感器插头。打开点火开关,用万用表检查 G31 插头上 3 号端子与搭铁之间电压,应为 5V。否则,检查电源电路。

(3)搭铁电路检查。

关闭点火开关,拔下 G31 传感器插头。用万用表检查 G31 插头上 1 号端子与搭铁之间的电阻,应小于 1Ω。否则,检查搭铁电路。

2)增压压力控制电磁阀 N75 的检查

(1)动态波形检测。

怠速时用 FSA740 检测增压压力控制电磁阀 N75 控制波形。怠速时其工作波形,如图 4-1-35 所示。

(2)供电电压检查。

关闭点火开关,拔下增压压力控制电磁阀 N75 上插头。点火开关 ON,用万用表检测插头上 1 号端子与搭铁之间电压,应为 12V。否则,检查供电电路。

(3)控制信号线检查。

关闭点火开关,拔下增压压力控制电磁阀 N75 上插头,同时拔下 ECU 插头 T60。用万用表检查 N249 上 2 端子与 ECU T60/4 端子之间电阻,应小于 1Ω。否则,更换线束。

(4) 电阻检查。

关闭点火开关,拔下增压压力控制电磁阀 N75 上插头,用万用表检查增压压力控制电磁阀电阻,应为 23.4Ω 左右。当电阻偏离过大,更换增压压力控制电磁阀 N75。

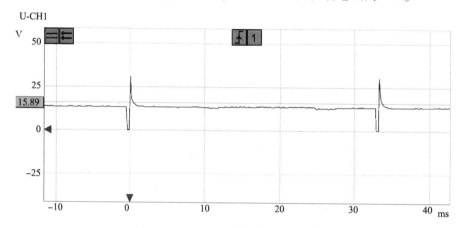

图 4-1-35　增压压力控制电磁阀 N75 波形检测

3) 空气循环控制阀 N249 的检查

(1) 动态波形检测。

怠速时用 FSA740 检测空气循环阀 N249 控制波形。怠速时空气循环阀不工作,电压保持 12.5V 不变;当急加速快松加速踏板时,空气循环阀工作,电压降为 0V,其工作波形如图 4-1-36 所示。

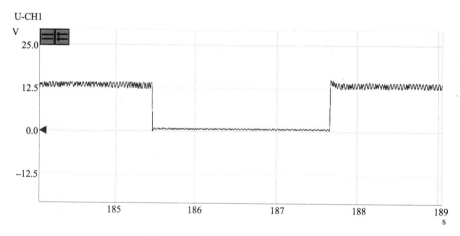

图 4-1-36　空气循环阀控制波形检测

(2) 供电电压检查。

关闭点火开关,拔下空气循环阀 N249 上插头。打开点火开关,用万用表检测插头上 1 号端子与搭铁之间电压,应为 12V。否则,检查供电电路。

(3) 控制信号线检查。

关闭点火开关,拔下空气循环阀 N249 上插头,同时拔下 ECU 插头 T60。用万用表检查 N249 上 2 端子与 ECU T60/1 端子之间电阻,应小于 1Ω。否则,更换线束。

(4)电阻检查。

关闭点火开关,拔下空气循环阀 N249 上插头,用万用表检查空气循环阀电阻,应为 11.1Ω左右。当电阻偏离过大,更换空气循环阀。

4)真空膜盒检查

(1)拆下涡轮增压器上面的隔热板。

(2)松开卡箍2,拔下真空膜盒3上的真空管,如图 4-1-37 所示。

(3)将手动真空泵 VAG 6213 的软管安装到真空膜盒的接头上。沿箭头方向将 VAG 6213 上的滑环推到止位,如图 4-1-38 所示。操作真空泵数次(注意:压力不能超过 800mbar)。

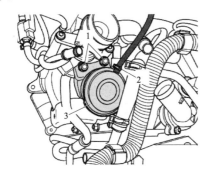
图 4-1-37 拆下真空管

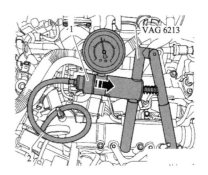
图 4-1-38 操作真空泵

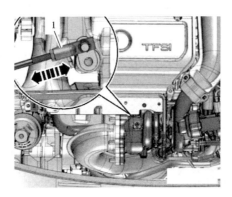
图 4-1-39 检查真空膜盒的拉杆

(4)检查真空膜盒的拉杆1,拉杆必须从 300mbar 开始移动,在压力达到 800mbar 时,拉杆必须达到调整行程的末端,如图 4-1-39 所示。拉杆在整个调整行程内,必须连续平滑移动。

情境分析

1)故障现象

一辆大众朗逸轿车,汽车行驶时保持发动机转速在 3000r/min,发动机舱内发出"嗡、嗡"异响,排气故障灯点亮。

2)故障诊断与排除

(1)连接诊断仪,读取故障码,显示1个故障码"17963",增压压力超过最大值。

(2) 由于增压压力超过最大值,首先检查增压压力控制电磁阀 N75 和真空膜盒,发现增压压力控制电磁阀 N75 与真空膜盒之间的软管破裂。

(3) 更换连接软管,重新试车,故障排除。

3) 故障原因分析

当增压压力控制电磁阀 N75 与真空膜盒之间的软管破裂时,压气机出口处的压力无法传递到增压压力单元。因此,发动机高速时,旁通阀保持关闭状态,所有废气均从涡轮流过,导致增压压力过高,发动机发出"嗡、嗡"异响。

学习小结

(1) 发动机增压就是将空气预先压缩然后再供入汽缸,以提高空气密度,增加进气量。增压后的发动机进气量增加,可相应地增加循环供油量,从而可以增加发动机功率。同时,增压还可以提高燃油经济性,改善发动机排放。

(2) 目前,发动机上采用的增压控制系统按照动力驱动方式不同可分为机械增压、涡轮增压、气波增压及复合增压四种方式。

(3) 机械增压与发动机容易匹配,结构紧凑,但燃油消耗率高;涡轮增压经济性好,排放少噪声低,但瞬态响应性差,低速加速性差。

(4) 废气涡轮增压系统主要由涡轮增压器、中冷器、增压传感器、膜片驱动器、旁通阀等组成。

(5) 废气涡轮增压系统调节增压压力的方法主要有三种:旁通阀式、节流阀式和可调叶片式。

学习单元 4.2　可变气门正时和升程控制系统故障检修

情境导入

一辆大众朗逸轿车,行驶过程中排气故障灯点亮,油耗增加,排放超标。经检查,进气凸轮轴机油控制阀故障,更换进气凸轮轴机油控制阀后,上述故障现象消失。

学习目标

(1) 能通过与客户交流、查阅相关维修技术资料等方式获取车辆信息。

(2) 能根据故障现象制订正确的维修计划。

(3) 能正确选择检测和诊断设备对可变气门正时和升程控制系统进行故障诊断。

(4) 能正确记录、分析各种检测结果并作出故障判断。

(5) 能按照正确操作规范对可变气门正时和升程控制装置进行更换。

(6) 能正确检查可变气门正时和升程控制装置系统的修复质量。

(7) 能根据环保要求,正确处理对环境和人体有害的辅料、废弃液体和损坏的零部件。

> 理论知识

4.2.1 可变配气正时和升程的必要性

1)配气正时的概念

发动机转速较高时,进气行程和排气行程对应的时间较短(如当发动机转速为5600r/min时,进气行程和排气行程持续的时间只有0.0054s)。在这样短的时间内进气和排气,往往会使发动机充气不足或排气不净,从而使发动机功率下降。因此,现代发动机都采取延长进、排气时间的方法。即进气门在进气行程上止点前就打开,而在进气行程下止点之后才关闭;排气门在排气行程下止点之前就打开,而在排气行程上止点之后才关闭,如图4-2-1所示。一般汽油机进气门早开角为10°~15°,晚关角为40°~60°;汽油机排气门早开角为45°~60°,晚关角为5°~20°。

进气门早开的目的:为了保证进气行程开始时进气门已开大,新鲜气体能顺利地冲入汽缸。进气门晚关的目的:当活塞到达下止点时,汽缸内压力仍低于大气压,仍可利用气流惯性和压力差继续进气。

排气门早开的目的:在做功行程末期开启排气门,可利用汽缸内的低压将废气迅速排出。排气门晚关的目的:在排气上止点时,排气的压力仍高于大气压,另外排气流有一定的惯性,所以排气门晚关一些,可以使废气排放得更干净。

由于排气门的晚关和进气门的早开,在排气上止点附近出现了气门重叠角,即此时排气门和进气门同时开启。合理利用气门重叠角,可实现缸内废

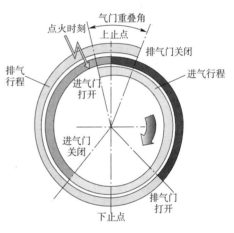

图4-2-1 配气相位图

气再循环,以减小NO_x的排放量。但是,若气门重叠角过大,也会产生不良影响。如进气门早开角过大,会有过多的废气进入进气管,减小了新鲜空气的进气量。如果排气门晚关角过大,会有大量新鲜空气随废气一起排出。

2)可变配气正时和升程的必要性

气门重叠角的大小往往对发动机性能产生较大的影响。发动机转速越高,每个汽缸一个工作循环内留给吸气和排气的绝对时间也越短。因此要达到更高的充气和排气效率,就需要延长发动机的进气和排气时间。显然,当转速越高时,要求的气门重叠角度越大。但在低转速工况下,过大的气门重叠角则会使得废气过多地泄入进气端,吸气量反而会下降,汽缸内气流也会紊乱。此时,ECU也会难以对空燃比进行精确的控制,从而导致怠速不稳,低速转矩偏低。所以为了解决这个问题,就要求配气相位可以根据发动机转速和工况的不同进行调节,使高、低转速下都能获得理想的进、排气效率,这就是可变气门正时技术开发的初衷。

从原理上可以看出,可变气门正时只是增加或减少了气门的开启时间,并没有改变单位时间的进气量,因此对发动机动力性的改进并不显著。若气门开启角度大小(气门升程)可以随时间改变的话,就可以显著提升发动机在各个转速的动力性能。可变气门升程可以使

发动机在不同的转速提供不同的气门升程,低转速时使用较小的气门升程,有利于缸内气流的合理混合,增加发动机的低速输出转矩。在高速时使用较大的升程,可以提高发动机的进气量,从而提高功率输出。

4.2.2 可变气门技术的常见类型

1)可变气门技术实现的途径

可变气门技术包括可变配气正时控制(Variable Valve Timing,VVT)和可变气门升程控制(Variable Valve Lift,VVL)。不同公司、不同发动机上实现可变正时和升程采用的技术途径有很大的不同,图4-2-2展示了目前可变气门技术可实现的途径,主要有两大类技术途径:一类是基于凸轮轴的可变气门机构,另一类是基于无凸轮轴的可变气门机构。前者是在现有进、排气凸轮轴的基础上进行可变气门机构的设计,主要有可变凸轮型线、可变凸轮从动件及可变凸轮轴相位三种形式;后者取消了现有进、排气凸轮轴的结构,采用电气式、电磁式或者电液式驱动机构直接驱动进、排气门。

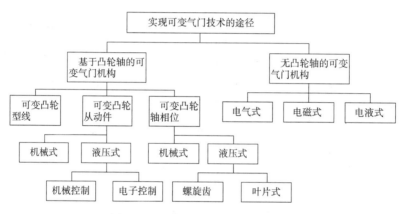

图4-2-2 可变正时技术实现的技术途径

2)常见可变气门技术的类型及英文缩写

VVT-i:Variable Valve Timing-Intelligent,丰田公司开发的智能可变气门正时控制系统。

VVTL-i:Variable Valve Timing & Lift Intelligent,本田公司开发的智能可变气门正时和升程控制系统。

VTEC:Variable Valve Timing and Lift Electronic Control,本田公司开发出的可变气门正时和升程电子控制系统。

i-VTEC:Intelligent Variable Valve Timing and Lift Electronic Control,本田公司开发的智能可变气门正时和升程电子控制系统。

VANOS:Variable Camshaft Control,宝马公司开发的可变凸轮轴位置控制系统。

VALVETRONIC:宝马公司开发的可变气门控制系统,由全可变气门行程控制装置和可变凸轮轴控制装置(双VANOS)构成。

MIVEC:Mitsubishi Innovative Valve Timing Electronic Control system,三菱公司开发的"三菱智能可变气门正时电子控制系统"。

AVS:Audi Valvelift System,奥迪公司开发的奥迪可变气门升程控制系统。

CVVT：Continue Variable Valve Timing，现代公司开发的连续可变气门正时控制系统。
VVEL：Variable Valve Event and Lift System，日产公司开发的可变气门升程控制系统。
C-VTC：Continue Valve timing Control，日产公司开发的连续可变气门正时控制系统。

3）可变配气正时系统的分类

根据可变配气正时是连续改变还是分阶段改变，可变配气正时系统有两类：连续调整式和分级调整式，如图 4-2-3 所示。前者配气正时在一定范围内可连续变化，后者一般只有两种配气正时（如低速时采用低速凸轮，高速时采用高速凸轮）。

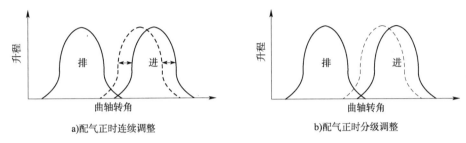

图 4-2-3　连续调整与分级调整

根据可变配气正时气门开启持续期是否可变可分为：气门开启持续期不变和气门开启持续期改变两种类型，如图 4-2-4 所示。

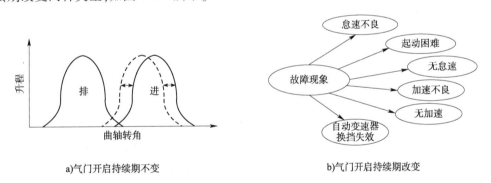

图 4-2-4　气门开启持续期变化情况

根据可变配气正时作用在进气系统还是排气系统，VVT 系统可分为进气 VVT 系统、排气 VVT 系统、进/排气系统 VVT 等。各类系统的调整特性及对发动机性能的影响，如表 4-2-1 所示。

各类 VVT 系统的调整特性　　　　　　　　表 4-2-1

VVT 配置	相位调整特性	对发动机性能的影响			
		功率/转矩	怠速稳定性	燃油经济性	排放性
进气 VVT	（图示）	●	●	●	●

续上表

VVT 配置	相位调整特性	对发动机性能的影响			
		功率/转矩	怠速稳定性	燃油经济性	排放性
排气 VVT	升程/排/进/曲轴转角		●	●	●
进/排气 VVT（同步调节）	升程/排/进/曲轴转角			●	●
进/排气 VVT（单独调节）	升程/排/进/曲轴转角	●	●	●	●

由表 4-2-1 可知，VVT 对发动机的功率/转矩、怠速稳定性、燃油经济性及排放性有较大的影响。其中，进气 VVT 对发动机的性能影响最大，对于较低级别的发动机，为了兼顾发动机性能和成本，一般只采用进气 VVT 配置。在高级别的发动机上，为了更大程度地提高发动机的性能，采用进/排气 VVT 配置。另外，随着对发动机燃油经济性和排放性要求的不断提高，目前越来越多的小排量发动机上采用了进/排气 VVT 配置。

4）可变配气正时系统控制策略

发动机工作不同工况时（转速、负荷、温度等），需要的最佳配气相位不同。如当发动机转速变化时，由于进气流速和排气流速也随之改变，因此在气门晚关期间利用惯性增加进气和促进排气的效果就会有很大的不同。因此，ECU 应随发动机工况变化动态调整配气相位，以获得最佳的发动机性能。采用进/排气可变配气正时系统的控制策略，如表 4-2-2 所示。

进/排气 VVT 系统配气相位控制策略　　　　表 4-2-2

发动机工况	配气相位	作用
停机、冷起动、怠速	最小重叠角	改善燃烧稳定性 冷起动时通过改善怠速稳定性，降低怠速 通过降低怠速改善燃油经济性
中、低负荷	排气相位完全提前 进气相位小幅度提前	进气门关闭时刻提前，气门重叠角仍保持较小，负荷增加相应增加气门重叠角，增加稀释效应，减少泵气损失

续上表

发动机工况	配气相位	作 用
中低转速、高负荷	排气相位推迟 进气相位推迟	推迟进气门晚关角,提高充气效率,提高充气效率,提高中速段转矩,废气稀释量调节到最大
高转速、高负荷	排气相位推迟 进气相位推迟	推迟进气门晚关角,提高充气效率

5)可变气门升程系统分类

根据可变气门升程系统是否改变配气正时和气门开启持续期分为两类:改变配气正时及气门开启持续期和不改变配气正时及气门开启持续期,如图4-2-5所示。

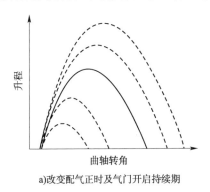 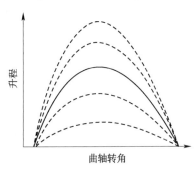

a)改变配气正时及气门开启持续期　　　　b)不改变配气正时及气门开启持续期

图4-2-5　可变气门升程系统分类

6)目前各类可变气门控制技术调整特性对比

表4-2-3展示了目前各类气门控制技术调整特性的对比情况,其中由宝马公司开发的Valvetronic系统可以进行配气正时和升程的连续调节,性能优异。

目前主流可变气门技术的对比　　　　表4-2-3

系统类型	公司	可变气门正时		可变气门升程	
		连续	分级	连续	分级
VVT-i	丰田公司	●			
VANOS	宝马公司	●			
CVVT	现代公司	●			
VVTL-i	丰田公司	●			●
VTEC	本田公司		●		●
MIVEC	三菱公司		●		●
AVS	奥迪公司		●		●
i-VTEC	本田公司	●			
Valvetronic	宝马公司	●		●	
VVEL	日产公司			●	

4.2.3 丰田 VVT-i 智能可变气门正时控制系统结构与工作原理

1) 控制策略

VVT-i 是丰田公司开发的智能可变气门正时控制系统,丰田 VVT-i 控制系统可对进气门配气正时进行连续调整(如丰田威驰轿车上采用)。如果在进、排气凸轮轴上同时应用 VVT-i 技术,就是所谓的 Dual VVT-i,丰田卡罗拉、雷克萨斯、凯美瑞、锐志等轿车采用了 Dual VVT-i 技术。

发动机工作在不同的工况时,对配气正时的要求不同。丰田 VVT-i 控制系统按照图 4-2-6 所示控制策略进行进气门正时的动态调整。

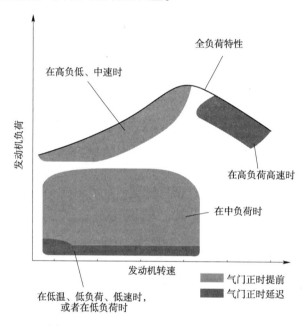

图 4-2-6 VVT-i 进气门配气正时调整控制策略

(1) 在低温、低负荷、低速时,或者在低负荷时。

延迟气门正时可减少气门重叠角,以减少排出的废气吹入进气管,从而达到稳定怠速、提高燃料消耗率和起动性能。

(2) 在中等负荷,或者在高负荷中低速时。

提前气门正时可增加气门重叠角,以增加缸内 EGR 效果和降低充气损失,从而改善排放控制和燃料消耗率。此外,同时提前进气门的关闭时间可减少进气被逆吹回进气侧,改善了容积效率。

(3) 在大负荷、高速时。

高速时进气流惯性增加,延迟气门正时可充分利用惯性进气,增加进气量,满足大负荷时对功率的需求。

2) 系统结构与组成

丰田 VVT-i 控制系统主要零部件在车上的布置,如图 4-2-7 所示。

如图 4-2-8 所示,丰田 VVT-i 控制系统由曲轴位置传感器、空气流量传感器、节气门位置传感器、冷却液温度传感器、车速信号、凸轮轴位置传感器、ECM、凸轮轴正时机油控制阀及VVT-i 控制器等组成。

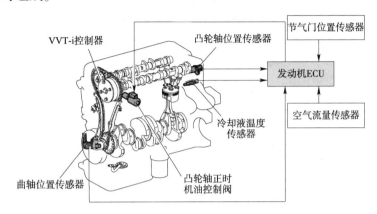

图 4-2-7　VVT-i 控制系统主要零部件

ECM 根据曲轴位置传感器、空气流量传感器、节气门位置传感器确定当前工况下的目标气门正时,然后再根据冷却液温度信号、车速信号对目标气门正时进行修正。ECM 根据目标配气正时向凸轮轴正时机油控制阀发出占空比控制信号,凸轮轴正时机油控制阀控制油路的流通方向,VVT-i 控制器根据油路的方向使气门正时提前或者滞后。

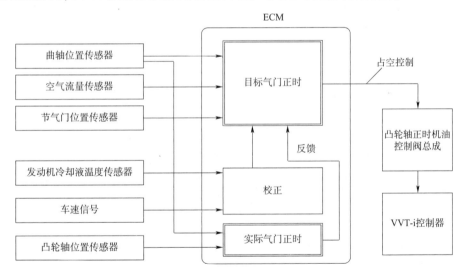

图 4-2-8　VVT-i 控制系统组成

ECM 根据曲轴位置传感器和凸轮轴位置传感器检测实际的气门正时,并将目标气门正时与实际的气门正时进行比较,然后进行闭环位置反馈控制,以确保气门正时控制的精确性。

3) VVT-i 控制器

VVT-i 控制器结构如图 4-2-9 和图 4-2-10 所示,它由叶片、链轮、外壳、锁销等组成。链轮由正时链条驱动,随着发动机曲轴旋转而旋转。外壳通过螺栓与链轮固连在一起,并随链轮转动而转动。叶片通过固定螺栓与进气凸轮轴固连在一起,叶片上有 4 个叶齿。外壳内加工有 4 个凹槽,叶片的 4 个叶齿嵌装在外壳的 4 个凹槽内。叶片的宽度小于外壳内凹槽的宽度,叶片与外壳装配后可在外壳的凹槽内来回转动。每个叶片将外壳内凹槽隔成两个工作腔,即提前工作腔和延迟工作腔。当控制油压作用在提前工作腔时,油压推动叶片向链轮旋转方向转动一个角度,配气正时提前;当油压作用在延迟工作腔时,油压推动叶片向链轮旋转反方向转动一个角度,配气正时推迟。

锁销组件由锁销和弹簧组成,锁销和弹簧装在叶片内。当发动机熄火时,叶片处于最大延迟位置,在弹簧力的作用下,锁销的一部分被推入链轮上的锁销孔,将叶片和链轮锁定在一起,保证进气凸轮轴处于最大延迟状态,以维持起动性能及避免发动机刚起动时叶片及外壳之间发生撞击。链轮锁销孔通过油道与控制油路相连,发动机工作时,压力机油进入链轮锁销孔,在油压作用下,锁销压缩弹簧而退入叶片锁销孔内,叶片与链轮分离,二者可相对转动。

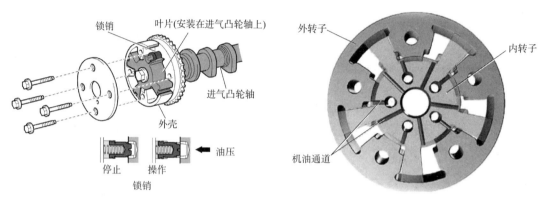

图 4-2-9　VVT-i 控制器结构　　　　图 4-2-10　VVT-i 控制器结构油路

4) 凸轮轴正时机油控制阀

凸轮轴正时机油控制阀的结构如图 4-2-11 所示,由电磁线圈、柱塞、滑阀、阀体等组成。凸轮轴正时机油控制阀的作用是根据发动机 ECM 的控制信号控制滑阀位置,从而控制油流是通往 VVT-i 控制器提前工作腔还是延迟工作腔,并控制油流的流量。控制阀上有一个来自机油泵的进油口、两个回油口、两个出油口(一个到提前工作腔,另一个到延迟工作腔)。

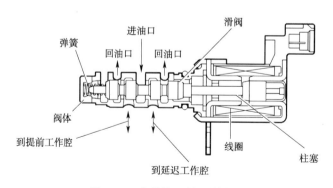

图 4-2-11　凸轮轴正时机油控制阀

发动机熄火时,滑阀在弹簧力作用下处于最右端(最延迟状态,图 4-2-10 所示位置)。此时,进油口与延迟工作腔油路相通,左侧回油口与提前工作腔油路相通。发动机工作时,电磁线圈通电,滑阀向左侧移动,延迟工作腔油路与右侧回油口相通,进油口与提前工作腔油路相通。滑阀的移动量取决于ECU发出的占空比指令,占空比越大,滑阀向左移动量也越大,进入提前腔的油压也越大,配气正时提前角也越大。

5)工作过程

(1)配气正时提前。

如图4-2-12所示,当凸轮轴正时机油控制阀的控制信号占空比大于50%时,滑阀向左移动量大,油压作用在叶片提前工作腔,油压推动叶片向配气正时提前方向转动(链轮旋转方向)。

(2)配气正时延迟。

如图4-2-13所示,当凸轮轴正时机油控制阀的控制信号占空比小于50%时,滑阀向左移动量小,油压作用在叶片延迟工作腔,油压推动叶片向配气正时延迟方向转动(链轮转动反方向)。

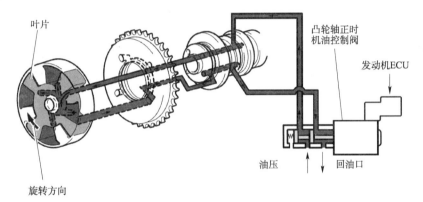

图4-2-12 配气正时提前

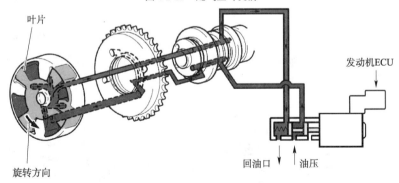

图4-2-13 配气正时延迟

(3)保持。

如图4-2-14所示,当凸轮轴正时机油控制阀的控制信号占空比等于50%时,滑阀位于中间位置并同时关闭提前工作腔和延迟工作腔的油路,提前工作腔和延迟工作腔油压相等,此时叶片保持在目前的位置不动,配气正时不再变化。

6)VVT-i和Dual VVT-i调整特性

VVT-i和Dual VVT-i调整特性,如图4-2-15所示。

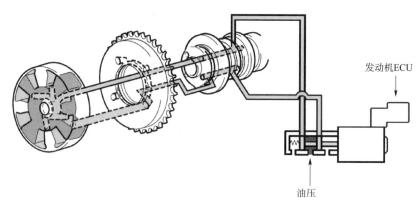

图 4-2-14　配气正时不变

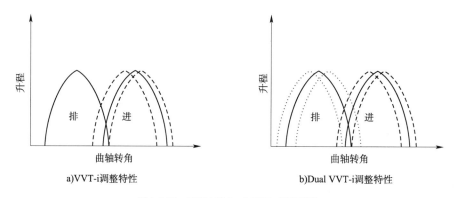

a) VVT-i 调整特性　　　　　　　　　b) Dual VVT-i 调整特性

图 4-2-15　VVT-i 和 Dual VVT-i 调整特性

大众朗逸 TSI 发动机安装的 VVT-i 系统结构和控制原理与丰田 VVT-i 相似,如图 4-2-16 所示。这套系统主要通过 ECU 电子控制单元、叶片槽式调节器、凸轮轴调整电磁阀等元件实现气门正时的连续可变,正时相位调节角度范围可达 20°凸轮轴角。

叶片槽式调节器由外壳体、内部叶片转子以及位于叶片转子内部的锁销组成,如图 4-2-17 所示。外壳体与外部的正时齿轮固定,由曲轴带动。而内部的叶片则直接与进气门凸轮轴固定,并与之一同旋转。

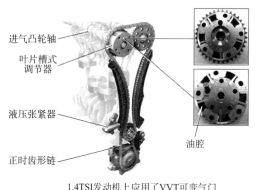

图 4-2-16　大众朗逸 TSI 发动机 VVT-i 系统

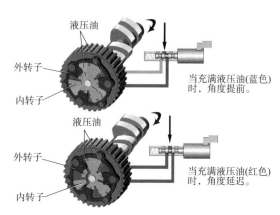

图 4-2-17　叶片槽式调节器

4.2.4 丰田 VVTL-i 智能可变气门正时与升程控制系统结构、工作原理

1) VVTL-i 组成

VVT-i 只能改变配气正时而不能改变气门升程。VVTL-i(Variable Valve Timing & Lift Intelligent)是丰田公司开发的智能可变气门正时与升程控制系统,该系统在调节配气正时的基础上,还可以改变进气门的升程。丰田 Celica 跑车、莲花 Exige 跑车上就采用了 VVTL-i 系统。其组成如图 4-2-18 所示,主要由曲轴位置传感器、空气流量传感器、冷却液温度传感器、车速信号、节气门位置传感器、凸轮轴位置传感器、VVT 机油控制阀、VVTL 机油控制阀、机油压力开关等组成。

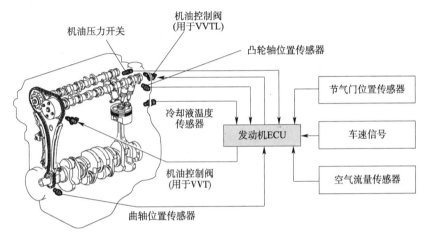

图 4-2-18 VVTL-i 系统组成

2) VVTL-i 控制系统工作原理

VVTL-i 改变配气正时的原理与 VVT-i 一样,也是采用叶片式 VVT-i 控制器来调整进气凸轮轴的转角来实现对配气相位的调整。

VVTL-i 系统为每对进、排气门配置了两个凸轮:中、低速凸轮和高速凸轮,如图 4-2-19 所示。中、低速凸轮升程低,高速凸轮升程高。

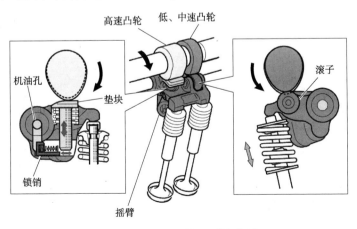

图 4-2-19 低速时低速凸轮起作用

(1) 低速时。

VVTL-i 油路控制系统，如图 4-2-20 所示。当发动机转速低于 6000r/min 时，VVTL 机油控制阀将回油口打开，因此没有油压作用在高速凸轮锁销左侧（图 4-2-19），锁销内的弹簧将锁销向左推回，锁销无法进入垫块下面。由于垫块下端与摇臂之间有间隙，垫块受高速凸轮推动向下运动时顶不到摇臂，因此高速凸轮不起作用，中、低速凸轮起作用。

(2) 高速时。

如图 4-2-21 所示，发动机转速高于 6000r/min 且冷却液温度高于 60℃时，VVTL 机油控制阀将回油口关闭。因此，油压通过油路作用在高速凸轮的锁销左侧，锁销在油压的作用下克服弹簧力向右移动，锁销进入垫块下面（图 4-2-20）。由于垫块下端与摇臂之间没有间隙，垫块受高速凸轮推动向下运动时会顶到摇臂，摇臂运动打开气门。由于高速凸轮的升程及气门开启延迟角都比中、低速凸轮的大，中、低速凸轮还没推动摇臂时高速凸轮已经推动摇臂将气门打开。因此，此时中、低速凸轮不起作用。高速凸轮起作用时，ECU 通过机油压力开关检测控制油路的油压以判断高速凸轮是否已经起作用，如图 4-2-22 所示。

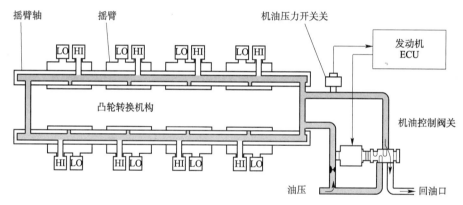

图 4-2-20　低速时 VVTL-i 控制油路
LO-低速凸轮；HI-高速凸轮

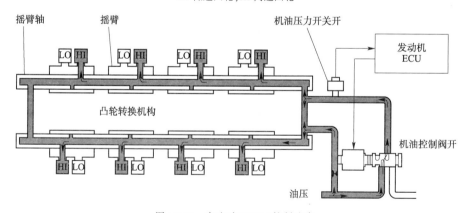

图 4-2-21　高速时 VVTL-i 控制油路

3) VVTL-i 配气正时及升程调整特性

VVTL-i 配气正时及升程调整特性，如图 4-2-23 所示。

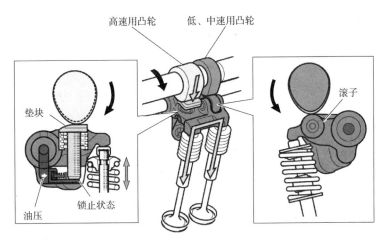

图4-2-22 高速时高速凸轮起作用

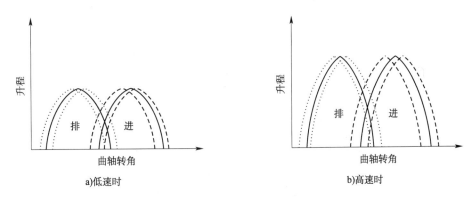

图4-2-23 VVTL-i配气正时和升程调整特性

实践技能

4.2.5 可变气门正时控制系统故障分析

下面以大众朗逸轿车TSI发动机上采用的VVT-i系统为例，进行故障分析。

1) 故障点分析

VVT-i控制系统故障点主要有传感器故障、ECM故障、凸轮轴机油控制阀故障及相关线路故障，如图4-2-24所示。

2) 故障现象

VVT-i控制系统常见的故障现象有：不能起动或起动困难、怠速不稳、加速无力、油耗增加、排放超标等，如图4-2-25所示。

4.2.6 可变正时控制系统故障检修

下面以朗逸轿车TSI发动机上采用的VVT-i控制系统为例，介绍其故障检修方法。传感器的故障检修方法详见前面学习单元内容。下面重点介绍进气侧凸轮轴正时机油控制阀N205及相关电路的检查方法，其控制电路如图4-2-26所示。

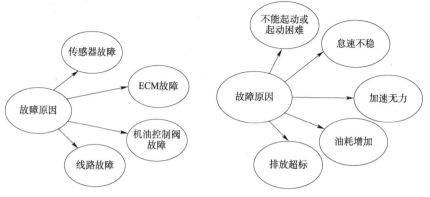

图 4-2-24　VVT-i 控制系统故障点　　　图 4-2-25　VVT-i 控制系统故障现象

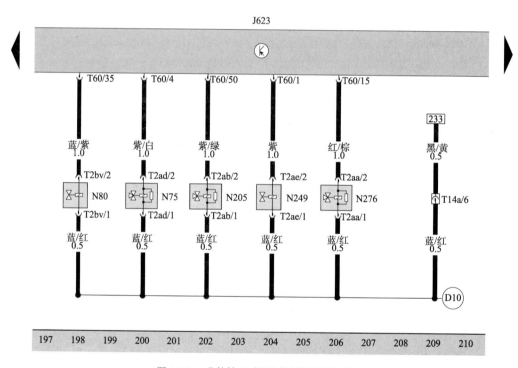

图 4-2-26　凸轮轴正时机油控制阀控制电路图

1）动态检查

（1）用 KT300 进行执行元件测试。

①将 KT300 故障诊断仪连接至发动机诊断接口。

②点火开关置于 ON 位，选择执行元件测试功能。

③ECU 会对燃油泵等执行元件进行动态测试，当测试到机油控制阀时，应能听到"嗒嗒"声。

（2）用示波器进行动态波形检测。

怠速时用 FAS740 检测凸轮轴正时机油控制阀 N205 控制波形。怠速时，其工作波形如图 4-2-27 所示。

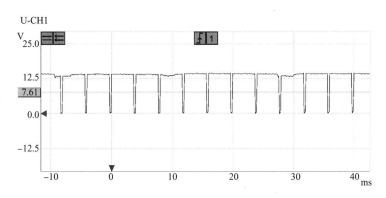

图 4-2-27　怠速时 N205 控制波形

加速时,N205 控制波形如图 4-2-28 所示。

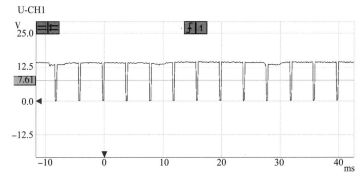

图 4-2-28　加速时 N205 控制波形

2) 静态检查

(1) 供电电压检查。

关闭点火开关,拔下凸轮轴正时机油控制阀 N205 上插头。点火开关 ON,用万用表检测插头上 1 号端子与搭铁之间电压,应为 12V。否则,检查供电电路。

(2) 控制信号线检查。

关闭点火开关,拔下凸轮轴正时机油控制阀 N205 上插头,同时拔下 ECU 插头 T60。用万用表检查 N205 上 2 端子与 ECU T60/50 端子之间电阻,应小于 1Ω。否则,更换线束。

(3) 电阻检查。

关闭点火开关,拔下凸轮轴正时机油控制阀 N205 上插头,用万用表检查凸轮轴正时机油控制阀 N205 电阻,如图 4-2-29 所示。20℃ 时电阻应为 6.9~7.9Ω。当电阻偏离过大,更换 N205 阀。

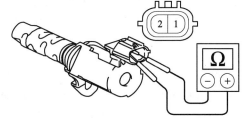

图 4-2-29　检查机油控制阀电阻

情境分析

1) 故障现象

一辆大众朗逸轿车,行驶过程中排气故障灯点亮,油耗增加,排放超标。

2) 故障诊断与排除

(1) 读取故障码,屏幕显示"00016 P0010 汽缸列 1,进气凸轮轴调节断路"。

(2) 用 KT300 故障诊断仪进行执行元件动态测试,机油控制阀无响声。

(3) 关闭点火开关,拔下机油控制阀插头。

(4) 打开点火开关,检查插头上供电电压为 12V。

(5) 关闭点火开关,检查控制线路,电阻为 0.5Ω。

(6) 检查机油控制阀电阻,电阻为无穷大。

(7) 更换机油控制阀,上述故障消失。

3) 故障原因分析

进气凸轮轴机油控制阀出现故障后,故障灯点亮。此时,ECU 进入失效保护模式,将进气门正时固定在最大延迟角位置上。在中低速、大负荷工况时,由于进气门配气正时不能提前,缸内 EGR 效果不好、充气效率低,导致排放超标、油耗增加。

学习小结

(1) 目前,可变气门技术可实现的途径,主要有两大类:一类是基于凸轮轴的可变气门机构,另一类是基于无凸轮轴的可变气门机构。

(2) 根据可变配气正时是连续改变还是分阶段改变,可变配气正时系统有两类:连续调整式和分级调整式。根据可变配气正时气门开启持续期是否可变可分为:气门开启持续期不变和气门开启持续期改变两种类型。

(3) 可变配气正时控制和升程控制可有效改善发动机的动力性、经济性及排放性。

(4) 丰田 VVTL-i 系统采用叶片式 VVT 装置调整配气正时,采用高速、低速凸轮改变气门升程。本田 i-VTEC 系统采用叶片式 VVT 装置调整配气正时,采用主、副凸轮和中间凸轮改变气门升程。

学习单元4.3 发动机可变进气控制系统检修

情境导入

一辆三菱帕杰罗 V77 汽车,发动机低速行驶时明显感觉动力不足,高速行驶时动力正常。经检查,发现可变进气控制系统膜片驱动器膜片老化破损,更换新的膜片驱动器后,上述故障现象消失。

学习目标

(1) 能通过与客户交流、查阅相关维修技术资料等方式获取车辆信息。

(2) 能根据故障现象制订正确的维修计划。

(3) 能正确选择检测和诊断设备对可变进气系统引起的故障进行诊断。

(4) 能使用万用表、故障诊断仪、示波器对可变进气系统电路进行检测。

(5) 能使用手动真空泵对真空罐、真空电磁阀及膜片驱动器等部件进行检测。

(6) 能正确记录、分析各种检测结果并作出故障判断。

(7) 能按照正确操作规范对可变进气控制系统的故障部件进行更换。

4.3.1 发动机可变进气控制系统的分类

发动机的充气效率和燃烧速度对其性能影响很大,为改善发动机的性能,现代发动机上采用了发动机可变进气控制系统。发动机可变进气控制系统主要包括两种类型:谐波增压控制系统和动力阀控制系统。

4.3.2 发动机可变进气控制系统的基本工作原理

1)谐波增压控制系统工作原理

谐波增压控制系统(Acoustic Control Induction System,ACIS)是利用进气惯性增压原理来提高充气效率的。发动机工作时,进气管内的气体经气门高速流入汽缸,当进气门关闭时,由于气体流动惯性使进气门附近的气体受到压缩而压力升高。当气体惯性过后,进气门附近被压缩的气体膨胀而流向进气相反的反向,压力下降。膨胀的气体流动到进气管口时又被反射回来,这样在进气管内就产生了压力波。若将进气压力波与进气门的开启进行配合,就可保证在进气门打开时进气压力恰好最高,从而形成进气增压效果,提高发动机的充气效率和功率。发动机工作时,从进气门关闭到下一次开启的间隔时间取决于发动机转速,而进气管内的压力波反射回到进气门处所需的时间取决于压力波传递的路线长度,即进气管长度。因此,低速时,需要为发动机配置较长的进气管;高速时,需要为发动机配置较短的进气管。

2)动力阀控制系统工作原理

动力阀控制系统的功能是控制发动机进气道的空气流通截面积大小,以适应发动机不同转速和负荷时的进气量的需求,从而改善发动机的动力性。在进气量较少的低速、中小负荷工况下,使进气道流通截面积减小,可提高进气流速,增大进气流惯性以提高发动机的充气效率。此外,进气流速的提高也可增加汽缸内的涡流强度,改善燃烧过程,提高燃油经济性。而在进气量较多的高速、大负荷工况下,适当增大进气道的空气流通截面,不仅可以减小进气阻力、增大进气量,对由于进气流速过高而导致的燃烧室内气流扰动也可起到抑制作用,有助于改善发动机的高速性能。

综上所述,在低转速和中、小负荷时,发动机需要配用细长的进气歧管。在高速、大负荷时,发动机需要配用粗、短的进气歧管。

4.3.3 奥迪 V6 轿车谐波增压控制系统

1)组成与工作原理

图 4-3-1 所示为奥迪 V6 轿车上采用的谐波增压控制系统结构图,在进气歧管内设置有一个进气控制阀,该阀受发动机 ECU 控制。在发动机转速低于 4100r/min,控制阀处于关闭位置,此时进气路径较长。当发动机转速大于 4100r/min 时,控制阀开启,此时进气路径较短。

2)奥迪 V6 发动机输出特性

图 4-3-2 展示了奥迪 V6 发动机的输出特性,可知:低速时采用较长的进气歧管可提高发动机输出转矩;高速时采用较短的进气歧管可提高发动机的输出功率。

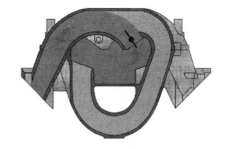

a) 低速时控制阀关闭　　　　　　　　b) 高速时控制阀开启

图 4-3-1　奥迪 V6 轿车可变进气歧管长度控制系统

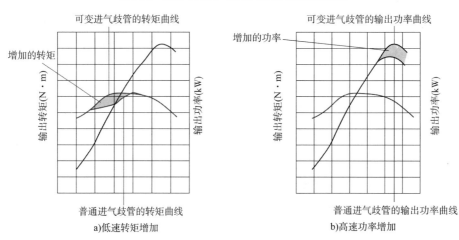

a) 低速转矩增加　　　　　　　　b) 高速功率增加

图 4-3-2　奥迪 V6 发动机输出特性

4.3.4　三菱帕杰罗 V77 汽车动力阀控制系统

1) 系统组成

如图 4-3-3 所示，三菱帕杰罗 V77 汽车上的动力阀控制系统由发动机转速传感器、空气流量传感器、PCM、真空电磁阀、膜片驱动器、转换阀、真空罐、真空管路、主进气歧管、副进气歧管等组成。

2) 系统工作原理

发动机不工作时：PCM 不向真空电磁阀通电，此时大气压经真空电磁阀后作用在膜片驱动器膜片上，转换阀在复位弹簧的作用下处于打开状态，副进气歧管导通。

当发动机低速运转时（转速低于 3750r/min）：PCM 根据发动机转速和空气流量传感器的信号，使真空电磁阀通电，从而使真空管路接通，来自真空罐的真空经真空电磁阀后作用在膜片驱动器膜片上，膜片驱动器动作将转换阀关闭，副进气歧管不导通。这时，空气经过空气过滤器和节气门后只能沿着弯曲而又细长的主进气歧管进入汽缸。细长的进气歧管提高了进气速度，增强了气流的惯性，使进气量增加，发动机输出转矩得到提高。同时，因为低速时进气流速增加，增加了进入汽缸内的气流强度，混合气混合更加均匀，改善了燃烧过程，发动机的燃油经济性有所提高。

当发动机高速运转时（转速高于 3750r/min）：PCM 根据发动机转速和空气流量传感器

的信号,使真空电磁阀断电,膜片驱动器的真空被切断,转换阀在复位弹簧的作用下开启。空气经空气滤清器和节气门后同时经过主进气歧管和副进气歧管流进汽缸,此时进气歧管的横截面积增加,进气阻力较小,致使进气量增加,发动机的输出功率得到提高。

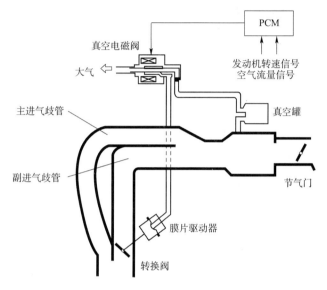

图 4-3-3　三菱帕杰罗可变进气歧管控制系统

实践技能

4.3.5　可变进气控制系统故障分析

1) 故障点分析

下面以三菱帕杰罗 V77 轿车上的谐波增压控制系统为例,分析可变进气控制系统故障点。主要故障点有:真空罐及真空管路泄漏、真空电磁阀故障、膜片驱动器故障,如图 4-3-4 所示。

2) 故障现象

若可变进气系统出现故障导致低速时转换阀不能关闭,主、副进气歧管同时进气,发动机低速转矩变小(图 4-3-5)。若可变进气系统出现故障导致高速时转换阀不能开启,只有主进气歧管进气,发动机高速功率不足。

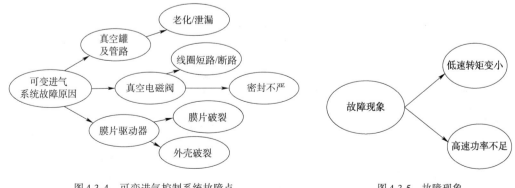

图 4-3-4　可变进气控制系统故障点　　　　图 4-3-5　故障现象

4.3.6 可变进气控制系统故障检修

下面以三菱帕杰罗 V77 轿车上的谐波增压控制系统为例,介绍可变进气控制系统的检修过程。图 4-3-6 所示为其控制电路图。

1)真空电磁阀检查

(1)读取故障码:用三菱专用故障诊断仪(MUT-Ⅲ)读取故障码,如真空电磁阀存在故障,则显示故障码 P0660。

(2)电阻检查:关闭点火开关,拔下真空电磁阀插头,用万用表检测真空电磁阀电阻,常温下电阻应为 29~35Ω,否则更换真空电磁阀。

(3)真空电磁阀工作情况检查:如图 4-3-7 所示,拔下真空电磁阀上的插头及连接管路,将手动真空泵连接到孔 B 上,然后用抽真空的方法进行检查。将蓄电池电压施加到真空电磁阀上时,孔 A 和 B 应导通;断开蓄电池电压时,孔 A 和孔 C(通大气)应导通。否则,更换真空电磁阀。

2)真空罐检查

真空罐是包含单向阀的真空存储装置,它有两个接口(图 4-3-8),气体可以由孔 A 流到孔 B,而不能由孔 B 流到孔 A。

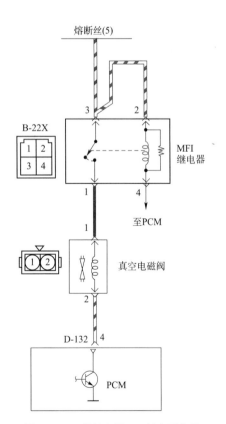

图 4-3-6 三菱帕杰罗 V77 轿车可变进气系统控制电路

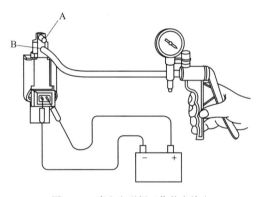

图 4-3-7 真空电磁阀工作状态检查

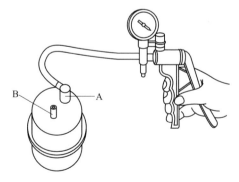

图 4-3-8 真空罐检查

脱开真空罐的真空管路,将手动真空泵的管路与真空罐的孔 A 连接,当用手动真空泵施加 67kPa 的真空压力时,正常状态下真空表指示值应能保持不变。

将手动真空泵的软管与真空罐上孔 B 连接,用手指将孔 A 堵住,再用手动真空泵向孔 B 施加 67kPa 的真空压力,当将手指松开时,真空表指示值应立即下降。

如上述检查不符合要求,更换真空罐。

3) 膜片驱动器

将手动真空泵的管路连接到膜片驱动器的真空接口上,当用手动真空泵施加 67kPa 的真空压力时,正常状态下真空表指示值应能保持不变。否则,更换膜片驱动器。

情境分析

1) 故障现象

一辆三菱帕杰罗 V77 汽车,发动机低速行驶时明显感觉动力不足,高速行驶时动力正常。

2) 故障诊断与排除

(1) 读取故障码,系统无故障码。

(2) 用手动真空泵检查谐波增压系统真空罐,正常。

(3) 用手动真空泵检查真空电磁阀,正常。

(4) 检查真空管路有无老化、泄漏,正常。

(5) 用手动真空泵检查膜片驱动器,对其抽真空时,真空压力不能保持。说明膜片驱动器内部膜片损坏。

(6) 更换膜片驱动器后,故障排除。

3) 故障原因分析

可变进气控制系统的膜片驱动器用来驱动转换阀动作,正常情况下,当发动机低速时将转换阀关闭,高速时将转换阀开启。膜片驱动器损坏后,发动机低速时不能将转换阀关闭,此时,主、副两个进气歧管同时进气,由于空气流速低、进气惯性小,导致进气不足,发动机动力不足。由于高速时需要主、副进气歧管同时进气,因此,膜片驱动器损坏后对高速工况没有影响。

学习小结

(1) 发动机的充气效率和燃烧速度对其性能影响很大,为改善发动机的性能,现代发动机上采用了发动机可变进气控制系统。

(2) 发动机可变进气控制系统主要包括两种类型:谐波增压控制系统和动力阀控制系统。

(3) 对于谐波增压控制系统,发动机低速时,需要为发动机配置较长的进气管;高速时,需要为发动机配置较短的进气管。

(4) 对于动力阀控制系统,发动机低速时,需要为发动机配置较细的进气管;高速时,需要为发动机配置较粗的进气管。

(5) 可变进气控制系统出现故障时,会导致低速转矩变小、高速功率不足的现象。

学习单元4.4 发动机怠速控制阀故障检修

情境导入

一辆时代超人轿车,发动机怠速不稳,转速在800～900r/min波动。汽车加速及高速工况行驶均没问题。经检查,发现节气门脏污,清洗后重新进行节气门匹配,故障消失。

学习目标

(1)能通过与客户交流、查阅相关维修技术资料等方式获取车辆信息。
(2)能根据故障现象制订正确的维修计划。
(3)能正确选择检测和诊断设备对怠速控制阀引起的故障进行诊断。
(4)能使用万用表、故障诊断仪、示波器对怠速控制阀电路进行检测。
(5)能正确记录、分析各种检测结果并作出故障判断。
(6)能按照正确操作规范进行怠速控制阀的更换。
(7)能正确检查怠速控制阀故障的修复质量。
(8)能根据环保要求,正确处理对环境和人体有害的辅料、废弃液体和损坏的零部件。

理论知识

4.4.1 怠速控制系统的作用

怠速是指发动机在无负荷情况下的稳定运转状态,此时汽车处于停车状态、空挡、节气门处于全关位置。怠速工况是发动机最常用的工况之一,发动机怠速工况运转性能的优劣也是评价发动机性能的重要指标。发动机在怠速时如果转速过高,会增加发动机燃油消耗量;如果转速过低,发动机容易熄火,同时会增加有害物质排放。

怠速控制系统根据冷却液温度信号进行起动后的暖机控制。怠速控制系统根据空调开关信号、空挡起动开关信号、动力转向开关信号及电器负荷大小等进行怠速稳定性控制。怠速控制系统根据发动机转速信号进行怠速转速的闭环控制。在保证发动机排放要求且运转稳定的前提下,尽量使发动机的怠速转速保持最低,以降低怠速时的燃油消耗量。

怠速控制的具体内容包括:起动时控制、暖机过程控制、负荷变化时的控制、反馈控制、学习控制等。

4.4.2 怠速控制系统的类型

目前,一般是通过控制怠速时进入发动机的空气量来控制怠速。怠速时进入发动机的空气量多,可燃混合气数量多,怠速高;反之,怠速时进入发动机的空气量少,可燃混合气数量少,怠速低。

根据控制怠速进气量的方式来分,怠速控制系统可分:旁通控制式和节气门直动式。

如图 4-4-1 所示,旁通控制式怠速控制系统在节气门旁边设置了一个怠速旁通气道,怠速时空气可以从旁通气道进入发动机。在旁通气道上安装了控制旁通空气流量的装置,该装置被称为怠速控制阀。该怠速控制阀可以根据发动机工况将旁通气道开大或关小。旁通气道开启面积越大,旁通空气量越大,怠速就越高;反之,怠速就越低。

怠速控制阀结构形式有多种,常见的有:附加空气阀型、步进电机型、旋转滑阀型和占空比控制型。附加空气阀型应用在早期的车辆上,现代车辆上已经不再使用。

如图 4-4-2 所示,节气门直动式怠速控制系统在节气门旁边没有设置旁通气道,而是采用控制电机通过减速装置直接改变节气门的开度来实现怠速时进气量的控制。节气门开度越大,进气量就越大,发动机怠速就越高;反之,节气门开度越小,怠速越低。

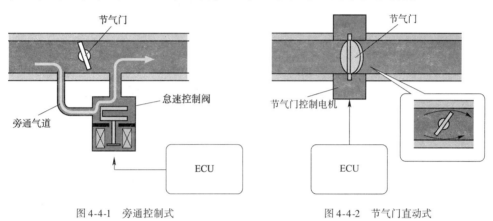

图 4-4-1 旁通控制式　　　　图 4-4-2 节气门直动式

4.4.3 节气门直动式怠速控制系统

节气门直动式怠速控制系统取消了旁通气道,而是通过控制节气门的开启角度调节怠速时的进气量,实现对怠速的控制。节气门直动式怠速控制系统主要由传感器、发动机 ECU 及怠速控制电机等组成。

1)节气门体结构

图 4-4-3 为大众时代超人 AJR 发动机所采用的节气门体,该发动机采用节气门直动式怠速控制系统,但同时还具有节气门拉索。非怠速时,驾驶员通过加速踏板、节气门拉索控制节气门开度。怠速时,由节气门控制电机控制节气门开度,从而实现了自动怠速的控制。该节气门体上有怠速控制电机、双级齿轮减速机构、节气门、节气门位置传感器、怠速节气门位置传感器、怠速开关等组成。

2)工作原理

AJR 发动机怠速控制系统电路如图 4-4-4 所示,其工作原理如下:

节气门位置传感器:是一种电位计式的传感器,它与节气门轴相连,与加速踏板联动。其输出的电压与节气门的开度成一定的比例,发动机 ECU 根据该信号的大小和变化的速率,判断出发动机运行的工况和驾驶员的意图,并进行各工况下的喷油量、点火正时的控制。

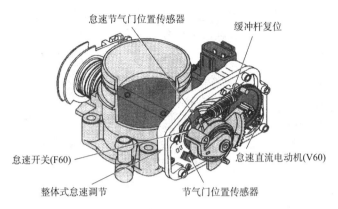

图 4-4-3　节气门直动式怠速控制阀的结构图

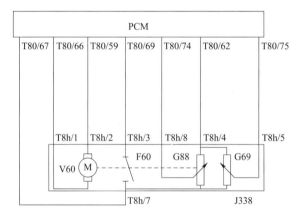

图 4-4-4　AJR 发动机怠速控制系统电路
V60-怠速控制电机；F60-怠速开关；G88-怠速节气门位置传感器；G69-节气门位置传感器

怠速节气门位置传感器：也是一种电位计式传感器，它与怠速控制电机连接在一起。其输出电压的变化仅受怠速直流电机的控制。当发动机在怠速工况下运行时，怠速节气门位置传感器将其阻值的变化转换成电压信号，发动机控制模块根据该电压值确定节气门的位置，通过微量调整节气门开度来调节发动机怠速转速。

怠速开关：该开关在发动机怠速时闭合，ECU 根据此信号和车速信号确定发动机是否处于怠速工况。

怠速控制电机：怠速控制电机在怠速调节范围内，通过齿轮减速机构来操纵节气门，使其开度增加或减小。当怠速控制电机发生故障或 ECU 对怠速电机的控制失灵时，应急弹簧把节气门拉到一个特定的应急位置，使怠速处于应急状态运转，怠速转速将升高。

ECU 确定是怠速工况时，根据冷却液温度、空调开关等信号，确定发动机目标怠速转速，然后向怠速控制电机发出占空比控制信号，控制其输出一定的转矩，该转矩通过两级齿轮减速机构传递到节气门轴上，该转矩与节气门复位弹簧的转矩相平衡，使节气门开启到一定角度，此时怠速节气门位置传感器将此时的开度信号发送给 ECU。ECU 根据发动机转速传感器信号检测到的实际怠速转速和目标怠速进行比较，并进行怠速转速的闭环控制。ECU 将实际怠速与节气门的开度信号作为学习值记录在 ECU 中，以便于下次起动使发动机实际转速能快速达到目标转速。该学习值随着发动机的技术状况变化随时更新。

4.4.4 发动机怠速控制系统故障分析

1)故障点分析

以旁通空气式怠速控制系统为例,怠速控制系统常见的故障点有:怠速控制阀故障、旁通气道堵塞、怠速开关故障、冷却液温度传感器故障、ECU及线路故障,如图4-4-5所示。

2)故障现象

发动机怠速控制系统出现故障后,发动机就会出现怠速不稳、怠速熄火及无怠速等故障现象,如图4-4-6所示。

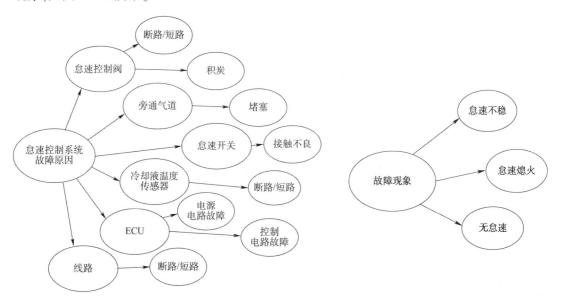

图 4-4-5 旁通式怠速控制系统常见故障点　　　图 4-4-6 怠速控制系统常见故障现象

4.4.5 步进电机型怠速控制阀故障检修

下面以丰田皇冠3.0轿车2JZ-E发动机上用的怠速控制系统为例,讲述该发动机怠速控制阀故障检修过程。该发动机采用步进电机型怠速控制阀控制怠速,其控制电路如图4-4-7所示。

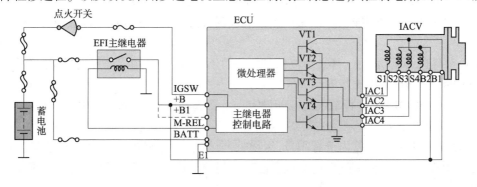

图 4-4-7　丰田皇冠3.0轿车2JZ-E发动机怠速控制系统

1)静态检测

(1)电源检测。

拔下怠速控制阀的连接器,将点火开关转至 ON 位置,用万用表测怠速控制阀插头上 B1 端子和 B2 端子的对地电压,均应为蓄电池电压。否则说明怠速控制阀电源电路有故障,应进一步检查蓄电池、点火开关、EFI 主继电器、熔断丝及线路连接情况。

(2)电阻检测。

拔下怠速控制阀的连接器,用万用表检测步进电机 4 个线圈的电阻值:B1 与 S1 之间、B1 与 S3 之间、B2 与 S2 之间、B2 与 S4 之间的电阻值均为 10~30Ω。如果有一处不正常,则更换怠速控制阀。

(3)控制线路检测。

如果上述检查均正常,拔下怠速控制阀连接器和 ECU 连接器,检查 ECU 插头和怠速控制阀插头上 S1—IAC1、S2—IAC2、S3—IAC3、S4—IAC4 之间线路导通情况,正常值电阻应小于 1Ω。否则,修复线路。

2)动态测试

(1)从节气门体上拆下怠速控制阀。

(2)将蓄电池的正极接在怠速控制阀的 B1 端子和 B2 端子上。

(3)按照 S1—S2—S3—S4 的顺序将蓄电池的负极与各个线圈的端子相连,怠速控制阀应逐步伸出;按照 S4—S3—S2—S1 的顺序将蓄电池的负极与各个线圈的端子相连,怠速控制阀应逐步缩入。

如果不符合要求,则更换怠速控制阀。

如果以上情况都正常,但怠速控制阀仍然不工作,则更换 ECU。

情境分析

1)故障现象

一辆时代超人轿车,发动机怠速不稳,转速在 800~900r/min 波动。汽车加速及高速工况行驶均没问题。

2)故障诊断与排除

(1)用 V.A.G1552 读取故障码,显示无故障。

(2)发动机怠速运转,用 V.A.G1552 读取"03"数据组数据流,当冷却液温度大于 80℃ 时,怠速应为(800±30)r/min。实测值转速在 800~900r/min 波动。

(3)读取"01"数据组数据流,观察怠速节气门开度数据,怠速时正常值应为 2°~5°,实测值为 8°。

(4)节气门开度值增大,怀疑节气门脏污。拆下节气门体,用清洗剂进行喷洗,用棉布擦拭节气门和进气管内壁,重新安装节气门体。

(5)用 V.A.G1552 进行节气门匹配设定。重新起动发动机,故障消失。

3)故障原因分析

一般节气门、进气歧管内壁有积炭、污物时,会导致进气量减少,ECU 修正节气门开度值会大于正常范围。另外,节气门过脏也会使节气门调节值增大,调节值过大时会导致怠速抖动增大。

> **学习小结**

(1) 怠速控制系统根据冷却液温度信号进行起动后的暖机控制。怠速控制系统根据空调开关信号、空挡起动开关信号、动力转向开关信号及电器负荷大小等进行怠速稳定性控制。怠速控制系统根据发动机转速信号进行怠速转速的闭环控制。

(2) 根据控制怠速进气量的方式来分,怠速控制系统可分:旁通控制式和节气门直动式。

(3) 怠速控制阀结构形式有多种多样,常见的有:附加空气阀型、步进电机型、旋转滑阀型和占空比控制型。

(4) 怠速控制的具体内容包括:起动时控制、暖机过程控制、负荷变化时的控制、反馈控制、学习控制等。

(5) 怠速控制阀出现故障后,会出现怠速不稳、怠速熄火或者无怠速等故障现象。

学习单元 4.5　电子节气门控制系统故障检修

> **情境导入**
>
> 一辆大众朗逸轿车,装备 TSI 发动机,起动发动机后,EPC 故障灯点亮,踩下加速踏板时,发动机转速无变化。经检查,发现加速踏板位置传感器故障,更换后故障消失。
>
> **学习目标**
>
> (1) 能通过与客户交流、查阅相关维修技术资料等方式获取车辆信息。
> (2) 能根据故障现象制订正确的维修计划。
> (3) 能正确选择诊断设备对电子节气门引起的故障进行诊断。
> (4) 能正确记录、分析各种检测结果并作出故障判断。
> (5) 能按照正确操作规范进行电子节气门的更换。
> (6) 能根据环保要求,正确处理对环境和人体有害的废料和损坏的零部件。

> **理论知识**

4.5.1　电子节气门控制系统作用

节气门上游为空气滤清器,下游为发动机缸体,被称为汽车发动机的咽喉。节气门是控制空气进入发动机的一道可控阀门,气体进入进气歧管后会和汽油混合成可燃混合气,混合气进入燃烧室后燃烧做功。对节气门的控制有传统拉索式和电子节气门两种,如图 4-5-1 所示。对于传统拉索式节气门,节气门与加速踏板为机械连接,一般是拉索(软钢丝)或拉杆。而对于电子节气门,在节气门与加速踏板之间没有机械连接,二者通过控制线路进行连接。

电子节气门技术(Electronic Throttle Control,ETC)是伴随汽车电子驱动理念(Drive by Wire)而诞生的,因此,电子节气门也称线控节气门。它取消了加速踏板与节气门之间的机械连接结构,通过增加相应的传感器、电控单元及电机驱动机构实现了二者之间的电气连接。电子节气门控制系统除了可以实现发动机起动控制、怠速控制、加减速控制之外,电子节气门还需要配合汽车其他电子控制系统完成相应的控制,如驱动防滑控制(ASR)、巡航控制(CCS)、车辆稳定性控制(VSC)及自动变速器(AMT)换挡优化控制等。采用电子节气门控制系统,使节气门开度得到精确控制,不但可以提高燃油经济性,减少排放,同时,系统响应迅速,可获得满意的操控性能;另一方面,可实现怠速控制、巡航控制和车辆稳定控制等的集成,简化了控制系统结构。

传统的节气门控制方式使发动机电子控制系统完全根据驾驶员对加速踏板的操作来控制发动机的工作,不能确保发动机的工作状态与汽车的运行情况形成最佳的匹配。电子节气门控制方式使加速踏板与节气门之间无机械连接,可使发动机节气门的开度不完全取决于驾驶员对加速踏板的操纵,控制系统可根据发动机的工况、汽车的行驶状态等对节气门的开度作出实时调节,使发动机在最适当的状态下工作,从而提高了汽车的动力性、安全性及舒适性。

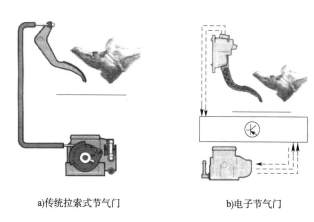

a)传统拉索式节气门　　b)电子节气门

图4-5-1　两种节气门结构

4.5.2　电子节气门控制系统的控制功能

电子节气门控制系统根据驾驶员操纵加速踏板的情况、发动机的运行工况及汽车的行驶状况等对节气门进行控制,可使踏板行程大小与电子节气门开度不一致,以实现发动机的不同控制模式。

1)加速踏板特性控制

加速踏板特性控制可使节气门的开度响应满足驾驶员不同的踏板感觉需要。加速踏板特性大致可分为正常模式、动力模式和雪地模式,如图4-5-2所示。正常模式适用于大多数车辆行驶工况,节气门的加速踏板响应适中,车辆行驶平稳、燃油经济性较好。在动力模式下,节气门加快对加速踏板的响应速度,动力模式适用于需要发动机输出大功率的工况,此时在相同的加速踏板踩压角度情况下,节气门开度比普通模式要大得多,

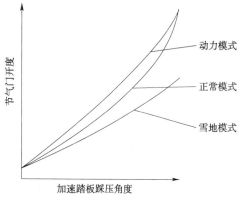

图4-5-2　电子节气门控制系统的三种工作模式

因此汽车动力性很强。在附着较差的工况下(比如:雪地、雨天),驾驶员可选择雪地模式驾驶车辆,此时节气门对加速踏板的响应降低,发动机输出的功率比正常情况下小,使车轮不易打滑,保持车辆稳定行驶。

2)汽车加速平滑性控制

在加速踏板位置突然改变时,电子节气门控制系统对节气门的响应进行适当的调整,以避免汽车突然加速或减速,使车内乘员无前冲或后仰的感觉,如图4-5-3所示。具有汽车加速平滑性控制的车辆,汽车突然加速时,节气门实际开度变化稍滞后于加速踏板开度变化,使车辆纵向加速度的变化比较平滑,提高汽车的舒适性。

3)发动机转速限制

当发动机转速超过设定的限值时,电子节气门控制系统可及时减小节气门开度,以避免发动机超速运转。

4)发动机起动控制

在起动发动机时,电子节气门控制系统自动将节气门调整到发动机最容易起动的位置。

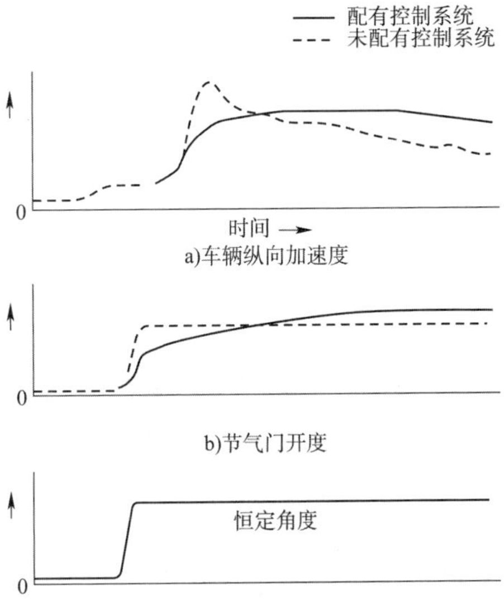

图4-5-3 汽车加速度平滑性控制

5)三元催化器加热时的转矩补偿控制

当发动机冷机起动后,三元催化器加热器通电工作时,电子节气门控制系统将节气门开度做适当的修正,以确保发动机的正常运转。

6)发动机怠速控制

电子节气门装置响应发动机怠速控制系统的控制指令,进行发动机怠速稳定性控制、发动机高怠速控制和发动机快速暖机控制等。

7)驱动防滑控制

电子节气门装置响应驱动防滑控制系统的控制指令,通过适当减小节气门开度,控制发动机的输出功率,以抑制驱动车轮的滑转。

8)汽车巡航控制

电子节气门装置响应巡航控制系统的控制指令,及时地调整节气门开度,以使汽车的行驶速度保持在设定的车速。

9)海拔高度补偿控制

在海拔较高的地区,大气压下降,空气稀薄,氧气含量下降,导致发动机输出动力下降。此时,电子节气门控制系统可按照大气压强和海拔高度的函数关系对节气门开度进行补偿,保证发动机输出动力和加速踏板位置的关系保持稳定。

4.5.3 电子节气门控制系统组成与控制原理

1)电子节气门控制系统组成

如图4-5-4所示,电子节气门控制系统由加速踏板位置传感器、节气门位置传感器、其他相关传感器、发动机ECU、节气门控制电机、减速机构、节气门、节气门复位弹簧(包括主复位弹簧、副复位弹簧)及故障指示灯等组成。

其中,节气门、节气门复位弹簧、节气门位置传感器、节气门控制电机集中安装在一个部件上,称为节气门体,如图4-5-5和图4-5-6所示。

加速踏板位置传感器将驾驶员踩踏加速踏板的程度及速率信息传递给发动机ECU;节气门位置传感器将节气门实际的位置信息传递给ECU。

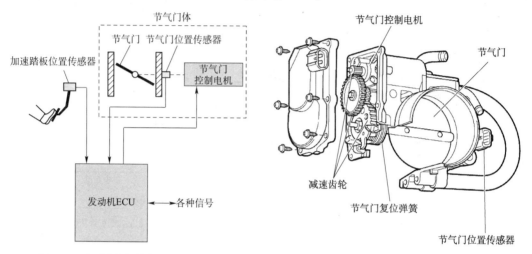

图4-5-4 电子节气门控制系统结构原理　　　图4-5-5 节气门体组件

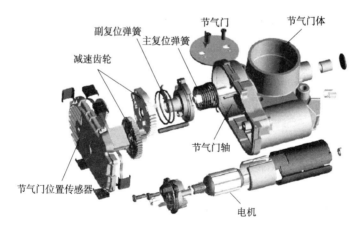

图4-5-6 节气门体零部件

发动机控制单元(ECU)接收加速踏板位置传感器信号,根据输入电压信号计算得知所需动力,并根据其他如急加速、空调、自动变速器起步的转矩信号等,计算出实际的节气门开度。发动机ECU同时还监控节气门系统是否出现故障。

节气门控制电机通过减速机构驱动节气门开启到某一个角度,其中减速机构为两级外啮合齿轮结构。

节气门复位弹簧包括主复位弹簧和副复位弹簧,主复位弹簧力图使节气门回到全关位置,副复位弹簧使节气门保持一个较小开度。发动机熄火时,节气门在主复位弹簧和副复位弹簧的共同作用下保持在一个初始开度。当节气门控制电机发生故障时,节气门电机不输出转矩,此时节气门在主、副复位弹簧的共同作用下回到节气门的初始位置,此时发动机以高于怠速的转速运转,汽车具备一定的行驶功能。

当电子节气门控制系统存在电路故障时,ECU 控制电子节气门故障灯点亮。

2)电子节气门控制系统基本工作原理

电子节气门控制系统基本工作原理,如图 4-5-7 所示。ECU 根据加速踏板和其他相关传感器的信号,计算出当前工况下发动机需要输出的转矩,并根据该转矩计算出当前工作下的最佳节气门开度,即目标开度,然后将目标开度与节气门位置传感器检测的实际节气门开度进行比较,根据二者的偏差计算相应的控制量,通过节气门驱动电路驱动节气门控制电机转动,使节气门开启到需要的开度。由此可见,电子节气门控制不但要考虑驾驶员对发动机转矩的需求,还要考虑发动机及车辆的运行工况,对发动机输出转矩进行综合控制。节气门位置传感器在此检测实际的节气门开度并反馈给 ECU,使 ECU 完成对节气门的位置闭环控制。

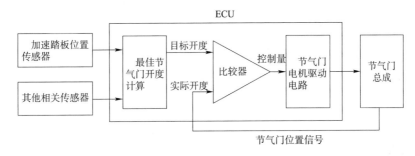

图 4-5-7　电子节气门控制系统的工作原理

电子节气门对怠速的控制:电子节气门系统取消了怠速旁通气道和怠速控制阀,通过直接控制节气门的开度来进行怠速的控制(节气门直动式),如图 4-5-8 所示。怠速时,如需要怠速提高,则开大节气门;若需要怠速降低,则关小节气门。

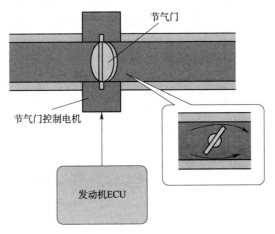

图 4-5-8　电子节气门控制系统对怠速的控制

4.5.4　加速踏板位置传感器结构与原理

1)加速踏板位置传感器类型

与节气门位置传感器一样,根据内部结构原理的不同,加速踏板位置传感器可分为电位计型和霍尔元件型,如图 4-5-9 所示。电位计型加速踏板位置传感器属于接触式传感器,采用可变电阻分压原理。霍尔元件型属于非接触式传感器,采用霍尔效应原理,无接触磨损,工作可靠。

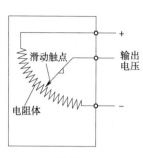
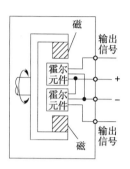

a) 电位计型　　　　　　　　b) 霍尔元件型

图 4-5-9　加速踏板位置传感器

根据输出信号类型特点,加速踏板位置传感器一般为线性输出型,同时为了确保可靠性,加速踏板位置传感器一般都输出两个信号。从控制角度上讲,使用一个传感器就可以使系统正常运转,但冗余设计可以使两个传感器相互检测,当一个传感器发生故障时能及时被识别,在很大程度上增加了系统的可靠性,保证了行车的安全性。

2) 电位计型加速踏板位置传感器结构与原理

(1) 结构组成。

丰田车型的电位计型加速踏板位置传感器外观如图 4-5-10 所示,它安装在加速踏板轴的上方,传感器插座上有六个接柱。

传感器内部电路如图 4-5-11 所示,其内部有两套电位计。其中 VCP1、VCP2 为电源端子,EP1、EP2 为搭铁端子,VPA、VPA2 为信号输出端子。

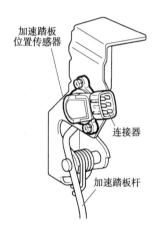

图 4-5-10　电位计型加速踏板位置传感器安装位置

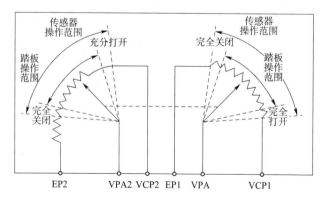

图 4-5-11　电位计型加速踏板位置传感器结构原理图

(2) 工作原理。

当加速踏板被踩下时,加速踏板杆绕加速踏板轴摆动,加速踏板杆带动电位计的两个滑动臂在电位计上滑动,两个滑动臂与搭铁之间的电阻大小也随之发生变化,于是两个滑动臂通过两个信号端子 VPA 和 VPA2 向 ECU 输出加速踏板位置信号。加速踏板位置传感器的输出特性,如图 4-5-12 所示。VPA 信号能在加速踏板踩下全程范围内呈线性关系地输出电压,另一个 VPA2 信号,能输出偏离 VPA 信号的偏置电压。

某些车型上加速踏板位置传感器处还设置了怠速开关,以检测加速踏板是否完全被松开,如图 4-5-13 所示。

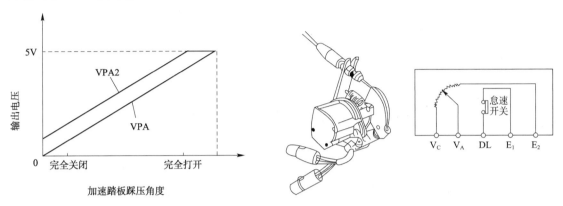

图 4-5-12 电位计型加速踏板位置传感器输出特性　　图 4-5-13 带怠速开关的加速踏板位置传感器

3）霍尔型加速踏板位置传感器结构与原理

（1）结构与组成。

丰田卡罗拉轿车上采用霍尔型加速踏板位置传感器,其结构如图 4-5-14 所示,主要由加速踏板、霍尔集成元件、永久磁铁等组成。霍尔集成元件安装在加速踏板的外壳上(固定不动),永久磁铁随着加速踏板转动而转动。

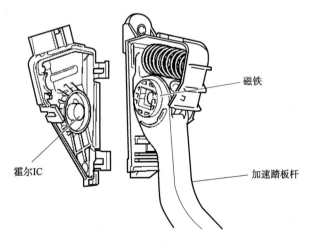

图 4-5-14 线性输出型节气门位置传感器结构示意图

（2）工作原理。

霍尔型加速踏板位置传感器与 ECU 之间的电路连接关系,如图 4-5-15 所示。当加速踏板被踩下或松开时,与加速踏板联动的轴就会带动永久磁铁转动。由于霍尔 IC 固定不动,永久磁铁转动时就改变了永久磁铁和霍尔元件之间的相对位置,穿过霍尔元件的磁场强度也随之改变，因此霍尔元件输出相应的霍尔电压，霍尔电压经过IC集成电路处理后传送给发动机ECU。ECU根据霍尔型加速踏板位置传感器的电压信号确定加速踏板的位置及其位置变化。

图中ECU通过VCPA和VCP2向传感器提供5V电源，EPA和EPA2为传感器的搭铁端子，VPA和VPA2为传感器信号输出端子。传感器的输出特性如图4-5-16所示，随着加速踏板踩压角度的增加，两个信号电压线性增加，VPA和VPA2之间始终保持一定的电压差。

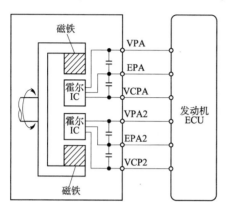

图4-5-15 霍尔型加速踏板位置传感器连接电路

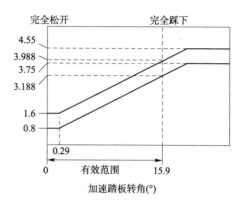

图4-5-16 丰田1ZR-FE发动机加速踏板位置传感器输出信号示意图

4.5.5 电子节气门电机控制方式

现代轿车普遍采用直流伺服电机式节气门控制系统，它采用脉宽调制控制（PWM）技术对节气门开度进行实时控制。ECU根据目标节气门开度和实际节气门开度之间的偏差值计算出脉宽调制信号的占空比，并用该占空比信号来控制节气门控制电机的转角。

1）电子节气门的五个位置

（1）下机械停止位。

节气门下机械停止位是指节气门向关闭方向能达到的极限位置，此时与节气门同轴的减速齿轮上的凸齿与节气门体上的下机械位凸台相抵，如图4-5-17所示。

（2）上机械停止位。

节气门上机械停止位是指节气门向打开方向能达到的极限位置，此时与节气门同轴的减速齿轮上的另一个凸齿与节气门体上的上机械位凸台相抵，如图4-5-18所示。

（3）下电气停止位。

下电气停止位由发动机ECU进行定义，是ECU控制节气门转到的最小开度时的位置，如图4-5-19所示。下电气停止位对应的节气门开度稍大于下机械停止位时节气门的开度。

（4）上电气停止位。

上电气停止位由发动机ECU进行定义，是ECU控制节气门转到的最大开度时的位置，如图4-5-20所示。上电气停止位对应的节气门开度稍小于上机械停止位时节气门的开度。

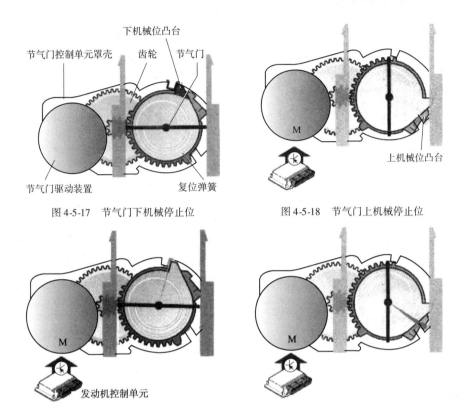

图 4-5-17　节气门下机械停止位　　　　图 4-5-18　节气门上机械停止位

图 4-5-19　下电气停止位　　　　　　图 4-5-20　上电气停止位

(5) 紧急停止位。

如图 4-5-21 所示,当节气门控制电机发生如故障时,节气门电机不通电,节气门在主、副复位弹簧的共同作用下处于紧急停止位(此位置也为节气门的初始位置)。此时,由于节气门开度大于怠速时节气门开度,发动机以高怠速运转,使汽车具有一定的行驶功能。发动机熄火后,节气门控制电机断电,节气门也处于紧急停止位。

图 4-5-21　紧急停止位

2) 节气门电机控制电路工作原理

电子节气门电机一般采用步进电机或直流伺服电机,对于步进电机,ECU 通过控制步进电机线圈的通电次序来控制电机的正、反转。对于直流伺服电机,一般采用 H 桥驱动电路对电机进行正反转控制。

图4-5-22所示为丰田卡罗拉轿车的节气门电机控制电路示意图,该电路由微处理器、驱动电路、H桥电路及驱动电机组成,其中H桥由4个功率MOS管组成。微处理器根据发动机工况计算出需要的发动机转矩并发出对应的PWM信号及电机正、反转信号(FWD和REV)给电机驱动电路。当需要电机正向转动时,MOS管V3导通、MOS管V2处于PWM开关状态,电机产生一定的转矩;当需要电机反向转动时,MOS管V1导通、MOS管V4处于PWM开关状态,电机产生一定的转矩。

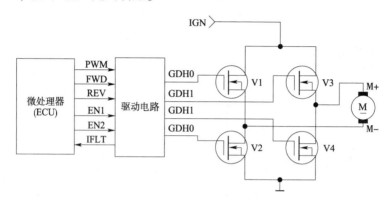

图4-5-22 丰田卡罗拉轿车节气门电机控制电路示意图

(1)节气门初始位置。

发动机熄火后,步进电机不通电,节气门在主、副复位弹簧的作用下处于初始位置,如图4-5-23a)所示。

(2)发动机怠速控制。

发动机起动后,发动机进入怠速工况。ECU控制电机正向转动,电机带动节气门克服副弹簧的弹力,由初始位置向较小开度方向转动,如图4-5-23b)所示。即怠速时节气门的开度小于节气门初始位置的开度。

(3)发动机加速控制。

当需要加速时,ECU控制电机反向转动,节气门电机带动节气门克服主弹簧的弹力,由怠速位置向较大开度方向转动,如图4-5-23c)所示。当加速较大时,节气门会越过节气门的初始位置。

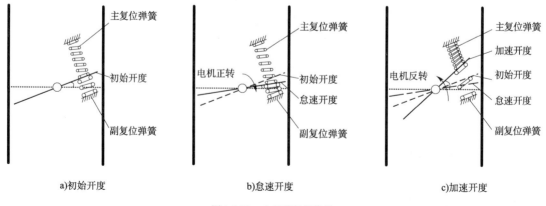

图4-5-23 电子节气门位置

4.5.6 电子节气门控制系统失效模式

下面以丰田卡罗拉轿车为例,介绍电子节气门控制系统的失效模式。

如果两个加速踏板位置传感器电路中的一个出现故障,ECM 则使用另一电路来计算加速踏板位置,以便车辆得以继续行驶。如果两个电路都出现故障,ECM 认为加速踏板处于松开状态,节气门关闭,发动机按照怠速工况运行。

当节气门位置传感器或节气门控制电机出现故障时,ECM 切断通往节气门控制电机的电流,并且节气门被复位弹簧拉回到开度6°。然后,ECM 根据加速踏板开度控制燃油喷射(间歇性燃油切断)和点火正时以调整发动机输出,以确保车辆维持最低车速。如果加速踏板被轻轻踩下,汽车会缓慢行驶。

实践技能

4.5.7 电子节气门控制系统故障分析

1) 故障点分析

当电子节气门系统相关电路发生故障时,可能的故障点如图 4-5-24 所示。故障存在的区域包括外部线路故障、元件自身故障、ECU 故障。外部线路故障有断路、短路和虚接三种情况。元件自身故障如节气门位置传感器或加速踏板位置传感器的触点接触不良、可变电阻损坏、霍尔元件失效、磁铁损坏等,节气门控制电机损坏,减速机构损坏及复位弹簧失效等。ECU 故障主要是 ECU 内部电源电路或者内部搭铁电路出现故障。

图 4-5-24　电子节气门控制系统故障图

图 4-5-25 电子节气门系统组件失效后常见故障现象

2）故障现象

电子节气门系统相关组件出现故障后,可能会因加速踏板位置传感器的故障导致加速不良或无加速,也可能因节气门位置传感器的故障导致发动机 ECU 不能对节气门开度进行精确测量,无法判定发动机运转工况(如怠速、中小负荷、大负荷),无法识别驾驶员的意图(如加速或减速),最终导致无法准确控制喷油量,还有可能因机械元件如电机、减速机构损坏导致节气门不能正常开启闭合,影响发动机 ECU 正常控制喷油。对于使用自动变速器的汽车,还可能导致变速器 ECU 不再执行换挡程序,不能正常地自动换挡。可能出现的故障现象,如图 4-5-25 所示。

4.5.8 电子节气门系统故障检修

下面以大众 TSI 轿车 TSI 发动机采用的电子节气门控制系统为例,介绍主要电子部件的故障检修方法(节气门位置传感器的检修方法详见前面学习单元)。

1）加速踏板位置传感器静态检测

加速踏板位置传感器与 ECU 之间的连接关系,如图 4-5-26 所示。

（1）传感器电源检测。

拔下传感器线束连接器 T6L,点火开关 ON,用万用表分别检测 T6L 插头上 1 及 2 端子与搭铁间电压,正常值均应为 5V 左右;否则,拔下 ECU 线束连接器 T94,检查 T6L 插头上 1 与 ECU 线束连接器 T94 插头上 81 之间的导线电阻,检查 T6L 插头上 2 与 ECU 线束连接器 T94 插头上 82 之间的导线电阻,正常值均应小于 1Ω。若线路电阻不正常,检查线路故障。

（2）传感器搭铁检测。

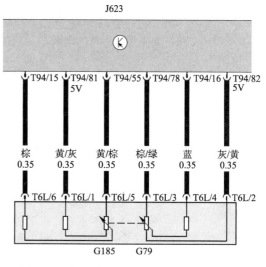

图 4-5-26 加速踏板位置传感器与 ECU 连接关系

点火开关 OFF,拔下传感器线束连接器 T6L,用万用表分别检查 T6L 插头上 5 及 3 端子与搭铁之间电阻,正常值均应小于 1Ω;否则,检查 T6L 插头上 5 与 ECU 线束连接器 T94 插头上 55 之间的导线电阻,检查 T6L 插头上 3 与 ECU 线束连接器 T94 插头上 78 之间的导线电阻,正常值均应小于 1Ω;若导线电阻不正常,检查搭铁线路故障。

（3）传感器信号线路检测。

拔下传感器线束连接器 T6L 和 ECU 线束连接器 T94,检查 T6L 插头上 6 与 ECU 线束连接器 T94 插头上 15 之间的导线电阻,检查 T6L 插头上 4 与 ECU 线束连接器 T94 插头上 16

之间的导线电阻,正常值均应小于1Ω,否则说明传感器信号线出现故障。

2)加速踏板位置传感器动态检测

点火开关OFF,插上连接器A3和A50插头。

(1)万用表检测。

点火开关ON,用万用表分别检测加速踏板位置传感器端子6、4与搭铁间电压值,未踩踏板状态下正常值应分别为0.5~1.1V和1.2~2.0V,在踩下加速踏板情况下正常值分别为2.6~4.5V和3.4~5.0V。否则,更换加速踏板位置传感器。

(2)读取数据流。

点火开关ON,用KT300读取动态数据流,输入通道号62,第三个第四个数据15%、7%,踩下踏板后数据增加,第三个、第四个数据最大为89%、44%。

(3)波形分析。

用示波器检测加速踏板位置传感器端子6、4与搭铁间信号波形,实测波形如图4-5-27所示。G185和G79信号变化趋势相同,但G79信号是G185信号电压的两倍。

急速或踏板保持一定开度时,电压值应保持稳定,电压波动要小;急加速时,电压波形应迅速上升,急减速时,电压波形应迅速下降。若急速或踏板保持一定开度时电压值波动很大,加速或减速时电压波形反应缓慢,则说明加速踏板位置传感器存在故障。

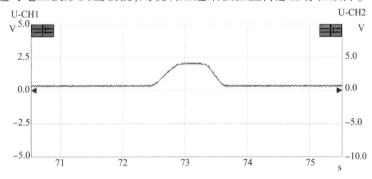

图4-5-27 加速踏板位置传感器信号波形(CH1-G185、CH2-G79)

3)节气门控制电机静态检测

丰田1ZR-FE发动机节气门控制电机电路,如图4-5-28所示。

(1)信号线路检测。

拔下发动机ECU线束连接器T60和执行器控制信号线束连接器T6ad,检查T60插头上2与T6ad插头上3之间的电阻,检查T60插头上3与T6ad插头上5之间的电阻,正常值均应小于1Ω;否则,说明节气门控制电机控制信号线出现故障。

(2)节气门控制电机电阻检测。

拔下执行器控制信号线束连接器T6ad后,用万用表检测T6ad插座上3和5之间的电阻,在20℃条件下,正常值应为0.3~100Ω;否则,说明控制电机出现故障。

4)节气门控制电机动态检测

(1)万用表检测。

起动发动机,并适时踩下加速踏板,用万用表检测执行器电机控制电流,正常值为0.5~7A,如电流低于0.5A或超过7A的持续时间超过0.6s,说明节气门体存在故障。

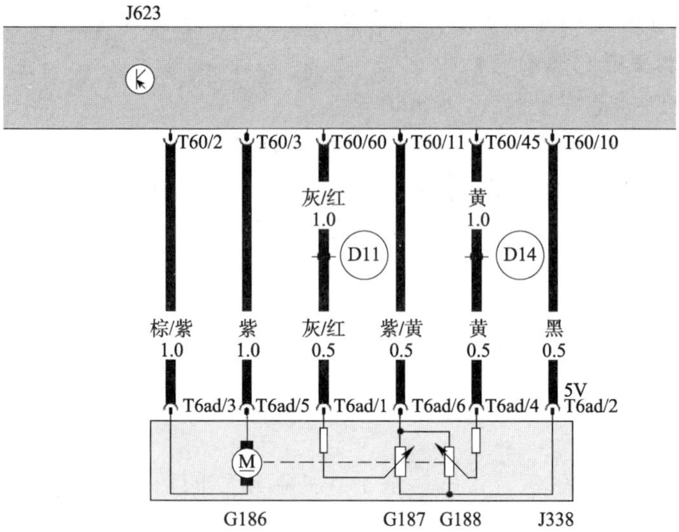

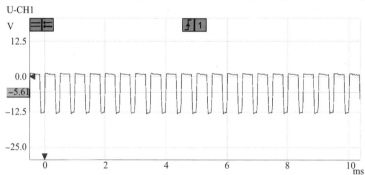

图 4-5-28 节气门控制电机电路图

G186-节气门控制电机；G187-节气门位置传感器1；G188-节气门位置传感器2；J338-节气门体

(2) 波形分析。

用示波器检测节气门控制电机控制信号线端子3和5间信号波形，怠速时波形如图4-5-29所示，加速时波形如图4-5-30所示。

由于加速时节气门电机反向转动，因此3与5之间的波形电压值为正值。

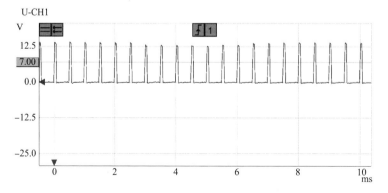

图 4-5-29 怠速时节气门控制电机波形

图 4-5-30 加速时节气门控制电机波形

情境分析

1）故障现象

一辆大众朗逸轿车,装备 TSI 发动机,起动发动机后,EPC 故障灯点亮,踩下加速踏板时,发动机转速无变化。

2）故障诊断与排除

(1) 打开点火开关,用 KT300 读取故障码,显示屏幕显示:"08487 P2127 节气门/踏板位置传感器 2 信号太小"。

(2) 清除故障码,起动发动机,发现发动机故障灯依然点亮。再次读取故障码,上述故障码依然存在。

(3) 用 KT300 读取动态数据流,输入组号"062",观察屏幕上第四个数据显示为 0%。踩下加速踏板,该数据保持不变,说明 ECU 没有检测到加速踏板位置传感器 G185 信号。

(4) 用万用表检测加速踏板位置传感器 G185 电源电压,万用表显示为 4.99V。

(5) 用万用表检测加速踏板位置传感器 G185 搭铁电阻,万用表显示为 0.7Ω;用万用表检测 G185 信号线,信号线导通良好。

(6) 更换新的传感器后,发动机起动,EPC 故障灯熄灭,踩下加速踏板,发动机加速有力,反应迅速。

3）故障原因分析

当加速踏板位置传感器出现故障时,发动机 ECU 进入失效保护模式,ECU 认为加速踏板处于松开状态,于是节气门关闭,发动机处于怠速状态运转。此时 ECU 不再对加速踏板信号产生响应。

学习小结

(1) 电子节气门控制系统除了可以实现发动机起动控制、怠速控制、加减速控制之外,电子节气门还需要配合汽车其他电子控制系统完成相应的控制,如驱动防滑控制(ASR)、巡航控制(CCS)、车辆稳定性控制(VSC)及自动变速器(AMT)换挡优化控制等。

(2) 电子节气门控制方式使加速踏板与节气门之间无机械连接,可使发动机节气门的开度不完全取决于驾驶员对加速踏板的操纵,控制系统可根据发动机的工况、汽车的行驶状态等对节气门的开度作出实时调节,使发动机在最适当的状态下工作,从而提高汽车的动力性、安全性及舒适性。

(3) 加速踏板特性控制可使节气门的开度响应满足驾驶员不同的踏板感觉需要。加速踏板特性大致可分为正常模式、动力模式和雪地模式。

(4) 电子节气门控制系统由加速踏板位置传感器、节气门位置传感器、其他相关传感器、发动机 ECU、节气门控制电机、减速机构、节气门、节气门复位弹簧及故障指示灯等组成。

(5) 电位计型加速踏板位置传感器属于接触式传感器,采用可变电阻分压原理。霍尔元件型属于非接触式传感器,采用霍尔效应原理,无接触磨损,工作可靠。

(6) 现代轿车普遍采用直流伺服电机式节气门控制系统,它采用脉宽调制控制(PWM)技术对节气门开度进行实时控制。ECU 根据目标节气门开度和实际节气门开度之间的偏差值计算出脉宽调制信号的占空比,并用该占空比信号来控制节气门控制电机的转角。

学习情境 5　排放超标故障检修

学习单元 5.1　三元催化转换器故障检修

情境导入

一辆大众朗逸轿车加速性能差,最高车速只有 100km/h。经检查,发现三元催化转换器堵塞,更换新的三元催化转换器后,重新试车,发动机动力恢复正常。

学习目标

(1) 能通过与客户交流、查阅相关维修技术资料等方式获取车辆信息。
(2) 能根据故障现象制订正确的维修计划。
(3) 能正确选择诊断设备对三元催化转换器引起的故障进行诊断。
(4) 能正确记录、分析各种检测结果并作出故障判断。
(5) 能按照正确操作规范进行三元催化转换器及相关部件的更换。
(6) 能根据环保要求,正确处理对环境和人体有害的废料和损坏的零部件。

理论知识

5.1.1　汽车排放控制技术

随着各国排放法规的逐步完善,汽车排放标准的越来越严格,从而推动着汽车排放控制技术的发展。而削减汽车排放污染物的最根本途径,就是依靠汽车排放控制技术的开发和应用。目前,汽车排放污染物的控制技术可分为两类:

1) 机内净化技术

机内净化技术即以改进发动机燃烧过程为核心的排气控制技术。具体控制措施包括汽油机电控燃油喷射系统、电控点火系统、可变进气系统、缸内直喷 + 稀薄燃烧技术、发动机增压技术等。

2) 机外净化技术

机外净化技术包括两类:一类是对已生成的有害排放物进行净化的排气污染控制技术,如三元催化转换器、废气再循环系统、二次空气喷射控制系统、NO_x 吸附技术等。另一类是对来自曲轴箱和供油系统的有害物进行净化的非排气污染控制技术,如燃油蒸发控制系统、曲轴箱强制通风系统等。

这些措施尤以三元催化转化器最有代表性,下面先来介绍三元催化转换器(Three-Way

Catalytic Converter,TWC)。所谓"三元",是指能同时处理 CO、HC 和 NO_x 三种有害气体,而早期的"二元"式,仅能针对 CO 和 HC 做转化。

5.1.2 三元催化转换器结构

三元催化转换器包括壳体、载体、涂层、垫层等组成,如图 5-1-1 所示。

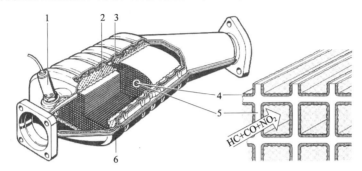

图 5-1-1 三元催化转化器结构
1-氧传感器;2-垫层;3-隔热层;4-涂层;5-载体;6-壳体

1) 壳体

壳体是整个三效催化转换器的支承体。壳体的材料和形状是影响催化转换器转换效率和使用寿命的重要因素。目前,用得最多的壳体材料是含铬、镍等金属的不锈钢,这种材料具有热膨胀系数小、耐腐蚀性强等特点,适用于催化转换器恶劣的工作环境。

2) 载体

载体的材料主要有两种:陶瓷载体和金属载体,如图 5-1-2 所示。陶瓷载体上有成千上万个小孔可以供废气通过,陶瓷是一种耐高温的镁铝硅酸盐材料。金属载体是陶瓷载体的一个替代物,它由 0.05mm 厚的金属箔在高温条件下弯曲和焊接制成。由于壁很薄,在相同的面积下可以有更多的孔,这意味着对排气的阻力很小,对高性能发动机非常重要。

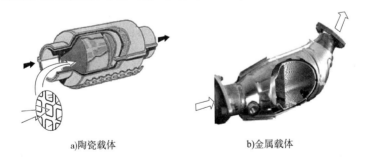

a) 陶瓷载体　　　　　　　　b) 金属载体

图 5-1-2 陶瓷载体和金属载体

早期的催化剂曾采用氧化铝的球状载体,这种载体存在磨损快、阻力大的缺点,目前在汽车催化转换器中已不使用。美国康宁(Corning)公司于 20 世纪 70 年代初发明了陶瓷蜂窝状载体,并很快占据了车用催化转换器载体的主导地位。之后,日本 NGK 公司也掌握了这种技术并开始大量生产。据统计,目前世界上车用催化转换器载体的 90% 是陶瓷载体,其余为金属载体,而陶瓷载体年产量的 95% 以上由康宁公司和 NGK 公司生产。

蜂窝状载体将催化剂沉积在蜂巢状表面,可增大催化剂与废气的实际接触面积。

3) 涂层

浆状物涂在载体上后烘干形成涂层,典型涂层的主要成分是氧化铝和二氧化铈。该涂层为贵金属催化剂提供了一个巨大的表面积,将贵金属催化剂涂布其上,可防止催化剂发生热退化作用。涂层粗糙多孔的表面可使壁面的实际催化反应表面积扩大 7000 倍左右。

4) 催化剂

在涂层表面散布着作为活性材料的贵金属,一般为铂(Pt)、铑(Rh)和钯(Pd)以及作为助催化剂成分的铈(Ce)、钡(Ba)和镧(La)等稀土材料。助催化剂主要用于提高催化剂活性和高温稳定性。

5) 垫层

为了使载体在壳体内位置牢固,防止它因振动而损坏,同时为了补偿陶瓷与金属之间热膨胀性的差别,保证载体周围的气密性,在载体与壳体之间加有一块由软质耐热材料构成的垫层。垫层具有特殊的热膨胀性能,可以避免载体在壳体内部发生窜动而导致载体破碎。另外,为了减小载体内部的温度梯度,以减小载体承受的热应力和壳体的热变形,垫层还应具有隔热性。常见的垫层有金属网和陶瓷密封垫层两种形式,如图 5-1-3 所示。

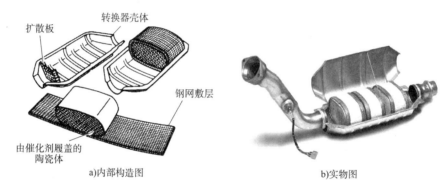

图 5-1-3 三元催化转换器结构

5.1.3 三元催化转换器工作原理

三元催化转换器的作用是将发动机运转工作过程所产生的燃烧废气中所含的 CO、HC 和 NO_x 三种有害气体转化成对人类社会环境无害的排放物,如 CO_2、H_2O 和 N_2,如图 5-1-4 所示。

图 5-1-4 TWC 原理示意图

转换过程中,化学反应主要分为氧化反应和还原反应两种。有害成分按照下面两个步骤被转化:首先,TWC 先利用内含的贵重金属铑(Rh)作为催化剂,NO_x 和 CO 还原反应生成 N_2、CO_2 和 O_2,如式(5-1)和式(5-2)所示;其次,在铂(Pt)或钯(Pd)催化剂的催化下,CO 和 HC 与氧气发生氧化反应,产生 CO_2 和 H_2O,如式(5-3)和式(5-4)所示。氧化过程需要的氧气来源于不完全燃烧后在废气中残余的氧气,还有一部分来源于氮氧化物还原反应中生成的氧气。

$$2NO + 2CO = N_2 + 2CO_2 \qquad (5\text{-}1)$$
$$2NO_2 + 2CO = N_2 + 2CO_2 + O_2 \qquad (5\text{-}2)$$
$$2CO + O_2 = 2CO_2 \qquad (5\text{-}3)$$
$$2C_2H_6 + 7O_2 = 4CO_2 + 6H_2O \qquad (5\text{-}4)$$

实际上,上述化学反应在正常的环境下也能够自发地进行,但其转换速度和转换效率很有限。依靠自发进行的化学反应无法达到现代汽车排放污染控制法规的要求。而在三元催化转换器的反应床表面上,在常规的发动机排气温度和催化剂的作用下,上述化学反应的速度和效率被大大增强了。

常用的催化剂是由铂、铑和钯等一些贵金属材料构成,通过特殊工艺方法浸镀在载体表面的基体涂层上。Pt 负责催化氧化 CO、HC,Rh 负责催化还原 NO_x,如图 5-1-5 所示。安装三元催化转换器的车辆不能使用含铅汽油,因为铅沉积在催化剂表面,将使三元催化转换器失效。

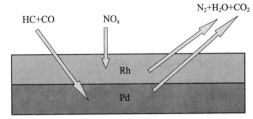

图 5-1-5 TWC 催化剂示意图

5.1.4 三元催化转换器转换效率的影响因素

TWC 将有害气体转变成无害气体的效率受诸多因素的影响。其中,影响最大的是温度和混合气的浓度。

1) TWC 的转换效率与温度的关系

催化转换器的温度对 TWC 的转换效率有决定性的影响。对于三元催化转换器,当温度超过 300℃时才开始进行有害成分的转化。工作温度 400~800℃时转换效率较高,且有较长的寿命。当温度达到 800~1000℃时,涂层中的氧化铝和贵重金属加速老化,导致转换效率降低。当温度超过 1000℃时,涂层急剧老化,催化转换器 100% 失效。

发动机失火后未燃烧的燃油在排气管中燃烧,可能导致催化器内部温度高达 1400℃,这样的温度使载体融化,催化转换器完全被毁坏。现代发动机管理系统可以监控点火系统是否失火,如果失火就停止该缸的喷油,以防止没有燃烧的汽油直接进入排气管中。

严格的排放法规要求发动机冷起动时催化转换器能尽快预热,可采取某些控制措施实现预热(如安装二次空气喷射系统、在起动时将点火时间推迟)。另外,为尽快预热,三元催化转换器应尽量安装在靠近发动机处。

2) TWC 的转换效率与混合气浓度的关系

TWC 的转换效率与发动机的空燃比也有直接关系。实验表明,当空燃比维持在 14.7:1 附近上下 0.3% 范围内时,TWC 的效率几乎可达到 90% 以上,如图 5-1-6 所示。因混合气浓时,HC、CO 含量将增多,使转换的效率降低。但若混合气稀的话,NO_x 排量也会增加,如此亦将使转换的效率下降。

因此,为了降低排放,使三元催化转换器工作在最高转换效率下,必须将发动机的空燃比控制在理想空燃比附近。这项功能由 ECU、氧传感器、喷油器形成的空燃比闭环控制系统来完成。ECU 根据氧传感器的信号动态调节喷油量(图 5-1-7),以确保混合气空燃比在理想空燃比附近。如当氧传感器检测到废气中氧浓度高时,ECU 就减少喷油量;当氧传感器检测到废气中氧浓度低时,ECU就增加喷油量。这样ECU将发动机空燃比尽可能地控制在理想值附近,三元催化转换器转换效率达到最高,污染排放量最低。

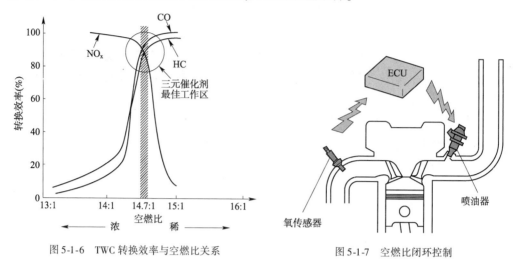

图 5-1-6 TWC 转换效率与空燃比关系　　图 5-1-7 空燃比闭环控制

实践技能

5.1.5 三元催化转换器故障分析

1)失效原因

三元催化转换器的失效有多种原因,如图 5-1-8 所示。

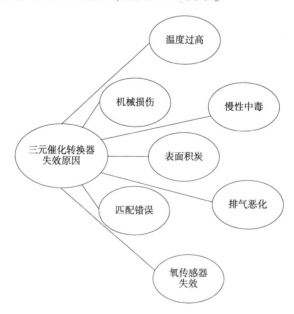

图 5-1-8 三元催化转换器的失效原因

(1)温度过高。

三元催化转换器工作时会产生大量的热量,当温度超过 1000℃时,其内涂层的催化剂就会烧结坏死,同时也极易发生车辆自燃事故。所以必须注意控制造成排气温度升高的各种因素,如点火时间过迟或点火次序错乱、断火等,这都会使未燃烧的混合气进入催化反应器,造成排气温度过高,影响催化转换器的效能。

(2)机械损伤。

由于使用原因,比如振动、冲击等会引起催化转换器内部载体及涂层破碎。一方面使催化转换效率减低,另一方面脱离的物质会堵塞排气系统,引起排气困难。

(3)慢性中毒。

催化剂对硫、铅、磷、锌等元素非常敏感,硫和铅来自于汽油,磷和锌来自于润滑油,这四种物质及它们在发动机中燃烧后形成的氧化物颗粒易被吸附在催化剂的表面,使催化剂无法与废气接触,从而失去了催化作用,即所谓的中毒现象。

(4)表面积炭。

当汽车长期工作于低温状态时,三元催化转换器无法起动,发动机排出的炭烟会附着在催化器的表面,造成催化转换器无法与 CO 和 HC 接触。长期下来,便使载体的孔隙堵塞,影响其转化效能。

(5)排气恶化。

三元催化转换器对污染物的转化能力有一定的限度,因此必须通过机内净化技术将原始排放污染物降到最低。如果排放的废气污染物各成分的浓度总量过大,就会影响催化转换器的催化转换能力,降低其转换效率。此外,由于废气中有大量的 HC 和 CO 进入催化反应器后,会在其中产生过度的氧化反应,氧化反应产生大量热量将使催化反应器温度过高而损坏。

(6)匹配错误。

即使是同样的发动机,同样的三元催化转换器,车型不同,发动机常用的工作区间就不同,排气状况就发生变化,安装三元催化转换器的位置就不同,这都会影响三元催化转换器的催化转换效果。因此,不同的车辆,应匹配使用不同的三元催化转换器。

(7)氧传感器失效。

如果燃油中含铅、硅就会造成氧传感器中毒。此外,使用不当,还会造成氧传感器积炭、陶瓷碎裂、加热器电阻丝烧断、内部线路断路等故障。氧传感器的失效,会导致空燃比失准、排气状况恶化、催化转换器效率降低,长时间会使催化转化器的使用寿命降低。

2)故障现象

三元催化转换器失效后,常见的故障现象有:排放超标、怠速不稳、发动机动力不足、排气管异响、排气管有颗粒排出、排气不畅等,如图5-1-9所示。

5.1.6 三元催化转换器的检测

1)外观检查

检查催化转换器在行驶中是否受到损伤以及是否过热。将车辆升起之后,观察催化转换器表面是否有凹陷,如有明显的凹痕和刮擦,则说明催化转换器的载体可能受到损伤。观察催化转换器外壳上是否有严重的褪色斑点或略有呈青色和紫色的痕迹,在催化转换器防护罩的中央是否有非常明显的暗灰斑点,如有则说明催化转换器曾处于过热状态,需做进一步的检查。

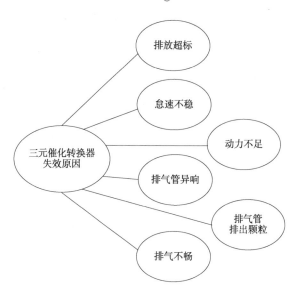

图 5-1-9　三元催化转换器故障现象

用拳头敲击并晃动催化转换器,如果听到有物体移动的声音,则说明其内部催化剂载体破碎,需要更换催化转换器。同时,要检查催化转换器是否有裂纹、各连接是否牢固、各类导管是否有泄漏,如有则应及时加以处理。此方法简单有效,可快速检查催化转换器的机械故障。

2) 背压试验

在催化转换器前端排气管的适当位置上安装一个压力表,起动发动机,在怠速和 2500r/min 时,分别测量排气背压,如果排气背压不超过发动机所规定的限值(一般不超过 20kPa),则表明催化剂载体没有被阻塞。

如果排气背压超过发动机所规定的限值,则需将催化转换器后端的排气系统拆掉,重复以上的试验。如果排气背压仍将超过发动机所规定的限值,说明催化转换器阻塞。如果排气背压下降,则说明消声器或催化转换器下游的排气系统出现问题,破碎的催化剂载体滞留在下游的排气系统中。

3) 真空试验

将真空表接到进气歧管,起动发动机,使其从怠速逐渐升至 2500r/min,观察真空表的变化,如果这时真空度下降,则保持发动机转速 2500r/min 不变,且此后真空度读数若有明显下降,则说明催化转换器有阻塞。

催化转换器阻塞后,排气不畅,活塞吸气能力下降,进气歧管真空度会发生明显下降。但如果进气歧管真空度下降,并不能完全说明是由催化转换器阻塞造成的。发动机供油量减少时,进气歧管的真空度也会下降。因此与真空试验相比,排气背压试验更能真实反映催化转换器的情况。

4) 温度测试法

催化转换器在正常工作状态下,由于氧化反应产生了大量的热量,因此可通过温差对比来判断催化转换器性能的好坏。起动发动机,预热至正常工作温度,将发动机转速维持在 2500r/min 左右,将车辆举升,用红外线激光温度计测量催化转换器进口和出口的温度

（图5-1-10），需尽量靠近催化转换器（50mm内）。催化转换器出口的温度应至少高于进口温度10%～15%，大多数正常工作的催化转换器，其催化转换器出口的温度高于进口温度20%～25%。如果车辆在主催化转换器之前还安装了预催化转换器，主催化转换器出口温度应高于进口温度15%～20%，如果出口温度值低于以上的范围，则催化转换器工作不正常，需更换；如果出口温度值超过以上范围，则说明废气中含有异常高浓度的CO和HC，需对发动机本身做进一步的检查。

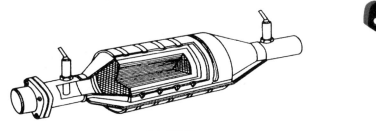

a)三元催化转换器　　　　　　　　b)红外线测温仪

图5-1-10　温度测试法

5）氧传感器信号测试法

对于安装双氧传感器的车型，可以通过示波器检测三元催化转换器前、后氧传感器的波形，分析其工作性能好坏。三元催化转换器正常工作时，由于氧化反应需要消耗氧气，因此三元催化转换器前后氧浓度不一样，传感器检测的波形也不同，如图5-1-11所示。如果后氧传感器波形与前氧传感器波形一样，说明三元催化转换器失效。

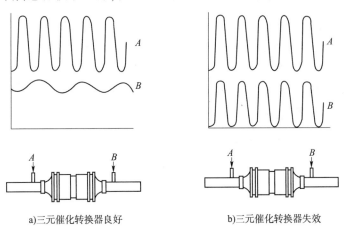

a)三元催化转换器良好　　　　　　　　b)三元催化转换器失效

图5-1-11　三元催化转换器的工作状态与前、后氧传感器输出波形的关系

6）尾气分析测试法

用尾气分析仪检测车辆尾气排放，如图5-1-12所示。如果CO、HC和NO_x的含量都高，表明三元催化转换器很可能已经失效。

5.1.7　三元催化转换器的清洗

1）三元催化清洗剂功能

三元催化清洗剂（图5-1-13）是一种清洗机动车三元催化转换器表面络合物的透明液

体,能有效清除三元催化转换器表面的硫、磷等化学物,疏通排气管堵塞,恢复三元催化转换器活性,延长三元催化转换器使用寿命。

图 5-1-12　尾气分析仪

图 5-1-13　三元催化清洗剂

2）三元催化清洗剂使用方法

利用三元催化转换器清洗剂清洗机动车三元催化转换器,需要专门的清洗工具,类似医院的输液。因此,三元催化转换器清洗俗称为"打吊瓶",如图 5-1-14 所示。清洗液通过工具由进气真空管吸入发动机,通过燃烧室、排气管到达三元催化转换器,在一定温度下,与三元催化转换器表面的覆盖物发生化学反应,以达到清洁目的。

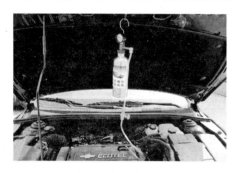

图 5-1-14　利用三元催化清洗剂清洗三元催化转换器

清洗步骤如下:

（1）起动发动机,待冷却液温度正常后关闭发动机。

（2）将清洗剂倒入专用设备内,将设备输出接头与发动机上真空管连接。

（3）起动发动机,将转速控制在 2000r/min 左右,打开流量控制阀,将本品缓慢滴入进气道。清洗时间 30 ~ 40min。

（4）清洗完毕后,保持发动机转速 3 ~ 5min,以排出残液。

5.1.8　三元催化转换器的养护方法

（1）不能使用含铅汽油。

因为含铅油燃烧后,铅颗粒随废气排经三元催化转换器时,会覆盖在催化剂表面,使催化剂作用面积减少,从而大大降低催化器的转换效率,导致三元催化转换器铅中毒。

（2）应避免未燃烧的混合气进入催化转换器。

在车辆使用过程中要注意排除以下几种情况:怠速空转、点火时间过迟、个别缸失火不工作、起动困难、混合气过浓、发动机烧机油、氧传感器失效、散热不良造成的冷却液温度过高。

（3）行驶在不平整的道路时应特别注意不要"拖底"。

因为三元催化转换器大多数都是由陶瓷形成的催化剂承载体,碰撞后容易破碎,使催化转换器失效和排气管堵塞。

(4)出现不正常的工作状况及时检查。

如回火或重复性失速时,应及时停车检查,因为这些状况可导致催化转换器永久性损坏。

(5)行驶着的车辆切勿切断点火开关。

(6)在车辆维护时做好对三元催化转换器的检查。

检查内容有:排气管有无异响、排气管有无开裂或外壳压扁之类的外观损坏、排气尾管有无催化剂颗粒排出。如果三元催化转换器外壳损坏或排气尾管排出颗粒,均需更换。

情境分析

1)故障现象

一辆大众朗逸轿车加速性能差,最高车速只有100km/h。

2)故障诊断及排除

(1)利用检测仪对发动机控制系统进行检测,没有发现故障码,数据流也基本正常。

(2)检查燃油压力也正常。

(3)检查火花塞状况良好。

(4)观察排气管,发现排气气流较弱。

(5)拆前、后游氧传感器,接上排气背压表对排气压力进行检测,结果发现,在发动机转速达到2500r/min时,表针指示的压力值已经到了70kPa。而正常情况下,此时的压力值应不超过20kPa。

(6)拆下三元催化转换器,将其中转化物质捅出,从破碎的残留物上可以明显看到三元催化转换器已经严重堵塞。

(7)更换新的三元催化转换器后,试车,发动机动力恢复正常。

(8)此时,再次测量排气背压,正常。

3)故障原因分析

三元催化转换器堵塞后,引起发动机排气不畅。由于排气在燃烧室内部滞留,引起发动机进气量减少,导致发动机动力不足。

学习小结

(1)汽车的排放污染物主要有CO、HC和NO_x等。汽车排放污染物的控制技术可分为两种:机内净化技术和机外净化技术。

(2)根据催化剂载体的结构特点,TWC可分为颗粒式和整体式两种类型。当前有两种载体材料:陶瓷载体和金属载体。

(3)TWC的作用是将发动机运转工作过程所产生的燃烧废气中所含的CO、HC和NO_x三种有害气体转化成对人类社会环境无害的排放物:CO_2、H_2O和N_2。TWC在理想空燃比附近时转换效率最高。

(4)缸内直喷发动机在分层燃烧模式下工作时,由于采用稀薄燃烧,使NO_x生成量增加,需要采用另外废气处理装置来对NO_x进行进一步处理;储存式NO_x催化转换器可以进一步处理残留的NO_x。它的工作主要分为三个阶段：NO_x吸附（储存）、NO_x释放、转化。

（5）TWC检测方法主要包括外观检查、背压试验、真空试验、温度测试法、氧传感器信号测试法和尾气分析测试法等。

学习单元5.2 燃油蒸发控制不良故障检修

情境导入

一辆大众朗逸轿车，车主反映热车行驶过程中容易熄火，熄火后不易起动。经检查，发现EVAP电磁阀密封不严。更换新的EVAP电磁阀后故障排除。

学习目标

（1）能通过与客户交流、查阅相关维修技术资料等方式获取车辆信息。
（2）能根据故障现象制订正确的维修计划。
（3）能正确选择诊断设备对EVAP系统引起的故障进行诊断。
（4）能正确记录、分析各种检测结果并作出故障判断。
（5）能按照正确操作规范进行EVAP系统部件的更换。
（6）能根据环保要求，正确处理对环境和人体有害的废料和损坏的零部件。

理论知识

5.2.1 燃油蒸发控制系统的作用

由于汽油具有较强的挥发性，因此，由于温度及环境压力的变化，汽车在使用过程中容易造成汽油的挥发和泄漏，从而引起环境污染和燃油的浪费。在下列条件下，会有更多的燃油蒸气从燃油箱释放到大气中。

（1）燃油箱中的燃油温度变高、外界环境温度升高。
（2）从燃油系统回油管流回燃油箱的燃油被发动机加热。
（3）环境压力降低。

为了满足法规对蒸发的HC的排放要求，车辆上装备了燃油蒸发控制系统（Evaporative Emission Control，EVAP）。该系统可将燃油箱内的燃油蒸气暂时存储在活性炭罐中，并在合适的工况下经进气管吸入燃烧室内部烧掉，一方面避免了泄漏产生的环境污染，另一方面还节约了燃油。

5.2.2 燃油蒸发控制系统的分类

根据燃油蒸发控制系统能否检测系统泄漏可分为：非增强型和增强型。非增强型只能控制燃油蒸发的净化量，但不能检测系统是否存在泄漏；增强型系统既可以控制燃油蒸发的净化量，又可以检测系统是否存在泄漏。

根据燃油蒸发控制系统的控制方式可分为：真空控制式、ECU控制式。早期的车辆上普遍采用真空控制式,它利用节气门前方的真空度来控制燃油蒸气的净化量;现代轿车普遍采用 ECU 控制方式,它利用占空比型电磁阀控制燃油蒸气的净化量。

根据 EVAP 系统能否吸附加注燃油时产生的油气可分为:普通 EVAP 系统和具备车载燃油加注油气回收功能的 EVAP 系统。

5.2.3 桑塔纳 2000GSI 轿车 ECU 控制式 EVAP 系统(非增强型)

1)系统组成

图 5-2-1 所示为桑塔纳 2000GSI 轿车 ECU 控制式 EVAP 系统,该系统由燃油箱、炭罐、EVAP 电磁阀(也称净化阀)、ECU、蒸气管路等组成。其中,EVAP 电磁阀安装在真空管路中,直接控制作用在炭罐上的真空度大小。图 5-2-2 为系统在车上的布置图。该系统为非增强型,ECU 能控制燃油蒸气的净化量,但不能检测 EVAP 系统是否存在泄漏。

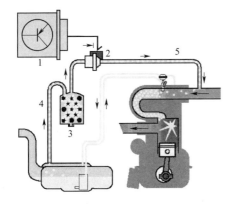

图 5-2-1 桑塔纳 2000GSI 轿车 EVAP 系统组成图
1-发动机 ECU;2-EVAP 电磁阀(净化阀);
3-活性炭罐;4-蒸气管路;5-蒸气回收管路

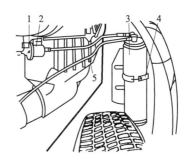

图 5-2-2 桑塔纳 2000GSI 轿车 EVAP 系统在车上布置图
1-接进气歧管;2-EVAP 电磁阀;3-炭罐;
4-炭罐固定架;5-空气滤清器

2)工作原理

当满足一定条件,ECU 控制 EVAP 电磁阀打开时,燃油蒸气被吸入进气管,同时,新鲜空气自炭罐底部经炭罐后进入进气歧管,防止混合气过浓。

ECU 控制 EVAP 电磁阀打开的条件为:发动机起动已超过规定的时间、冷却液温度高于规定值、怠速触点打开、发动机转速高于规定值。

进入进气歧管的燃油蒸气量必须加以控制,以防破坏正常的混合气成分。发动机工作时,ECU 根据发动机转速、冷却液温度、节气门开度等信号,用占空比信号控制 EVAP 电磁阀,EVAP 电磁阀工作在不断开—闭的状态。图 5-2-3 所示为 EVAP 电磁阀与 ECU 之间的电路图,ECU 通过内部的功率三极管控制电磁阀的搭铁。EVAP 电磁阀不通电时关闭真空通道,通电时开启真空通道。当需要净化大量燃油蒸气时,EVAP 电磁阀开启时间相对较长,作

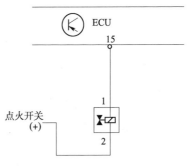

图 5-2-3 桑塔纳 2000GSI 轿车 EVAP 系统电路图

用在炭罐上的真空度大,吸入进气歧管的燃油蒸气量多;当需要净化少量燃油蒸气时,EVAP电磁阀开启时间相对较短,作用在炭罐上的真空度小,吸入进气歧管的燃油蒸气量较少。因此,ECU通过控制内部功率三极管的导通率就可以控制燃油蒸气的净化量。

如图5-2-4所示为用示波器检测的ECU15端子与搭铁之间的信号波形,低电平期间EVAP电磁阀处于开启状态,高电平期间EVAP电磁阀处于关闭状态。

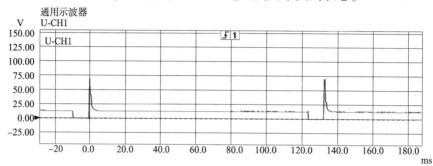

图5-2-4　EVAP电磁阀控制信号波形

5.2.4　大众朗逸轿车EVAP系统(非增强型)

1) 系统组成

大众朗逸轿车EVAP系统如图5-2-5所示,主要由相关传感器、ECU、活性炭罐、活性炭罐电磁阀、阀单元带及管路组成。

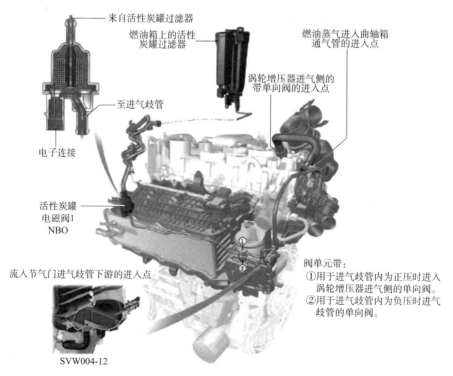

图5-2-5　大众朗逸轿车EVAP系统

2) 工作原理

由于朗逸轿车装备了废气涡轮增压系统，当废气涡轮增压系统工作时，节气门后方为正压，无法将炭罐中的燃油蒸气吸入汽缸。为此，阀单元带中设置了两个单向阀。当进气歧管为负压时，单向阀 2 开启，燃油蒸气被吸入节气门后方的进气歧管；当废气涡轮增压系统工作使进气歧管内为正压时，单向阀 1 开启，燃油蒸气被吸入涡轮增压器进气侧，增压后再进入进气歧管。

5.2.5 燃油蒸发控制系统故障分析

1) 故障原因分析

燃油蒸发系统故障点主要包括炭罐故障、EVAP 阀故障、蒸气管路故障等，具体故障原因如图 5-2-6 所示。

2) EVAP 系统常见故障现象

EVAP 系统出现故障后，常见的故障现象有燃油箱吸瘪、泄漏、热车易熄火、热车难以起动等，如图 5-2-7 所示。

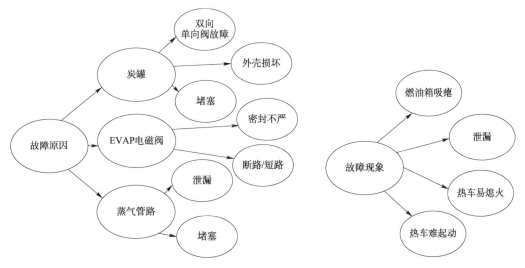

图 5-2-6　EVAP 控制系统故障原因　　　　图 5-2-7　EVAP 控制系统故障现象

5.2.6 燃油蒸发控制系统故障检修

下面以大众朗逸 TSI 发动机 EVAP 系统为例，介绍其检修过程。该系统组成如图 5-2-8 所示，为 ECU 控制、非增强型 EVAP 系统。

1) 动态检测

(1) 执行元件测试。

① 连接空调 KT300 故障诊断仪，选择执行元件测试功能。

② ECU 会顺序测试燃油泵等执行元件，当测试到炭罐电磁阀时，能听到"哒哒"的响声，用手触摸阀体，能感觉到阀体的振动。否则，炭罐电磁阀或相关电路存在故障。

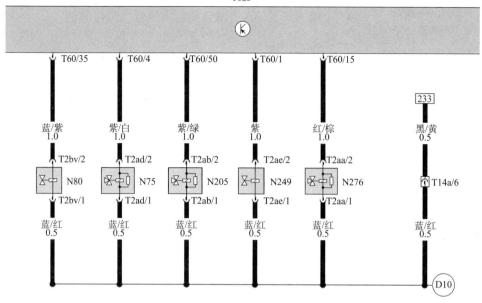

图 5-2-8　TSI 发动机 EVAP 系统电路图

N80-炭罐电磁阀；N75-增压压力限制电磁阀；N205-凸轮轴调节阀；N249-涡轮增压器循环空气阀；N276-燃油压力调节阀

（2）就车测试。

①起动发动机,达到正常工作温度,并使之怠速运转。

②拔下连接炭罐电磁阀与炭罐的真空软管,检查软管内有无真空吸力。怠速时应有轻微吸力,加速时或高转速时吸力应增加。否则,应检查炭罐电磁阀、相关电路、真空管路等部分。

（3）波形测试。

①起动发动机,达到正常工作温度,并使之怠速运转。

②用 FSA740 示波器检测炭罐电磁阀波形,怠速时波形如图 5-2-9 所示,加速时波形如图 5-2-10 所示。

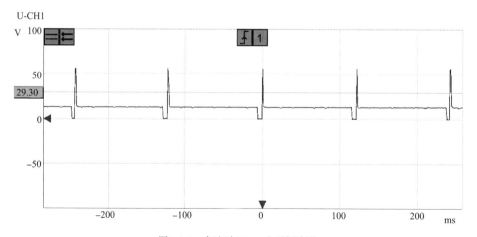

图 5-2-9　怠速时 EVAP 电磁阀波形

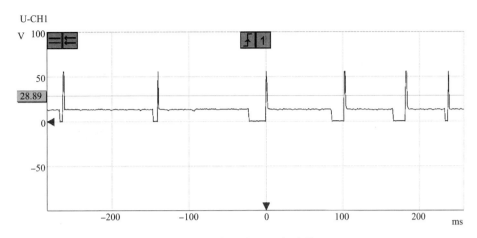

图 5-2-10　加速时 EVAP 阀波形

2）炭罐检测

（1）检查炭罐的通风

该系统的炭罐安装在油箱内部，如图 5-2-11 所示。关闭端口 B，向端口 A 施加压缩空气，检查并确认空气从端口 C 流出。否则，应更换炭罐。

（2）双向单向阀检查。

如图 5-2-12 所示，关闭端口 C，向端口 A 施加压缩空气，检查并确认空气从端口 B 流出。

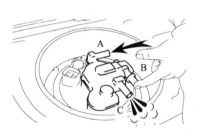

图 5-2-11　炭罐通风检查
A-接燃油箱；B-接 EVAP 电磁阀；C-通气口

图 5-2-12　双向单向阀检查（压力阀检查）
A-接燃油箱；B-接 EVAP 电磁阀；C-通气口

如图 5-2-13 所示，关闭端口 C。用手持式真空泵向端口 A 施加真空，且真空逐渐加大。刚开始时真空表应能保持真空（没有达到真空阀开启压力），当逐渐加大真空时，真空达到规定值后真空度开始下降（达到了真空阀开启压力）。若上述两项不符合要求，更换炭罐。

3）EVAP 电磁阀检查

（1）EVAP 阀动态测试。

①将智能检测仪连接到 DLC3。

②断开 EVAP 电磁阀上连接炭罐侧的真空软管，如图 5-2-14 所示。

③起动发动机。

④打开检测仪。

⑤选择以下菜单项：Powertrain / Engine and ECT / ActiveTest / Activate the VSV for Evap Control。

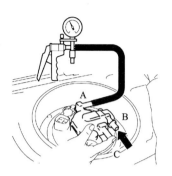

图5-2-13 双向单向阀检查（真空阀检查）

A-接燃油箱；B-接EVAP电磁阀；C-通气口

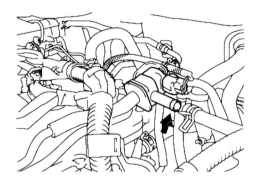

图5-2-14 断开炭罐侧的真空软管

⑥使用智能检测仪操作EVAP电磁阀时,检查断开的软管是否对手指有吸力。若有吸力,表明EVAP系统正常;若无吸力,说明EVAP电磁阀故障或者EVAP电磁阀到进气管之间的真空管有泄漏。

(2)检查EVAP电磁阀到进气管之间的真空管是否有泄漏。若有泄漏,应修复。

(3)EVAP电磁阀的电阻检测:EVAP电磁阀与ECU之间的接线,如图5-2-15所示(图中B19为EVAP电磁阀)。

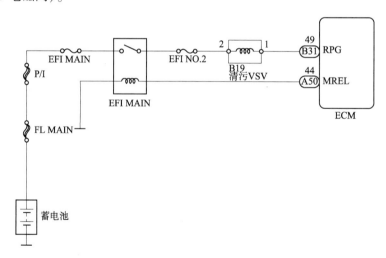

图5-2-15 EVAP电磁阀工作电路图

如图5-2-16所示,拔下EVAP阀的连接器插头,检测B19的插座上1、2之间的电阻,20℃时,阻值应为23~26Ω;检查插座上两个端子与搭铁之间的阻值,应大于10MΩ。否则,更换EVAP电磁阀。

(4)检测EVAP阀的工作情况:如图5-2-17所示,用压缩空气从EVAP电磁阀的E口吹入,不通电时F口不应有空气流出;通电时,F口应有空气流出。否则,更换EVAP电磁阀。

(5)EVAP阀电源检查:拔下EVAP电磁阀插头,点火开关至ON,检测B19插头(图5-2-18a)上2与搭铁之间的电压,应为9~14V,否则检查EVAP阀供电电路。

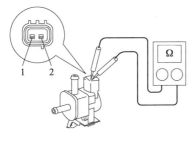
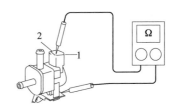

a) EVAP阻值检测　　　　　　　　　　b) EVAP短路检测

图 5-2-16　EVAP 阻值与搭铁检查

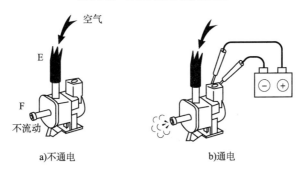

a) 不通电　　　　　　　　　　b) 通电

图 5-2-17　EVAP 电磁阀工作情况检查

(6) EVAP 阀到 ECU 之间线路检查：拔下 ECU 上的 B31 连接器（图 5-2-18b），检查 B19 插头上 1 到 B31 插头上 49 之间的电阻，应小于 1Ω。否则，修复线路。

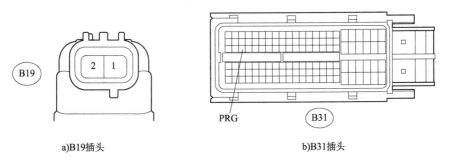

a) B19 插头　　　　　　　　　　b) B31 插头

图 5-2-18　B19 和 B31 插头

(7) 若上面检查均无故障，更换 ECU。

情境分析

1) 故障现象

一辆丰田卡罗拉轿车，车主反映热车行驶过程中容易熄火，熄火后不易起动。

2) 故障诊断及排除

(1) 热车易熄火和热车难以起动一般是因混合气过浓引起，因此检查怠速时空气流量传感器和喷油脉宽。空气流量值为 3.5g/s，喷油脉宽为 2.3ms。两数据都在正常范围内。

(2) 在燃油系统安装油压表，起动发动机，检查系统油压，油压正常。熄火后观察油压表保持油压，油压没有很快下降，说明燃油系统没有泄漏。排除了喷油器漏油故障。

(3)读取数据流,观察长期燃油修正值 Long FT#1 在 0 ~ -20% 范围内波动(正常范围 -20% ~20%),也就是说发动机的混合气偏浓,喷油器一直向着稀的方向调节。说明有多余燃油进入发动机。

(4)拔下 EVAP 电磁阀插头,发动机怠速运转,拔下 EVAP 电磁阀上连接炭罐的真空管,用手感觉 EVAP 电磁阀真空管处有真空吸力,说明 EVAP 阀密封不严。

(5)更换 EVAP 电磁阀,重新试车,故障消失。

3) 故障原因分析

EVAP 电磁阀密封不严后,在 EVAP 系统不应该工作的工况下,燃油蒸气进入了发动机,因此热车时混合气过浓,导致行车过程中熄火。另外,起动时,正常情况下 EVAP 是不工作的,EVAP 电磁阀密封不严时,起动时燃油蒸气也进入了发动机,在热机状态下,混合气过浓,导致难以起动。

学习小结

(1) EVAP 系统可将燃油箱内的燃油蒸气暂时存储在活性炭罐中,并在合适的工况下经进气管吸入燃烧室内部烧掉,一方面避免了泄漏产生的环境污染,另一方面还节约了燃油。

(2) 根据燃油蒸发控制系统能否检测系统泄漏可分为:非增强型和增强型。根据燃油蒸发控制系统的控制方式可分为:真空控制式、ECU 控制式。根据 EVAP 系统能否吸附加注燃油时产生的油气可分为:普通 EVAP 系统和具备车载燃油加注油气回收功能的 EVAP 系统。

(3) 增强型 EVAP 具体功能有:燃油蒸气储存、吸附;燃油蒸气净化;防燃油箱真空过低;EVAP 系统蒸气泄漏检测等。

(4) ECU 控制型 EVAP 系统一般由燃油箱、活性炭罐、EVAP 电磁阀、蒸气管路及发动机 ECU 等组成。

学习单元5.3 二次空气喷射控制不良故障检修

情境导入

一辆奥迪 A6 2.8L 轿车,冷车时发动机故障灯点亮。检查发现二次空气喷射系统左侧组合阀真空管因高温粘在一起,更换真空管后故障消失。

学习目标

(1) 能通过与客户交流、查阅相关维修技术资料等方式获取车辆信息。

(2) 能根据故障现象制订正确的维修计划。

(3) 能正确选择诊断设备对二次空气喷射系统引起的故障进行诊断。

(4) 能正确记录、分析各种检测结果并作出故障判断。

(5) 能按照正确操作规范对二次空气喷射系统部件进行更换。

(6) 能根据环保要求,正确处理对环境和人体有害的废料和损坏的零部件。

5.3.1 二次空气喷射系统的作用

发动机在低温运行时,由于混合气较浓,燃烧不完全,CO 和 HC 的排放量较高。因此,为降低发动机低温运行工况时的排放,某些车辆安装了二次空气喷射系统(Air Injection, AI)。二次空气喷射系统在一定工况下将适量的新鲜空气送入排气管或三元催化转化器中,使没有完全燃烧的 CO 和 HC 继续燃烧,从而降低 CO 和 HC 的排放量;另外,由于 CO 和 HC 燃烧时会释放出热量,还可以使氧传感器和三元催化转换器快速升温,使氧传感器和三元催化器尽快进入工作状态,提高三元催化转换器的转换效率。

5.3.2 二次空气喷射系统分类

按空气进入排气系统的动力源不同可分为:空气泵型和脉冲型。空气泵型利用空气泵将压缩空气喷入排气系统;脉冲型又称负压型或吸入型,利用排气管内的负压将空气吸入排气系统。

空气可以通过两个位置进入发动机排气系统,一个是从三元催化器前面的排气管进入,另一个是直接进入三元催化转化器内部。前者对应的空气流称为上游气流,后者对应的空气流称为下游气流,如图 5-3-1 所示。空气从哪个位置进入排气系统,由 ECU 根据发动机工况进行控制。

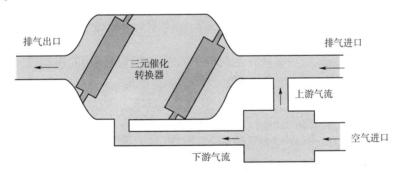

图 5-3-1 二次空气喷射系统简图

按上游气流喷入排气系统的具体部位不同可分为:
(1)新鲜空气喷入汽缸盖内的排气通道内,HC、CO 的氧化更早。
(2)新鲜空气喷入排气管与汽缸盖相连接的根部,HC、CO 的氧化稍晚。
按照是否采用 ECU 控制可分为:非 ECU 控制式和 ECU 控制式。

5.3.3 ECU 控制、空气泵型二次空气喷射系统组成及工作原理

1)系统组成

如图 5-3-2 所示,ECU 控制、空气泵型二次空气喷射系统由电磁阀、ECU、空气泵、空气旁通阀、空气分流阀、单向阀、排气管及三元催化转化器、空气管路及真空管路等组成。

空气泵:空气泵为叶片泵,结构如图 5-3-3 所示,由离心式滤清器、风扇、偏心转子、叶片、进气口、排气口及外壳等组成。

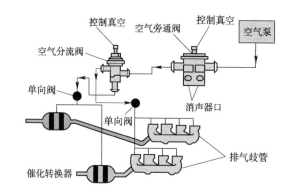

图 5-3-2　空气泵型二次空气喷射系统

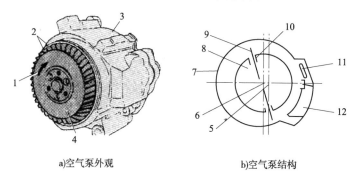

图 5-3-3　空气泵外观与结构

1-转动方向；2-空气进入处；3-空气泵外壳；4-滤清器/风扇总成；5-泵壳中心；6-转子中心；7-泵壳；8-转子；9-叶片；10-叶片槽；11-排气口；12-进气口

　　离心式滤清器：离心式滤清器装在泵的转子轴的一端与泵以相同速度转动，其作用是清洁进入空气泵的空气。它采用离心式原理，当转子轴高速旋转时，空气中的尘粒在离心力的作用下从气流中分离出去。

　　空气泵的转子上安装有两个叶片，叶片在转子的径向槽中可以滑动。由于偏心转子结构的原因，当转子转动时，转子带动叶片随之转动，叶片在离心力的作用下向外甩出，转子、叶片和泵壳之间形成的容积大小不断变化。容积在靠近进气口时不断变大，将空气吸入；容积在靠近排气口时又不断变小，空气被压缩；当容积到达排气口时，压缩的空气被排出。转子周而复始不断旋转，不断将空气吸入、压缩并排出，如图 5-3-4 所示。

图 5-3-4　空气泵工作原理

　　空气旁通阀：空气旁通阀将空气泵排出的压缩空气引导到空气分流阀或大气中。ECU 通过控制一个电磁阀来控制真空是否作用在旁通控制阀上。当电磁阀通电时，真空作用在空气旁通阀上，空气旁通阀打开，压缩空气经空气旁通阀传送到空气分流阀。当电磁阀断电时,真空不作用在空气旁通阀上,空气旁通阀关闭,压缩空气不能传送到空气分流阀上,压缩空气从空气旁通阀的旁通口排到大气中。

空气分流阀:空气分流阀将来自空气旁通阀的空气引导到排气管入口或三元催化转化器入口。ECU 通过一个电磁阀来控制真空能否作用在空气分流阀上。当电磁阀通电时,真空作用在空气分流阀上,此时分流阀将开启其中一个分流通道,将来自空气旁通阀的压缩空气传送到排气管入口处。当电磁阀断电时,真空没有作用在空气分流阀上,此时分流阀将开启另外一个分流通道,将来自空气旁通阀的压缩空气传送到三元催化器入口处。旁通阀和分流阀都有一个卸压阀,如果系统堵塞或阻力过大时,卸压阀可释放压力以防止系统压力过高。

单向阀:在分流阀和两个排气管之间安装了单向阀,防止排气管中的废气倒流到二次空气喷射系统中。

2) 工作原理

(1) 在发动机刚起动后,发动机 ECU 控制电磁阀在断电状态,电磁阀切断旁通阀和分流阀的真空。这样,从空气泵来的空气通过旁通阀旁通到大气中。这种工作状态持续的时间取决于发动机的温度,温度越低,持续时间越长。因为发动机温度过低时,排气管内温度低,废气中的 CO 和 HC 不易燃烧,因此无需喷入空气。

(2) 发动机暖机时,发动机 ECU 以空燃比开环方式工作。发动机 ECU 给旁通电磁阀和分流电磁阀通电,空气从空气泵经旁通阀流到分流阀,分流阀再将空气导入到排气管的入口处。进入排气管的空气使 CO 和 HC 在排气管中燃烧,这种燃烧同时使氧传感器迅速加热。

(3) 在发动机处于正常工作温度时,发动机 ECU 以空燃比闭环方式工作。此时,二次空气喷射系统不可向排气管入口处泵入空气,否则排气流中的附加空气使氧传感器感知到混合气过稀,发动机 ECU 便控制喷油器多喷射燃油,结果导致燃油消耗增加以及 HC、CO 的排放量增加。

发动机在正常工作温度下运行时,发动机 ECU 只给旁通电磁阀通电,而使分流电磁阀断电,切断供到分流阀的真空。这样,从空气泵来的空气经旁通阀流至分流阀后被导入三元催化转化器,并与 CO 和 HC 燃烧,减少 HC 和 CO 的排放量。

现代轿车上普遍采用的 ECU 控制、空气泵型二次空气喷射系统如图 5-3-5 所示。主要由发动机 ECU、空气泵继电器、电动空气泵、空气喷射阀、真空电磁阀 VSV 及相关传感器等组成。该系统由发动机 ECU 所控制,只有当发动机冷机状态和车辆减速而使 HC 和 CO 废气排放增大时,该系统才运行。这个系统在其他任何运行条件下均不起作用。

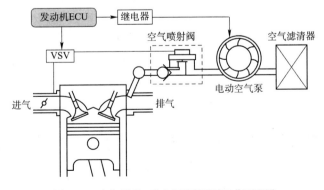

图 5-3-5 空气泵型二次空气喷射系统工作原理图

ECU通过空气泵继电器控制空气泵运转,空气泵运转时产生一定压力的空气。ECU根据传感器的信息,在合适的工况起动系统工作。当需要系统工作时,ECU控制真空电磁阀VSV通电,该阀通电时打开其控制的真空管通路,真空传递到空气喷射阀的膜片上,膜片动作,打开空气泵到排气管之间的空气通道,空气泵的空气经空气喷射阀、单向阀排放到排气管中。

5.3.4　ECU控制、脉冲型二次空气系统组成及工作原理

1) 系统组成

常见的ECU控制、脉冲型二次空气喷射系统见图5-3-6。由发动机ECU、真空电磁阀VSV、AS阀、簧片阀、单向阀及相关传感器等组成。

2) 工作原理

ECU根据传感器的信息,在合适的工况起动系统工作。当需要系统工作时,ECU控制真空电磁阀VSV通电,该阀通电时打开其控制的真空管通路,来自节气门后方的真空度经单向阀、真空电磁阀VSV传递到AS阀的膜片上方,膜片克服弹簧力向上升起并打开通向排气管的空气通道。当排气管内产生负压时,负压吸开簧片阀,来自空气滤清器的空气经簧片阀、AS阀开启的空气通道被吸入排气管。簧片阀是单向阀,可防止排气管中的高温废气反向进入二次空气喷射系统。

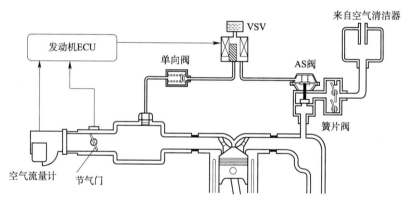

图5-3-6　ECU控制、脉冲型二次空气喷射系统

二次空气喷射系统也常被称为补燃系统或后燃系统。其原因是可燃混合气在汽缸内进行第一次燃烧后,其中那些未完全燃烧的部分由于人为地引入新鲜空气而使其在排气过程中进行了补燃,因而经消声器排入大气时的尾气很少有或者完全没有火星。而排气内有火星是在有可燃气体存在的情况下引发火灾的一大原因。因此,二次空气喷射系统也是防止内燃机尾气引起火灾的一项重要技术和设施。

实践技能

5.3.5　二次空气喷射系统故障分析

1) 故障原因

以奥迪A6二次空气喷射系统为例,二次空气喷射系统常见的故障有:空气泵故障、空气

泵继电器故障、真空电磁阀故障、组合阀故障、真空管路及空气管路泄漏等。具体原因如图 5-3-7 所示。

2) 故障现象

二次空气喷射系统的故障有两类：一类是在需要进行二次空气喷射的时候没有进行；另一类是在不需要进行二次空气喷射时空气进入了排气系统。前一类情况会引起三元催化器和氧传感器预热缓慢，冷车时 CO 和 HC 排放增多。后一种情况会引起排气中空气过多，氧传感器认为混合气过稀，ECU 不断增大喷油量，使油耗增加。同时，过多的混合气在排气管中燃烧，容易使三元催化器温度过高而损坏，如图 5-3-8 所示。

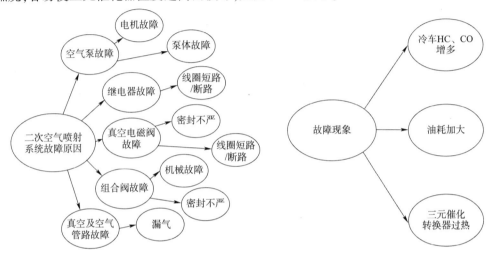

图 5-3-7　二次空气喷射系统常见故障原因　　图 5-3-8　二次空气喷射系统常见故障现象

5.3.6　二次空气喷射系统检修

下面以奥迪 A6 轿车为例，介绍二次空气喷射系统的检修方法。奥迪 A6 二次空气喷射系统电路如图 5-3-9 所示。

1) 检查真空电磁阀

(1) 连接 VAS5051 故障诊断仪，选择"发动机控制系统"。

(2) 选择"测试元件诊断"功能，对真空电磁阀进行测试。真空电磁阀应有"嗒嗒"声响。

(3) 如果没有"嗒嗒"声响，拔下真空电磁阀的插头，将二极管试灯连接在插头上，再次执行"测试元件诊断"功能。

(4) 如果二极管试灯闪亮，更换真空电磁阀。如果二极管试灯不闪亮，检查真空电磁阀插头上 1 端子到 ECU 插头上 44 端子之间的电阻，应小于 1.5Ω。否则，排除线路故障。

(5) 如果上述线路无故障，则检查真空电磁阀供电电路。

2) 检查空气泵及继电器

(1) 连接 VAS5051 故障诊断仪，选择"发动机控制系统"。

(2) 选择"测试元件诊断"功能，对空气泵继电器进行测试。空气泵应间歇运转。

(3) 如果空气泵没有间歇运转，拔下空气泵上的插头，将二极管试灯连接在插头上，再次执行"测试元件诊断"功能。

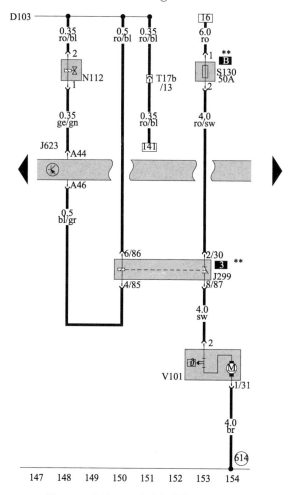

图 5-3-9 奥迪 A6 二次空气喷射系统电路图

N112-真空电磁阀;J299-空气泵继电器;V101-空气泵;J623-发动机 ECU;S130 二次空气泵熔断丝

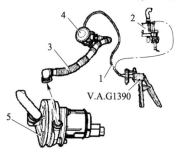

图 5-3-10 检查组合阀
1-真空软管;2-真空电磁阀;3-空气管;
4-组合阀;5-空气泵

(4) 如果二极管试灯闪亮,更换空气泵。如果二极管试灯不闪亮,拔下继电器并检查其好坏。若继电器故障,则更换。若继电器无故障,检查继电器供电电路及与 ECU 之间的控制电路。

3) 检查组合阀

如图 5-3-10 所示,将组合阀的真空管从真空电磁阀上拆下并连接在真空泵 V.A.G1390 上,将组合阀的空气管从空气泵上拆下。按照图中箭头方向吹气,组合阀应不通气。用真空泵抽真空后,再按照箭头方向吹气,组合阀应通气。否则,更换组合阀。

情境分析

1) 故障现象

一辆奥迪 A6 2.8L 轿车,冷车时发动机故障灯点亮。

2)故障诊断及排除

(1)接上 VAS 5051 故障诊断仪，进入传感器数值动态检测，查看各传感器的工作状态。发动机冷态时，从分析仪上显示冷却液温度传感器、空气流量传感器、进气温度传感器和节气门位置传感器数值都正常。但左前 λ 传感器(氧传感器)电压一直在 0.8V 左右，右前 λ 传感器电压在 0.1~0.7V 频繁变动。

左前 λ 传感器电压偏高一般有两大因素：左前 λ 传感器损坏或失效；左侧二次空气喷射系统不工作，使左排气歧管内废气过浓。

(2)发动机热态时继续观察左前 λ 传感器电压，发现左前 λ 传感器和右前 λ 传感器电压基本一样，都在 0.1~0.7V 频繁变动。说明左前 λ 传感器没有故障。

(3)用 VAS 5051 诊断仪对电磁真空阀进行驱动测试，发现左侧组合阀真空管没真空。检查真空管路，发现左侧真空管被挤压在点火线圈下，因长期的高温环境，胶管已软化，粘在一起。

(4)更换真空管，试车，故障消失。

3)故障原因分析

左侧组合阀真空管堵塞后，当二次空气喷射系统开始工作时，左侧组合阀无真空作用而处于关闭状态，空气泵的空气无法进入左侧排气管。因此，左侧排气管中的氧浓度比右侧低。ECU 通过诊断程序，确定左侧排气管二次空气量不足。同时，由于左侧排气管中空气较少，左前 λ 传感器信号一直偏高，ECU 认定左前 λ 传感器存在故障。

学习小结

(1)二次空气喷射系统在一定工况下，将适量的新鲜空气送入排气管或三元催化转换器中，促使废气中的 CO 和 HC 进一步氧化，从而降低 CO 和 HC 的排放量。

(2)二次空气喷射系统按空气进入排气系统的动力源不同可分为：空气泵型和脉冲型。空气泵型利用空气泵将压缩空气喷入排气系统；脉冲型又称负压型或吸入型，利用排气管内的负压将空气吸入排气系统。

(3)二次空气喷射系统的自诊断方法有两种：通过性自诊和密封性自诊。

(4)现代轿车上普遍采用的 ECU 控制、空气泵型二次空气喷射系统主要由发动机 ECU、空气泵继电器、电动空气泵、空气喷射阀、真空电磁阀 VSV 及相关传感器等组成。

(5)二次空气喷射系统的故障会引起冷车时 CO 和 HC 排放增多、油耗增加、三元催化器温度过高等。

学习情境6 发动机综合故障检修

学习单元6.1 发动机起动不良故障诊断

情境导入

一辆大众朗逸1.4TSI轿车,发动机不能起动,同时起动机也不转动。经检查,发现起动机电磁开关下面的插头内部脏污,清理后重新安装,发动机起动正常。

学习目标

(1)能通过与客户交流、查阅相关维修技术资料等方式获取车辆信息。
(2)能根据故障现象设计正确的故障诊断流程。
(3)能正确选择诊断设备对发动机起动不良故障进行诊断。
(4)能正确记录、分析各种检测结果并作出故障判断。
(5)能按照正确操作规范进行故障部件的更换。
(6)能根据环保要求,正确处理对环境和人体有害的废料和损坏的零部件。

理论知识

6.1.1 发动机起动不良的故障现象

1)发动机起动不良的概念

发动机起动不良是指发动机不能起动或者起动困难。如果打开起动开关,起动机不能带发动机曲轴转动或是曲轴转动而没有着车,即可认为发动机不能起动。如果起动机能带动发动机按正常速度转动,有明显着车征兆,但不能起动,或需要连续多次起动或长时间转动起动机才能起动,即可认为是发动机起动困难。

2)常见的起动不良故障现象

常见的不能起动故障现象有:曲轴不转动,发动机不能起动;发动机能转动,但无着车征兆;汽车涉水熄火后无法再起动;洗车后无法再起动;正常行驶中突然熄火后无法再起动;长期放置后的轿车发动机不能起动;熄火一段时间后即难以起动。

常见的起动困难故障现象有:发动机冷态时起动困难;发动机热态时起动困难;发动机冷态、热态时都难以起动;有时容易起动,有时难以起动。

6.1.2 发动机不能起动的故障原因分析

1)曲轴不转动,发动机不能起动
(1)起动系故障。
(2)挡位不正确(P/N)。
(3)防盗系统起作用。

2)发动机能转动,但无着车征兆
(1)油箱中无油。
(2)起动时节气门全开。
(3)电动汽油泵不工作。
(4)喷油器不工作。
(5)油路压力过低。
(6)点火系统故障。
(7)发动机汽缸压缩压力过低。

3)汽车涉水熄火后无法再起动。
(1)点火系统进水漏电。
(2)控制系统进水漏电。
(3)发动机进水。

4)洗车后无法再起动。
(1)点火系统进水漏电。
(2)控制系统进水漏电。

5)正常行驶中突然熄火后无法再起动
(1)汽油箱内无油。
(2)电动汽油泵不工作。
(3)点火系统部件损坏,不能点火。
(4)控制系统的电源熔断丝烧断。
(5)正时传动带折断。

6)长期放置后的轿车发动机不能起动
(1)蓄电池亏电。
(2)发动机点火系统、燃油系统或控制系统电路被破坏。
(3)火花塞工作不良。
(4)汽油箱内没有汽油。
(5)电动汽油泵不工作。
(6)喷油器卡死不能喷油。
(7)汽缸压缩压力太低。

7)熄火一段时间后难以起动
(1)电动汽油泵的出油单向阀或油压调节器出现泄漏。
(2)油压调节器堵塞。

(3)喷油器漏油。

(4)油压调节器的真空膜片破裂。

6.1.3 发动机起动困难的故障原因分析

1)发动机冷态时起动困难

(1)喷油器故障。

(2)冷却液温度传感器故障。

(3)怠速步进电机故障。

(4)油压调节器故障。

(5)空气流量传感器故障。

(6)进气温度传感器故障。

2)发动机热态时起动困难

(1)冷却液温度传感器有故障。

(2)冷起动喷油器插头装反。

(3)活性炭罐电磁阀卡滞。

(4)点火模块发热,点火能量不足。

(5)空气流量传感器胶管密封不好。

(6)多个喷油器漏油或严重雾化不良。

(7)冷起动喷油器漏油。

(8)进气温度传感器故障。

3)发动机冷态、热态时都难以起动

(1)电源继电器、燃油泵继电器有故障。

(2)分电器接头氧化,不能传递正确信号给ECU。

(3)节气门电位计磨损严重,信号不准确。

(4)EGR电磁阀的线路接触不良。

(5)ECU本身有故障。

(6)曲轴、凸轮轴位置传感器故障。

(7)带油泵开关的空气流量计,油泵开断路。

4)有时容易起动、有时难起动

(1)导线连接不实。

(2)管路连接不实。

6.1.4 发动机起动不良的故障原因总结

发动机起动不良是一个综合故障,可能是由多种故障原因引起。但是,不管故障原因多么复杂,按照故障原因进行分类,故障原因主要源于以下几个系统。

1)防盗系统

防盗系统起作用后一般发动机不喷油、不点火或起动机不运转,导致发动机不能正常起动。

2）起动系统

起动系统出现故障时会引起发动机起动不良，如蓄电池亏电、蓄电池接柱虚接、起动继电器故障、起动机故障、线路故障等。

3）点火控制系统

点火系统不点火、点火弱或者点火正时不正确引起发动机起动不良。

4）燃油控制系统

燃油不足、燃油压力不正常及喷油器故障时，引起发动机起动不良。

5）进气控制系统

进气系统漏气、空气计量不正确、可变气门正时系统出现故障时，引起发动机起动不良。

6）排气控制系统

排气堵塞、EGR、EVAP出现故障时，引起发动机起动不良。

7）机械系统

配气正时不正确、缸压不足，引起发动机动起动不良。

实践技能

6.1.5 发动机管理系统故障诊断通用流程设计

根据发动机的故障现象设计故障诊断流程是汽车维修工作中一项重要的任务，故障诊断流程设计的是否科学、合理、高效，会直接影响故障诊断的时效。图6-1-1所示为丰田汽车维修资料中提供的发动机管理系统故障诊断流程，这个流程可以作为发动机管理系统故障诊断的通用流程来使用。

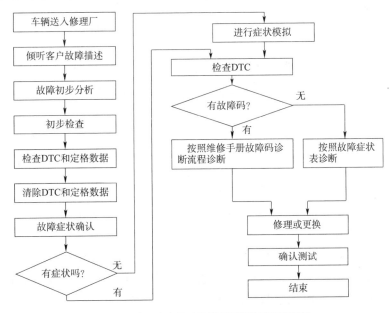

图6-1-1　丰田汽车发动机管理系统故障诊断流程

1）车辆送入修理厂

车辆送入修理厂是维修过程的第一个环节，客服人员要做好客户预约的相关工作。

2）倾听客户故障描述

车辆进厂后，维修接待要充分与客户交流，认真倾听和记录客户对汽车故障的描述，如故障现象、故障发生时间、地点及特征等信息。客户的表述对快速判断故障位置具有重要意义。

3）故障初步分析

倾听客户的故障描述后，根据顾客提供的基本信息，查阅车辆以往维修记录，根据维修经验可对故障进行初步分析，大致确定故障的范围。

4）初步检查

初步检查是对发动机管理系统可能存在的、外部的、肉眼可观察到的故障进行检查。重点检查以下内容：

（1）检查连接线路有无松脱、虚接。

（2）检查真空管路有无老化、开裂。

（3）检查进气管路有无漏气。

（4）检查燃油管路有无泄漏。

（5）检查有无机油泄漏。

（6）检查蓄电池正、负极线连接是否可靠。

（7）检查蓄电池电量是否充足。

（8）检查燃油是否充足。

5）检查 DTC 和定格数据

用故障诊断仪与发动机诊断接口连接，读取并记录故障码 DTC 及定格数据。注意，此时读取的故障码中可能有历史故障码（即上次维修后没有清除的故障码）。定格数据也称冻结数据帧，是 ECU 存储的发生故障时的发动机相关数据，这些数据对诊断故障很有帮助。

6）清除 DTC 和定格数据

记录 DTC 和定格数据后，为了排除历史故障码对诊断过程的影响，同时为了进一步确认系统真实存在的故障码，需要将存储在 ECU 中的故障码和定格数据清除。

7）故障症状确认

故障症状确认是指起动发动机并进行试车实验，观察客户描述的故障是否存在。如果故障症状再现，则用故障诊断仪读取故障码；如果故障症状没有再现，则需要采取一些方法进行症状模拟。

8）症状模拟

故障排除过程中最困难的情况是不出现故障症状。对于一些间歇性故障，故障时有时无，在试车时不一定能出现。例如：对于只有当发动机处在冷机状态或在不平路面上行驶时才会出现的故障，如果只在发动机暖机状态或车辆处于静止状态时进行症状检查，就无法发现这些故障。振动、高温或渗水（潮湿）引起的故障难以重现。症状模拟就是采取一定的方法模拟故障出现的环境和条件，使故障再现。

常用的症状模拟方法有：振动法、加热法、淋水法、高电气负载法。

（1）振动法：当故障可能是由振动引起时，可采用此方法。振动法主要检查连接器（线束接插件）、配线、零件与传感器的连接情况，在检查过程中，观察是否再次出现故障征兆。

如图6-1-2a)所示,用手指轻微振动可能造成故障的传感器零件,检查是否发生故障。在检查时,注意不要用力拍打继电器,否则剧烈振动可能导致继电器断开。如图6-1-2b)所示,在垂直和水平方向轻轻晃动连接器,检查是否发生故障。如图6-1-2c)所示,在垂直和水平方向轻轻晃动线束,检查是否发生故障。

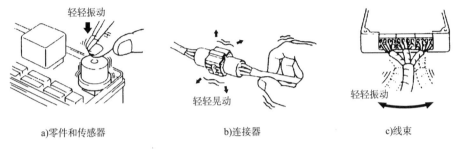

a)零件和传感器　　　　b)连接器　　　　c)线束

图6-1-2　振动法

(2)加热法。

当故障可能由某部位受热而引起时,可采用此方法。可用电吹风或类似装置加热可能引起故障的零件或传感器,检查是否出现故障。加热时应注意:加热不要超过60℃(140℉),超过该温度可能会损坏部件;不要直接加热ECU中的零件。

(3)淋水法。

当故障可能发生在雨天或非常潮湿的条件下时,可采用此方法。将水淋在车辆上,如图6-1-3所示,检查是否出现故障。检查时应注意:切勿直接向发动机舱喷水,通过向散热器前部喷水,间接改变温度和湿度;切勿向电子部件直接喷水;如果车辆存在或发生过漏水故障,泄漏可能已经造成ECU或连接部位损坏,查找是否出现腐蚀或短路的迹象,进行测试时要小心。

(4)高电气负载法。

当故障可能为电气负载过大时,可采用此方法。打开加热器鼓风机、前照灯、后窗除雾器及其他所有电器,检查故障是否再次出现。

图6-1-3　淋水法

9)系统有故障码时的故障诊断方法

如果通过故障诊断仪能再次读取故障码,说明系统确实存在故障。此时,可根据故障提示的信息进行故障诊断。丰田汽车维修资料详细给出了每一个故障码对应的检测步骤,可按照该步骤进行检测,也可以自己设计检测步骤。

10)系统无故障码时的故障诊断方法

若车辆存在故障症状但没有故障码,此时,排除该类故障存在一定的困难。针对这种情况,维修手册一般提供了相应的故障症状表,针对某一故障症状,按照故障出现概率的高低列出了可能的故障点,维修人员可根据此故障症状表进行故障诊断与排除。表6-1-1显示了丰田卡罗拉轿车发动机不能起动和起动困难对应的故障症状表。若不采用维修手册提供的故障症状表进行故障排除,也可以自行设计故障诊断流程进行故障排除。

丰田卡罗拉轿车发动机不能起动和起动困难故障症状表　　　表 6-1-1

症　状	可 疑 部 位	参 考 页
发动机不能转动(不能起动)	停机系统	EI-8
	起动机信号电路	ES-302
	起动机	ST-8
无初始燃烧(不能起动)	ECM 电源电路	ES-265
	VC 输出电路(ECM 5V 输出)	ES-284
	曲轴位置传感器	ES-337
	燃油泵控制电路	ES-289
	点火系统	IG-2
	喷油器电路	ES-298
	气门正时	EM-147
发动机转动正常但起动困难	燃油泵控制电路	ES-289
	燃油泵	FU-37
	发动机冷却液温度传感器	ES-339
	点火系统	IG-2
	喷油器	FU-17
	压缩	EM-1
	喷油器电路	ES-298
	进气系统	IT-1
	节气门体	ES-322
发生间歇性不完全燃烧(不能起动)	燃油泵控制电路	ES-289
	燃油泵	FU-37
	燃油管路	—
	点火电路	ES-190
	点火系统	IG-2
	喷油器	FU-17
	曲轴位置传感器	ES-337
	气门正时	EM-147

11)修理或更换

通过上述诊断和检测最终找到故障部件,修理故障部件或更换新的部件。

12)起动发动机并进行试车实验,确认故障不再出现。若系统原来存在故障码,用故障诊断仪清除故障码。

6.1.6　发动机起动不良故障诊断流程设计

当系统存在故障现象但无故障码时,可根据维修手册提供的故障症状表进行故障排除。很多情况下,维修人员习惯根据自己的经验自行设计无故障码时的故障诊断流程,以使故障诊断更系统、更高效。针对发动机起动不良故障现象,若系统不存在故障码,可设计如图 6-1-4 所示的故障流程图进行故障诊断。

若发动机起动不良,首先检查防盗系统是否起动,即是否使用合法钥匙起动车辆,当使用非法钥匙起动车辆时,防盗系统起作用,发动机无法起动。

用合法钥匙起动发动机时,观察起动机能否转动,若起动机不能转动,按照起动机不能转动诊断流程进行诊断。若起动机能够转动,观察发动是否有着火征兆,如果有着火征兆,按照有着火征兆诊断流程进行诊断。若发动机没有着火征兆,按照没有着火征兆诊断流程进行诊断。

图 6-1-5 所示为起动机不能转动诊断流程。若起动时起动机不能转动,应首先检查自动变速器的换挡杆位置是否在 P 或 N 位,若不正确则放入正确位置。若挡位正确,检查蓄电池正负极连接是否良好、电量是否充足,若不正常则连接牢固或进行充电。若蓄电池连接及电量没有问题,检查起动继电器、熔断丝是否良好,若有问题进行更换。若起动继电器或熔断丝没有问题,则检查起动机及电磁开关是否有故障,若有问题进行修复或更换。

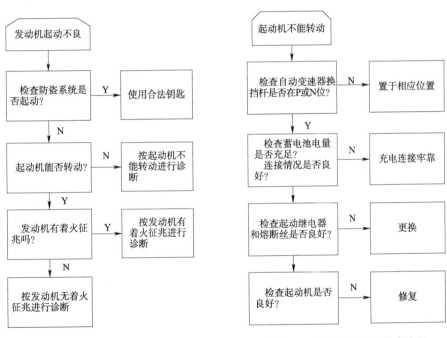

图 6-1-4 发动机起动不良诊断流程　　图 6-1-5 起动机不能转动诊断流程

图 6-1-6 所示为发动机无着火征兆的诊断流程。若起动时发动机能转动但无着火征兆,首先检查进气系统有无堵塞或泄漏,若有,进行修复。若进气系统无堵塞或泄漏,则拆下火花塞,进行缸外跳火试验,若火花塞不跳火,则检查点火系统高压和低压回路。若跳火正常,则检查燃油系统是否存在故障,如燃油泵、继电器、喷油器油、压调节器等是否存在故障,若存在故障进行修复。若燃油系统无故障,则检查点火正时是否正确,若不正确,进行调整。若点火正时正确,用缸压表检查缸压是否正常,若缸压不正常,检查配缸间隙、进排气门密封性及缸垫密封性。若缸压正常,检查排气系统是否堵塞,若堵塞,检查三元催化器积炭是否严重。

发动机有着火征兆诊断流程如图 6-1-7 所示，其基本过程与发动机无着火征兆诊断流程相似，在此不再详述。

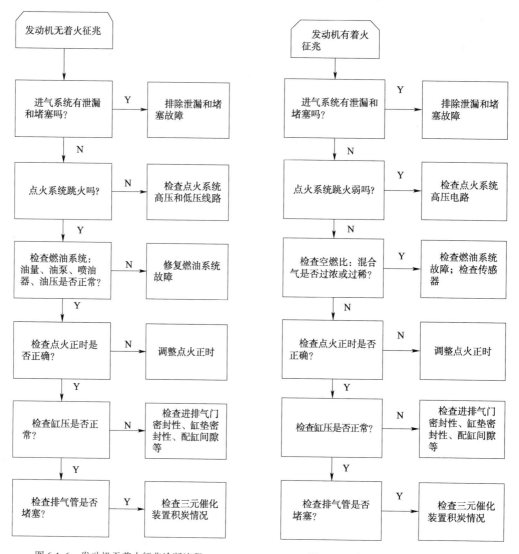

图 6-1-6　发动机无着火征兆诊断流程　　　　　图 6-1-7　发动机有着火征兆诊断流程

情境分析

1）故障现象

一辆大众朗逸 1.4TSI 轿车，发动机不能起动，同时起动机也不转动。

2）故障诊断与排除

（1）将自动变速器换挡杆放在 P 或 N 挡，发现发动机不能起动，同时起动机也不转动。

（2）检查蓄电池正负极连接线，连接可靠；检查蓄电池电量，电量充足。

（3）检查起动继电器和熔断丝，均良好。

（4）拔下起动机电磁开关下面的连接线插头，发现插头内部有泥土，清理后重新安装，发动机能正常起动。

3) 故障原因分析

起动机电磁开关下面的起动信号线插头脏污导致虚接,起动信号无法传递到电磁开关,起动机不工作,发动机无法起动。

学习小结

(1) 发动机起动不良是指发动机不能起动或者起动困难。

(2) 如果打开起动开关,起动机不能带动发动机曲轴转动或是曲轴转动而没有着车,即可认为发动机不能起动。如果起动机能带动发动机按正常速度转动,有明显着车征兆,但不能起动,或需要连续多次起动或长时间转动起动机才能起动,即可认为是发动机起动困难。

(3) 常用的症状模拟方法有:振动法、加热法、淋水法、高电气负载法。

(4) 若车辆存在故障症状但没有故障码,可参照维修手册中的故障症状表进行故障诊断和分析。

学习单元 6.2　发动机怠速不良故障诊断

情境导入

一辆大众朗逸轿车,发动机怠速时抖动,故障灯不亮。经检查,发现1缸喷油器积炭严重,更换喷油器后,重新起动发动机,怠速运转平稳。

学习目标

(1) 能通过与客户交流、查阅相关维修技术资料等方式获取车辆信息。

(2) 能根据故障现象设计正确的故障诊断流程。

(3) 能正确选择诊断设备对发动机怠速不良故障进行诊断。

(4) 能正确记录、分析各种检测结果并作出故障判断。

(5) 能按照正确操作规范对故障部件进行更换。

(6) 能根据环保要求,正确处理对环境和人体有害的废料和损坏零部件。

理论知识

6.2.1　发动机怠速不良的故障现象

1) 发动机怠速不良的概念

怠速是汽车经常使用的工况,如起动发动机后的暖机过程、交通拥堵时汽车等待过程等。怠速时,发动机输出的功率仅仅用来满足发动机自身运转及驱动发动机必要附件的需求,在满足排放的要求下转速应尽可能得低。因此,怠速工况是发动机最敏感和脆弱的工况,发动机任何的轻微故障都可能对怠速产生较大的影响。

怠速时,发动机ECU根据工况信息使发动机的实际转速在目标转速附近工作。由于发动机的故障引起实际转速偏离目标转速的情况称为发动机怠速不良。

2）常见的怠速不良故障现象

根据发动机怠速转速的变化情况，常见的怠速不良故障现象有：发动机怠速过低或熄火、发动机怠速过高、发动机怠速不稳。其中，怠速不稳又可分为：怠速忽高忽低、怠速规律性抖动、怠速无规律性抖动。

根据发动机怠速不良时发动机的温度不同，常见的怠速不良故障现象有：冷车怠速不良、热车怠速不良。

6.2.2 发动机怠速不良的故障原因分析

1）发动机怠速过低或熄火

发动机怠速过低或熄火的原因很多，主要有：

(1) 空气滤清器堵塞，进气量不足。
(2) 进气系统漏气，混合气变稀。
(3) 排气管堵塞，排气不畅。
(4) 怠速控制阀堵塞，旁通空气少。
(5) EGR 阀密封不严，怠速时开启。
(6) EVAP 阀密封不严，怠速时开启。
(7) PCV 阀卡滞在开启位置。
(8) 油压过低，实际喷油量少。
(9) 喷油器堵塞或喷油器故障，喷油量少或不喷油。
(10) 火花塞积炭、裂纹、间隙不正确，点火能量不足。
(11) 点火高压线漏电，点火能量不足。
(12) 冷却液温度传感器故障，检测温度比实际温度高。
(13) 进气温度传感器故障，检测温度比实际温度高。
(14) 缸压过低，混合气量少，功率不足。

2）发动机怠速过高

怠速过高主要是怠速时进气量过多、喷油量过多或发动机控制信号错误等造成。

(1) 怠速控制阀卡滞，旁通空气量偏多。
(2) 节气门因卡滞，关闭不严。
(3) 油压过高，实际喷油量多。
(4) 冷却液温度传感器故障，检测温度比实际温度低。
(5) 进气温度传感器故障，检测温度比实际温度低。
(6) 缸压过高，混合气多，功率充足。
(7) 空调系统、动力转向系统及换挡开关在不工作时有信号输出给 ECU。
(8) 清洗节气门后没有进行节气门匹配设定。
(9) 喷油器漏油。

3）发动机怠速不稳

发动机怠速不稳主要表现为怠速时发动机怠速忽高忽低、怠速规律性抖动、怠速无规律性抖动。怠速不稳的原因有很多,一般是因为混合气过浓或过稀、个别缸工作不良或传感器信号不正确等原因所致。

(1)进气管漏气,混合气变稀。
(2)怠速控制阀故障、卡滞或堵塞。
(3)油压不平稳,实际喷油量忽多忽少。
(4)个别缸喷油器故障,个别缸工作不良。
(5)个别缸点火不良,个别缸工作不良。
(6)冷却液温度传感器信号不正确。
(7)氧传感器故障,空燃比开环控制。
(8)EGR 阀密封不严,怠速时开启。
(9)EVAP 阀密封不严,怠速时开启。
(10)各缸缸压不均匀,发动机不平衡。

4)冷车怠速不良
冷车怠速不良的主要原因如下:
(1)怠速控制阀积炭、堵塞。
(2)冷却液温度传感器检测冷却液温度比实际冷却液温度高。
(3)喷油器堵塞或雾化不良。
(4)EGR 电磁阀卡滞在打开位置。
(5)PCV 阀卡滞在打开位置。

5)热车怠速不良
热车怠速不良的主要原因如下:
(1)怠速控制阀卡滞、旁通空气多。
(2)冷却液温度传感器检测冷却液温度比实际冷却液温度低。
(3)喷油器漏油。
(4)炭罐电磁阀卡滞在打开位置。

6.2.3 发动机怠速不良的故障原因总结

发动机怠速不良是一个综合故障,可能由多种故障原因引起。但是,不管故障原因多么复杂,按照故障原因进行分类,故障原因主要归属于以下几个系统。

1)燃油控制系统
燃油压力不正常、喷油器漏油、喷油器堵塞或喷油器电路故障等引起发动机怠速不良。

2)点火控制系统
点火弱、个别缸不点火、点火系漏电或者点火正时不正确等引起发动机怠速不良。

3)进气控制系统
进气系统漏气或堵塞、空气计量不正确、怠速控制阀积炭或卡滞、怠速控制阀电路故障等引起发动机怠速不良。

4)排气控制系统
排气系统堵塞、EGR、EVAP、PCV 阀卡滞或电路故障引起发动机怠速不良。

5)机械系统

配气正时不正确、缸压不足引起发动机动怠速不良。

6)各种负载变化开关信号

空调开关、空挡开关、转向助力开关等信号不正确引起怠速不良。

特别应指出的是,发动机管理系统影响修正喷油量的传感器,如发动机冷却液温度传感、进气温度传感器、氧传感器等发生故障时,会引起发动机怠速不良,应重点排查。

在上述影响发动机怠速不良的故障原因中,配气正时、点火正时、喷油压力、进气系统堵塞或泄漏、排气系统堵塞等原因会对发动机的每个汽缸的工作同时产生影响,因此会影响发动机的整体性能,因此,这些原因会引起发动机转速过高或过低。个别缸点火不良、个别缸喷油不良、缸压不正常会对发动机的单个缸或个别缸工作产生影响,因此,这些原因更容易引起发动机怠速不稳甚至剧烈抖动。

实践技能

6.2.4 发动机怠速不良故障诊断流程设计

发动机出现怠速不良故障现象时,可先按照图6-2-1所示的发动机管理系统通用故障诊断流程进行故障排除,当系统存在故障码时,可按照维修手册给出的故障诊断流程进行故障诊断。当系统不存在故障码时,可按照维修手册中给出的故障症状表进行故障诊断。

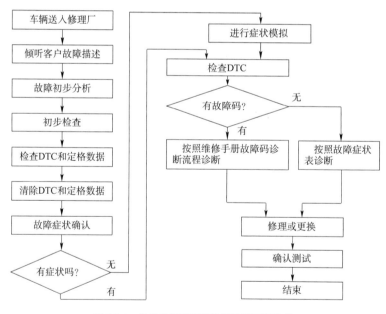

图6-2-1 发动机管理系统故障诊断通用流程

表6-2-1展示了丰田卡罗拉轿车维修手册中给出的怠速不良时的故障症状表,根据发动机具体的怠速不良现象,按照表中列车的可疑部位逐一检查。

如果系统无故障码,用户也可以根据自己经验自行设计怠速不良故障诊断流程,以提高故障诊断的系统性和高效性。可参考图6-2-2所示怠速不良故障诊断流程进行故障诊断与排除。

丰田卡罗拉轿车怠速不良故障症状表　　　　　　　　　表 6-2-1

症　状	可　疑　部　位	参　考　页
发动机转速过高(怠速不良)	空调信号电路	—
	节气门体	ES-322
	节气门体控制	—
	发动机冷却液温度传感器	ES-339
	PCV 软管	IT-1
	PCV 系统	IT-1
	ECM 电源电路	ES-265
发动机转速过低(怠速不良)	燃油泵控制电路	—
	节气门体	ES-322
	节气门体控制	—
	进气系统	IT-1
	PCV 软管	IT-1
	PCV 系统	IT-1
减速时发动机失速	怠速(参见"发动机转速过低"症状)	—
怠速不稳	压缩(发动机机械部分)	EM-1
	加热型氧传感器(S1)	ES-346
	加热型氧传感器(S2)	ES-349
	质量空气流量计	ES-332
	点火系统	IG-2
	空调信号电路	—
	燃油管路(阻塞)	—
	燃油泵	FU-37
	进气系统	IT-1
	PCV 软管	IT-1
	PCV 系统	IT-1
抖动(怠速不良)	PCV 软管	IT-1
	PCV 系统	IT-1
	质量空气流量计	ES-332
	加热型氧传感器(S1)	ES-346

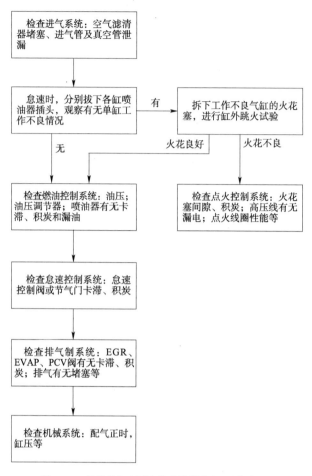

图 6-2-2　发动机怠速不良故障诊断流程(无故障码)

1)检查进气系统

重点检查空气滤清器有无堵塞、进气管及真空孔有无泄漏。

2)断缸试验

发动机怠速时分别拔下各缸喷油器插头,观察发动机运转情况有无变化,若无变化,说明该缸工作不良,拆下该缸火花塞并进行缸外跳火试验,若火花塞跳火不正常,继续检查点火系统(如火花塞间隙大小是否合适、火花塞是否积炭、高压线有无漏电、点火线圈性能是否正常等)。若断缸时发动机转速有变化,说明该缸工作基本正常,继续进行燃油控制系统检查。若缸外跳火试验火花塞跳火正常,继续进行燃油控制系统检查。

3)燃油控制系统检查

安装油压表,检查系统油压是否正常;检查油压调节器是否正常;检查各缸喷油器有无积炭、卡滞或漏油现象。

4)检查怠速控制系统

检查怠速控制阀有无卡滞、积炭;检查节气门有无卡滞、积炭。

5)检查排气控制系统

检查 EVAP、EGR、PCV 阀有无卡滞、积炭;检查排气系统有无堵塞、

情境分析

1）故障现象

一辆大众朗逸1.4TSI轿车,发动机怠速时抖动,故障灯不亮。

2）诊断诊断与排除

(1)用KT300故障诊断仪读取故障码,无故障码。

(2)检查空气滤清器,无堵塞;检查进气系统及真空管,无泄漏。

(3)怠速时,拔下1缸喷油器插头,发动机抖动情况没有变化。

(4)拆下1缸火花塞组件,起动发动机进行缸外跳火试验,火花正常。

(5)安装油压表,检查系统油压,油压正常。

(6)进行燃油系统泄压,拆下1缸喷油器,发现1缸喷油器喷孔部分积炭严重。

(7)更换新的喷油器,重新起动发动机,发动机怠速运转平稳,不再抖动。

3）故障原因分析

1缸喷油器积炭后引起1缸喷油不畅、燃油雾化不好,1缸工作不良引起发动机抖动。

学习小结

(1)怠速工况是发动机最敏感和脆弱的工况,发动机任何的轻微故障都可能对怠速产生较大的影响。

(2)怠速时,发动机ECU根据工况信息使发动机的实际转速在目标转速附近工作。由于发动机的故障引起实际转速偏离目标转速的情况称为发动机怠速不良。

(3)根据发动机怠速转速的变化情况,常见的怠速不良故障现象有:发动机怠速过低或熄火、发动机怠速过高、发动机怠速不稳。其中,怠速不稳又可分为:怠速忽高忽低、怠速规律性抖动、怠速无规律性抖动。

(4)根据发动机怠速不良时发动机的温度不同,常见的怠速不良故障现象有:冷车怠速不良、热车怠速不良。

(5)怠速不良的原因主要归属于:进气控制系统、燃油控制系统、点火控制系统、排气控制系统、机械系统及各种负载变化开关信号等。

参 考 文 献

[1] Bosch 公司.汽油机管理系统[M].吴森,等,译.北京:北京理工大学出版社,2009.
[2] 全国汽车维修专项技能认证技术支持中心编写组.发动机性能[M].北京:科学出版社,2003.
[3] 申荣卫.汽车电子技术[M].北京:机械工业出版社,2004.
[4] 张西振.汽车发动机电控技术[M].北京:机械工业出版社,2016.
[5] 曹红兵.汽车发动机电控技术与维修[M].北京:机械工业出版社,2014.
[6] 黎亚洲.汽车发动机电控技术[M].北京:中国劳动社会保障出版社,2014.
[7] 杨智勇.汽车发动机电控技术[M].北京:人民邮电出版社,2011.
[8] 理查德·范·巴斯怀森.缸内直喷式汽油机系统、原理、研发与前景[M].北京:机械工业出版社,2016.
[9] 金恩科,尼尔森.汽车控制系统[M].李道飞,俞小莉,译.北京:高等教育出版社,2010.
[10] 贝绍轶.汽车发动机管理系统[M].北京:北京大学出版社,2016.

人民交通出版社汽车类本科教材部分书目

1. "十二五"普通高等教育规划教材 车辆工程专业

书 号	书 名	作 者	定 价	出版时间	课 件
978-7-114-10437-4	●汽车构造（第六版）上册	史文库、姚为民	48.00	2016.07	配光盘
978-7-114-10435-0	●汽车构造（第六版）下册	史文库、姚为民	58.00	2016.08	配光盘
978-7-114-13444-9	☆汽车发动机原理（第四版）	张志沛	38.00	2017.04	有
978-7-114-09527-6	★汽车排放及控制技术（第二版）	龚金科	28.00	2016.07	有
978-7-114-09749-2	★汽车检测技术与设备（第三版）	方锡邦	25.00	2015.04	有
978-7-114-09545-0	★汽车电子控制技术（第二版）	冯崇毅、鲁植雄、何丹娅	35.00	2016.07	有
978-7-114-09675-4	车身CAD技术（第二版）	陈 鑫	18.00	2012.04	有
978-7-114-09681-5	汽车有限元法（第二版）	谭继锦	25.00	2015.12	有
978-7-114-09493-4	电动汽车（第三版）	胡 骅、宋 慧	40.00	2012.01	有
978-7-114-09554-2	汽车液压控制系统	王增才	22.00	2012.02	有
978-7-114-09636	汽车构造实验教程	阎 岩、孙 纲	29.00	2012.04	
978-7-114-09555-9	汽车内饰设计概论（第二版）	泛亚内饰教材编写组	29.00	2016.08	
978-7-114-11612-4	★汽车理论（第二版）	吴光强	46.00	2014.08	有
978-7-114-10652-1	★汽车设计（第二版）	过学迅、黄妙华、邓亚东	38.00	2013.09	有
978-7-114-09994-6	★汽车制造工艺学（第三版）	韩英淳	38.00	2016.02	有
978-7-114-11157-0	★汽车振动与噪声控制（第二版）	陈 南	28.00	2015.07	有
978-7-114-05467-9	★汽车节能技术	陈礼璠、杜爱民、陈明	19.00	2013.08	
978-7-114-10085-7	汽车车身制造工艺学	钟诗清	27.00	2016.02	有
978-7-114-10056-7	汽车试验技术	何耀华	28.00	2012.11	
978-7-114-10295-0	汽车专业英语（第二版）	黄韶炯	25.00	2016.05	有
978-7-114-12515-7	汽车安全与法规（第二版）	刘晶郁	35.00	2015.12	有
978-7-114-10547-1	汽车造型	兰 巍	36.00	2013.07	有
978-7-114-11136-5	汽车空气动力学	胡兴军	22.00	2014.04	有
978-7-114-09884-0	★专用汽车设计（第二版）	冯晋祥	42.00	2013.07	有
978-7-114-09975-5	汽车车身结构与设计	曹立波	24.00	2012.10	有
978-7-114-11070-2	汽车电器与电子控制技术	周云山	40.00	2014.03	有
978-7-114-10944-7	大客车车身制造工艺	张德鹏	25.00	2014.04	有
978-7-114-11730-5	汽车内饰模具结构及工艺概论	周 强、成 薇	48.00	2016.08	
978-7-114-12863-9	新能源汽车原理技术与未来	陈丁跃	36.00	2016.05	有
978-7-114-12649-9	汽车油泥模型设计与制作	黄国林	69.00	2016.03	
978-7-114-12261-3	汽车试验学（第二版）	郭应时	32.00	2015.01	有

2. "十二五"普通高等教育规划教材 汽车服务工程专业

978-7-114-13643-6	★汽车电子控制技术（第四版）	舒 华	48.00	2017.03	有
978-7-114-09573-3	交通运输系统工程（第三版）	刘舒燕	30.00	2016.07	有
978-7-114-09882-6	汽车文化（第二版）	宋景芬	25.00	2015.01	有
978-7-114-09821-5	汽车金融（第二版）	强添纲	29.00	2016.05	有
978-7-114-09561-0	★汽车运行材料（第二版）	孙凤英	16.00	2016.05	有
978-7-114-08869-8	汽车运用工程	陈焕江、胡大伟	38.00	2015.06	
978-7-114-11616-2	●汽车运用工程（第五版）	许洪国	39.00	2016.07	有
978-7-114-07419-6	★汽车营销学	张国方	41.00	2016.07	
978-7-114-11522-6	★汽车发动机原理（第二版）	颜伏伍	42.00	2014.09	有
978-7-114-11672-8	★汽车事故工程（第三版）	许洪国	36.00	2015.11	有
978-7-114-10630-9	★汽车再生工程（第二版）	储江伟	35.00	2013.08	有
978-7-114-10605-7	汽车维修工程（第二版）	储江伟	48.00	2015.06	有
978-7-114-12636-9	汽车新能源与节能技术（第二版）	邵毅明	36.00	2016.03	有
978-7-114-12173-9	汽车检测与诊断技术（第二版）	陈焕江	45.00	2015.07	有
978-7-114-12543-0	汽车服务工程（第二版）	刘仲国、何效平	45.00	2016.03	有
978-7-114-10849-5	工程热力学与传热学（第二版）	李岳林	32.00	2015.04	有

书号	书名	作者	定价	出版时间	课件
978-7-114-10789-4	汽车检测诊断与维修	王志洪	45.00	2013.12	有
978-7-114-10887-7	旧机动车鉴定评估（第二版）	鲁植雄	33.00	2013.12	有
978-7-114-10367-4	现代汽车概论（第三版）	方 遒、周水庭	28.00	2016.01	有
978-7-114-11319-2	交通运输专业英语	杨志发、刘艳莉	25.00	2014.06	有
978-7-114-10848-8	道路交通安全工程	刘浩学	35.00	2013.09	有
978-7-114-11668-1	道路交通事故处理	王洪明	36.00	2015.02	
	3. 应用技术型高校汽车类专业规划教材				
978-7-114-13075-5	汽车构造·上册（第二版）	陈德阳、王林超	33.00	2016.08	有
978-7-114-13314-5	汽车构造·下册（第二版）	王林超、陈德阳	45.00	2016.12	有
978-7-114-11412-0	汽车液压与气压传动	柳 波	38.00	2014.07	有
978-7-114-11411-3	汽车营销	谢金法、赵 伟	35.00	2014.07	有
978-7-114-12846-2	汽车电器设备	吴 刚	39.00	2016.04	有
978-7-114-11281-2	汽车电气设备	王慧君、于明进	32.00	2015.07	有
978-7-114-11280-5	发动机原理	訾 琨、邓宝清	40.00	2014.07	有
978-7-114-11279-9	汽车维修工程	徐立友	43.00	2014.07	有
978-7-114-11508-0	汽车电子控制技术	吴 刚	45.00	2014.08	有
978-7-114-13147-9	汽车试验技术	门玉琢	33.00	2016.08	有
978-7-114-11446-5	汽车试验学	付百学、慈勤蓬	35.00	2014.07	有
978-7-114-11710-7	汽车评估	李耀平	29.00	2014.10	有
978-7-114-11874-6	汽车专业英语	周 靖	22.00	2015.03	有
978-7-114-11904-0	新能源汽车	徐 斌	29.00	2015.03	有
978-7-114-11677-2	汽车制造工艺学	石美玉	39.00	2014.10	有
978-7-114-11707-7	汽车CAD/CAM	王良模、杨 敏	45.00	2014.10	有
978-7-114-11693-3	汽车服务工程导论	王林超	25.00	2016.05	
978-7-114-11897-5	汽车保险与理赔	谭金会	29.00	2015.01	有
	4. 21世纪交通版高等学校教材　汽车服务工程专业				
978-7-114-06712-9	汽车构造（上册）	冯晋祥	33.00	2015.07	
978-7-114-06716-7	汽车构造（下册）	冯晋祥	36.00	2015.07	
978-7-114-12270-5	现代汽车检测与故障诊断（第二版）	刘仲国	38.00	2015.09	
978-7-114-05111-1	汽车服务工程	刘仲国、何效平	24.00	2014.01	
978-7-114-05892-6	汽车维修企业设计与管理	傅厚扬、冉广仁	21.00	2014.08	
978-7-114-06124-0	汽车电器与电子技术	寒小平、麻友良	35.00	2015.05	
978-7-114-08604-5	汽车发动机原理与汽车理论	陈 燕	40.00	2014.12	
978-7-114-08206-1	汽车文化概论	陈燕、王昕彦	28.00	2016.06	
978-7-114-07879-8	当代汽车电控系统结构原理与检修（第二版）	吴际璋、王林超	35.00	2016.01	
978-7-114-07842-2	汽车运行材料（第二版）	郎全栋、董元虎	25.00	2016.06	
978-7-114-07490-5	汽车文化（第二版）	郎全栋	15.00	2016.06	
	5. 普通高等教育规划教材　汽车服务工程专业				
978-7-114-07164-5	汽车评估	杜 建	33.00	2016.07	
978-7-114-13673-3	★汽车排放与噪声控制（第二版）	李岳林	35.00	2017.04	有
978-7-114-07155-3	汽车新能源与节能技术	邵毅明	30.00	2015.07	
978-7-114-06849-2	汽车服务企业管理	王生昌	26.00	2015.07	
978-7-114-07290-1	汽车服务工程专业英语	于明进	28.00	2015.07	
978-7-114-07829-3	汽车试验学	关 强、杜丹丰	22.00	2015.11	
978-7-114-08576-5	汽车服务场站设计	崔淑华	32.00	2016.01	
978-7-114-07256-7	汽车可靠性	肖生发、郭一鸣	23.00	2016.01	
978-7-114-08028-9	汽车零部件经营与销售	孙凤英、朱世杰、袁开愚	20.00	2016.07	
978-7-114-13723-5	汽车美容（第三版）	鲁植雄	30.00(估)	2017.05	有

●为"十二五"普通高等教育本科国家级规划教材；★为普通高等教育"十一五"国家级规划教材
咨询电话：010-85285253；010-85285977．咨询QQ：64612535；99735898